宝安区委党校学术文丛

RESEARCH
ON THE COOPERATIVITY
OF MODERNIZATION
OF MUNICIPAL SOCIAL
GOVERNANCE

市域社会治理现代化的协同性研究

刘敏 著

社会科学文献出版社
SOCIAL SCIENCES ACADEMIC PRESS (CHINA)

目　录

第一章　绪论 …………………………………………………… 1
　一　治理实践情境下的市域社会治理现代化 ………………… 2
　二　组织关系视野下的市域社会治理现代化 ………………… 5
　三　以"协同治理"推进市域社会治理现代化 ……………… 8

第二章　市域社会治理现代化协同的研究进展 ………………… 13
　一　社会治理与现代化 ………………………………………… 13
　二　协同治理 …………………………………………………… 35
　三　协同与市域社会治理现代化 ……………………………… 49
　四　研究述评 …………………………………………………… 65
　五　研究意义 …………………………………………………… 72
　六　研究思路 …………………………………………………… 77

第三章　市域社会治理现代化的基本理论 ……………………… 80
　一　市域社会治理 ……………………………………………… 80
　二　社会治理现代化 …………………………………………… 88
　三　市域社会治理现代化 ……………………………………… 97

第四章　协同性：市域社会治理现代化的本质特征 …… 102
　一　协同性的内涵界定 …… 102
　二　协同性的理论依据 …… 106
　三　协同性的实践依据 …… 118

第五章　市域社会治理现代化协同性的运作逻辑 …… 122
　一　各主体参与协同性的理论逻辑 …… 123
　二　市域社会治理现代化协同性的运作框架 …… 133

第六章　市域社会治理现代化协同性的基本要求 …… 163
　一　理念协同 …… 163
　二　主体协同 …… 169
　三　体系协同 …… 181
　四　资源协同 …… 188
　五　绩效评估 …… 193
　六　目标协同 …… 195

第七章　市域社会治理现代化的协同性现状：以S市为个案 …… 200
　一　"一核多元"：市域社会治理组织体系 …… 200
　二　实践回应："一核多元"组织间的协同 …… 203
　三　协同困境："一核多元"组织间的协同 …… 214

第八章　市域社会治理现代化协同困境的原因分析 …… 231
　一　治理理念相对滞后 …… 233
　二　多元主体行动不一 …… 235
　三　制度环境不够理想 …… 238
　四　信息资源难以共享 …… 239
　五　效益评估机制缺失 …… 242
　六　治理目标不太一致 …… 246

第九章 补齐市域社会治理现代化"协同短板"的对策 …… 249
 一 坚持"人民至上"的社会治理理念 …… 250
 二 注重建立"一核多元"的治理组织体系 …… 252
 三 以民主协商促进多元主体协同 …… 256
 四 注重促进市域社会的资源整合机制 …… 266
 五 以"智慧治理"推进信息共享 …… 269
 六 构建复合型治理绩效评估模式 …… 275
 七 建立明确的责任分担机制 …… 278

附　录 …… 283

后　记 …… 290

第一章 绪论

"市域社会治理现代化"的概念,由陈一新于2018年6月提出。他认为市域社会治理现代化就是实现"三个现代化",即治理理念现代化、治理体系现代化以及治理能力现代化。[①] 2019年5月,陈一新对市域社会治理现代化的前沿理论与相关成果进行了梳理和总结,并进一步结合社会实践提出要以"五化"为市域社会治理新体系构建的指导思想。同年10月31日,党的十九届四中全会通过的《中共中央关于坚持和完善中国特色社会主义制度 推进国家治理体系和治理能力现代化若干重大问题的决定》确定了"构建基层社会治理新格局"的战略目标,并提出了"加快推进市域社会治理现代化"的行动目标。加快推进市域社会治理现代化,是推进基层社会治理现代化的关键一环。可以说,它直接关系到国家治理体系和治理能力现代化顶层设计的落地落实,直接关系到市域社会的和谐稳定,直接关系到党和国家的长治久安。2020年,党的十九届五中全会审议通过了《中共中央关于制定国民经济和社会发展第十四个五年规划和二〇三五年远景目标的建议》,再次明确加强和创新市域社会治理,推进市域社会治理现代化。"推进市域社会治理现代化"的提法两次出现在党的纲领性文件中,表明了市域社会治理现代化是"当前和今后一个时期亟待研究和探索的重要理论课题和实践命题"[②]。

---

① 陈一新:《新时代市域社会治理理念体系能力现代化》,《社会治理》2018年第8期,第5~14页。
② 陈一新:《新时代市域社会治理理念体系能力现代化》,《社会治理》2018年第8期,第5~14页。

一 治理实践情境下的市域社会治理现代化

市域社会治理现代化的提出，是"近年来地方社会治理创新实践探索的结果，也是中国改革开放和经济社会发展到新时代的结果"[1]。一方面，县域的产业结构和公共配套仍无法聚集人和留住人，农村人口涌向城市的迁移路线没有发生根本的改变。同时，在经济压力增大、贫富差距越发明显和就业艰难的现实情形下，人口数量的增加导致对公共服务的可获得性和质量的期望增加，这也容易导致大量多样且复杂的社会问题以及诸多社会风险聚集在市域层面。尽管我国已明确，要推进以县城为重要载体的新型城镇化建设，也通过一系列措施畅通了农民流入就近县城的渠道，如"户籍制度改革降低了农民进城落户门槛；农村集体产权制度、土地承包经营制度和农村宅基地制度改革的深入推进，减少了农民进城落户的顾虑；同时，县城良好的教育环境和公共基础设施，吸引了农民进城的脚步"[2]。县，只是改变了农村人口的存在形态而没有改变其社会内涵。[3] 研究表明，这种情形在我国中西部地区尤为常见。[4] 这是因为，县域政府采取的是为了"城镇化"而进行"城镇化"的发展模式，过度地将教育、医疗等资源集聚在县城范围，将房地产行业和教育强行挂钩，以强势拉动农民进城。而在实业上，则是产业基础薄弱，产业特色不突出，无法承载农村转移人口生存就业问题。[5] 导致的后果是"不仅没有帮助农民提高生活品质实现安居乐业，而且还带来了家庭城镇化资源投入内卷、农民家庭传

---

[1] 何立军：《新时代中国社会治理创新的理论与实践问题研讨——第五届中国社会治理50人论坛观点综述》，《社会政策研究》2019年第4期，第3~13页。

[2] 田祺：《以县城为载体推进新型城镇化建设》，中国社会科学网，https://www.cssn.cn/shx/cxfz/202301/t20230104_5577861.shtml。

[3] 俞宪忠：《中国城市化演进分析》，《济南大学学报》（社会科学版）2003年第6期，第63~66、90页。

[4] 桂华：《城乡三元结构视角下的县域城镇化问题研究》，《人民论坛》2021年第14期，第64~66页。

[5] 田祺：《以县城为载体推进新型城镇化建设》，中国社会科学网，https://www.cssn.cn/shx/cxfz/202301/t20230104_5577861.shtml。

统伦理代际关系受到冲击等诸多问题"①，增加了农民的经济负担和生活压力，人群涌向城市赚钱的情景依旧没有改变。同时，随着新型社会矛盾风险的传导性、流动性不断增强，以及以人口、资本和其他要素频繁流动为主要特征的新型城镇化的推进，传统以县域为治理单元的社会治理边界不断被超越，而在实际中，区县一级受制于体制机制、条块分割的治理格局和不全面的治理资源等因素，又由于存在基层社会治理"天花板"，尚不具备足够的治理资源和治理能力。②

另一方面，与西方将国家与社会视为互不相容甚至是相互绝缘的两个领域不同，中国一直在探索国家与社会的交集区域和互动机制。③ 也就是说，在中国社会治理实践情境下，国家治理和社会治理的关系并非像在西方国家一样，二者相互独立、相互排斥，而是相互关联、相互合作且存在较大的交集。④ 这也就是市域社会治理是国家治理在市域范围内的具体实施，是国家治理的重要基石的原因。市域社会治理既要贯彻落实好中央关于国家治理的大政方针、制度安排、决策部署和省委的任务要求，又要对本市域社会治理统筹谋划、周密部署、推动实践，在国家治理体系中具有承上启下的枢纽作用。2019年12月3日，全国市域社会治理现代化工作会议召开，会上首先认真学习和充分理解了党的十九届四中全会精神，强调了习近平新时代中国特色社会主义思想对于社会主义现代化建设事业的重要性，指出我们应当进一步加强社会治理，依托市域社会治理现代化建设来寻求突破，逐步形成符合时代需求、市域特点和中国特色社会主义的新型社会治理模式，不断提高平安中国建设的整体质量和水平，这次会议充分肯定了市域社会治理现代化的作用。"建设包容、安全、有抵御灾害能力和可持续的城市和人类住区"是联合国发布的可持续发展目标中的第

---

① 朱云：《县域城镇化实践的差异化类型及其形塑机制》，《城市问题》2021年第12期，第38~47页。
② 谢小芹、姜敏：《政策工具视角下市域社会治理现代化政策试点的扎根分析——基于全国60个试点城市的研究》，《中国行政管理》2021年第6期，第98~104页。
③ 刘建军：《社区中国：通过社区巩固国家治理之基》，《上海大学学报》（社会科学版）2016年第6期，第73~85页。
④ 刘建军：《社区中国：通过社区巩固国家治理之基》，《上海大学学报》（社会科学版）2016年第6期，第73~85页。

11个目标，这一目标与当前我国的经济社会发展状态十分契合。

综上可知，市域层面对于社会治理体系构建和社会矛盾处置具有重要价值，这一层面能通过利用自身所具备的强大治理资源而在初始阶段化解社会风险，是具有强大资源能力且最直接、最有效力的治理层级。市域社会治理成效显著，对于国家治理体系和治理能力现代化实现具有关键意义，是国家顶层治理规划落地的重要支撑，不仅关系到市域社会的稳定，同时对于党和国家的和谐发展、长治久安也具有不可忽视的重要作用。从概念发展来看，推进市域社会治理现代化是治理概念和治理理论在中国社会治理情境下汲取中国实践经验的新提法，是具有现实意义、制度价值和中国特色的概念。然而，市域层面掌握了丰富的治理资源，并不代表它能够很好地运用资源，处理日益增加的环境保护、区域发展、水体治理、社区矛盾等复杂公共事务。因为在中国治理语境下，社会并非完全融合的，中国社会是由不同领域交织形成的存在界限的复杂体系，包括私人领域与公共领域、社会领域与国家领域、生产领域和生活领域，且由于各种资源的流动及主体间的相互交流，这些领域又是相互关联且存在交集的。[①] 这就导致当前市域社会治理所面临的难题是"体系性风险"。同时，这些风险和问题不太可能集中在单一的组织边界内，因为它们具有动态和复杂的特征，涉及多层次、多行为者和多部门的挑战。正如2022年7月发生的"全国各地烂尾楼盘业主集体断供""河南村镇银行事件"，看似彼此孤立，但这些事情一旦多起来，就会形成体系性风险效应，值得高度警惕。例如，一旦停工停供风潮蔓延开来，不仅会对房地产行业造成冲击，而且会对与之相关的多个行业造成影响，甚至威胁金融系统的稳定。而造成这种结果的原因之一，就是"买房人"的权益没有得到保障，他们不得不运用手中唯一的资源去抗争。也就是说，在社会治理过程中，如果未能考虑利益相关者的权益，这一行动必然会受阻。这就意味着，"协同"必是市域社会治理现代化的首选项，即通过协同治理，让其他利益相关者参与到治理过程中。在网络如此发达的新时代，"微博办案"已不是新鲜事，人人

---

① 刘建军：《社区中国：通过社区巩固国家治理之基》，《上海大学学报》（社会科学版）2016年第6期，第73~85页。

参与的局面也已形成。换言之，社会治理所涉及的多元主体，如党委、政府、群团组织、经济部门、社会组织和自治组织等社会治理主体，都可以运用其手中的资源，参与市域社会治理相关问题的讨论。

二 组织关系视野下的市域社会治理现代化

在复杂系统中，随着组成单位数量的增加，次级组织的目标和诉求更加多元，协同的难度更大。因此有学者使用协同增效（synergy）这个概念来强调联合行动的效果。协同增效即协同后的新系统以新结构和新功能促成高度融合的合作，实现整体功能大于局部功能之和的效应，完成多个主体难以分别完成的任务。[①] 已有关于组织研究的成果表明正式组织的演化过程是一个受到多种机制和条件共同作用的过程，在这一过程中虽然理性设计会产生重要影响，但是这并不意味着组织的演化总是按照理性设计的方向推进，其也会受到其他因素的影响。[②] 一方面，组织受其所处环境的制约，且在环境的作用下不断塑造其形态，即一个组织的生存和发展与其所处的环境有关，其中最重要的一点是必须与其所处环境交换资源；另一方面，组织机制设计的有效运行是有条件、有范围的。例如，科层制作为经典的组织结构，能够有效地实现上传下达，从而保障执行指令的实施，取得较高的组织绩效，但是当组织在复杂的环境中时，该组织结构是否可以使组织灵活且有效地应对当地具体环境则存在不确定性。[③] 在一定程度上，这与市域社会治理的逻辑思想相似。这是因为，当将市域社会治理现代化的战略目标看作组织进化的过程时，不仅市域社会治理现代化的推进过程受治理环境的制约和塑造，其机制设计的有效运行也是有条件和有范围的。就组织学的观点而言，组织规模扩大的过程中，组织结构也在不断地分化从而变得更为复杂，且其管理层次也随之增长。当组织管理层次过

[①] 赫尔曼·哈肯：《协同学：大自然构成的奥秘》，凌复华译，上海译文出版社，2001。
[②] 周雪光：《基层政府间的"共谋现象"——一个政府行为的制度逻辑》，《开放时代》2009年第12期，第40~55页。
[③] 周雪光：《基层政府间的"共谋现象"——一个政府行为的制度逻辑》，《开放时代》2009年第12期，第40~55页。

多时，信息传递渠道便更为复杂且漫长，进而加大了信息偏误的概率，其结果可能是上级决策不符合实际情况，且上级也难以有效管理下级，最终产生治理有效性问题。① 相比县域治理，市域社会治理扩大了治理层级和治理范围，其组织架构也相应地增加。

具体而言，第一，企业由一个个独立的职能部门构成，在以绩效为衡量指标的前提下，各部门的目标是完成本部门的绩效任务。这一方面决定了各部门是站在本部门的角度，而很少考虑本部门怎么做才能让合作部门或整个项目工作开展更有效；另一方面也可以造就部门个体间的私下合作，在社会治理中这一行为则体现为"共谋"。不过这里的共谋不是指官商勾结或官官相护等贬义词，而是反映了"上有政策，下有对策"的意义。有学者称之为"执行的灵活性"，即地方政府在进行治理的过程中并不会完全机械式地按照上级政府的统一规定，而是具有一定的自由发挥空间。② 此外，还有另一种"只能做不能说，更不能形成文件"的做法，对于这种做法在实践过程中一部分干部认为它并不违反政策，如果结合实际，更会形成创造性的经验，因此有时它会得到领导的默许。③ 在中国行政组织体系中，基层政府间的共谋行为已经成为一个制度化了的非正式行为。这种行为是在特殊制度环境下的实践产物，且在实际行政工作中存在合法性基础。④ 因为在治理实践中，基层工作人员与普通民众之间的"通融通融"，有时也能成为解决社会事务的一种手段。从组织学角度来看，对此可以从政策一统性与执行灵活性的悖论、激励强度与目标替代的悖论、科层制度非人格化与行政关系人缘化的悖论等角度进行解释。⑤

---

① 蔡禾：《国家治理的有效性与合法性——对周雪光、冯仕政二文的再思考》，《开放时代》2012年第2期，第135~143页。
② 周雪光：《权威体制与有效治理：当代中国国家治理的制度逻辑》，《开放时代》2011年第10期，第67~85页。
③ 欧阳静：《乡镇权力运作的逻辑——以桔镇为研究对象》，硕士学位论文，华中师范大学，2007。
④ 周雪光：《基层政府间的"共谋现象"——一个政府行为的制度逻辑》，《开放时代》2009年第12期，第40~55页。
⑤ 周雪光：《基层政府间的"共谋现象"——一个政府行为的制度逻辑》，《开放时代》2009年第12期，第40~55页。

第二，企业组织的专业化分工与社会治理中部门专业化和岗位专业化的分工相似。在实践中，各部门多从自己所属领域、所属层级的立场出发，其并非考虑组织整体目标的实现而更多的是考虑本部门目标的实现，因此在实践工作中较少考虑其他合作部门的工作进展及其绩效实现，这就容易形成"木桶效应"。在以利益为核心的经济市场中，企业为提高公司整体效益也会有意设置具有相同职能的竞争性部门，以此来提高整体绩效，本书称之为"被动型协同增效"。

第三，对于体制一统性与有效治理灵活性的矛盾，在实践过程中一些规模较大的组织通过分权来化解，即组织的高层领导掌握着对组织发展而言较为关键的决策权、资源分配和人事安排权等统筹各部分的权力，且掌握着追究和处罚等关键权力。[1] 中国的社会治理其实也不例外。

第四，为完成特定任务而建立的项目组织与中国非常规化的"特事特办""对口支援"的治理活动类似。非常规化的治理活动一般表现为两种方式：一种以"集中力量办大事"的方式去实现一些非常规化的治理目标，如高铁修建；另一种是针对一些重大问题开展的超常规强化治理或对口支援"项目制"，如疫情防控等突发事件治理。由此可见，无论是组织通过竞争、分权、项目制等方式提高效率，还是市域社会治理通过"共谋"、被动型协同增效、"特事特办"等方式实现现代化，在运行中都离不开协同合作。

事实上，Rosabeth Moss Kanter 早已注意到企业组织合作伙伴关系中的协同优势。她在《协同优势：联盟的艺术》[2] 中有关协同优势的部分观点同样适用于社会治理领域：一是商业联盟不仅仅是一场商业交易和交换（投入与产出），成功的联盟既要为合作伙伴带来好处，也要共同创造新价值；二是在合作伙伴关系中，具有不同技能的公司聚在一起；三是商业联盟建立在希望和梦想之上，并有共同的目标。但是，弗朗西斯卡·吉诺发现，尽管许多领导者非常重视协同合作，最终的战略效果仍不尽如人意。

---

[1] 蔡禾：《国家治理的有效性与合法性——对周雪光、冯仕政二文的再思考》，《开放时代》2012 年第 2 期，第 135～143 页。

[2] Rosabeth Moss Kanter, "Collaborative Advantage: The Art of Alliances," *Harvard Business Review* 1994, 74 (4): 96 - 108.

她在《破解长久合作困局》中解释道："一个关键原因在于很多领导者认为这是一种努力就可以获取的价值，而不是应当传授的技能。"① 基于这样的认识，这些管理者会试图通过许多简单粗暴的方式支配员工，如从为员工灌输相应的价值观到设计适合合作的环境，从开放办公到制定正式合作目标等，但最终无法真正实现协同合作。其核心是忽略了一个事实，即能够长期持续下去的合作里普遍存在某些共通的心态：尊重同事的付出，信任合作的伙伴，对他人的新创意实验保持开放的态度，注意个人行为可能带来的影响。最理想的做法是由领导者启动，让员工全部学习特定技能，并经常使用，如此才能构建起积极的动态的长期合作。

由此可见，组织关系管理的诸多观点同样适用于市域社会治理。组织是由人构成的，社会治理的核心也是人。而人本身又具有不确定性的特征，这种不确定性体现在市域社会协同治理过程中，就是"各协同主体趋异的利益偏好与利益诉求往往会干扰其做出公共利益最大化的策略行为"②。这就意味着，"人"仍是市域社会治理现代化的关键着力点。③ 此外，人类社会的发展史是一部"社会组织化"的历史。④ 从这一层意义来看，市域社会治理就是由多元主体构成的组织治理社会。它们需要参与供给的所有参与者的协同努力，包括创造价值的用户。其治理问题在于：如何组织政策实施和提供服务，将协同治理付诸实践以产生可持续的结果？

三 以"协同治理"推进市域社会治理现代化

由上可知，从组织关系的视角来看，市域社会治理也是受制于制度环境中的其他机制和条件的。从我国社会治理的发展史来看，每一阶段的社

---

① 弗朗西斯卡·吉诺：《破解长久合作困局》，《哈佛商业评论》2019年第12期。
② 张振波：《论协同治理的生成逻辑与建构路径》，《中国行政管理》2015年第1期，第58~61、110页。
③ 张康之：《走向合作制组织：组织模式的重构》，《中国社会科学》2020年第1期，第47~63、205页。
④ 张康之：《走向合作制组织：组织模式的重构》，《中国社会科学》2020年第1期，第47~63、205页。

会治理也受其所处时期的历史政策和社会环境的影响。但是，尽管不同历史时期的社会治理有其时代性，其核心特征之一仍是围绕国家嵌入和社会自治两种力量的拉锯和互动，且逐渐呈现党政嵌入得到强化的同时，社会治理不断多元化，以及社会自主空间得到了进一步拓展的共治局面。① 具体而言，在传统社会，"皇权不下县"表明了正式的组织体系只延伸到了县一级，县令是地方社会的最高行政长官，也是整个官僚体系的最低一级行政官员。可以说，在县以下没有正规的行政组织。"县以下社会秩序依赖于传统的家族体系、地方乡绅，以及儒家伦理道德体系来维系。"② 新中国成立以后到改革开放以前，社会治理的典型特征是"管理"二字，即国家全面介入社会、改造社会；改革开放以后到21世纪初，除了从上级机关向下级部门逐步推动的制度嵌入，政府也开始结合社会发展现实逐步促进自下而上的治理变革，并结合发展实际调整政策体系，形成了国家嵌入和社会自治并行发展的局面；21世纪以来，中央开始寻求党领导下的多元治理机制的可能性。③ 从社会治理的历史进程可以看出，在中国治理实践情境下，社会治理由管理走向协同，即以党为核心的多元共治，已成为一种趋势。那么，我们需要寻找的答案是：为何协同？协同何以可能？如何推进协同？

毫无疑问，在市域社会治理现代化进程中，其一，协同需要跨组织多环境参与者的领导。为解决协同治理中不同类型的领导的效力问题，有学者提出"以集体意识为指导的领导力"④。其二，降低交易成本是协同治理成功的关键要素，在组织规模、现有网络和等级安排中，学者找到"目标承诺的重要性"⑤。其三，明确为什么要合作是协同治理的必要条件，学者

---

① 汪锦军：《嵌入与自治：社会治理中的政社关系再平衡》，《中国行政管理》2016年第2期，第70~76页。
② 汪锦军：《嵌入与自治：社会治理中的政社关系再平衡》，《中国行政管理》2016年第2期，第70~76页。
③ 汪锦军：《嵌入与自治：社会治理中的政社关系再平衡》，《中国行政管理》2016年第2期，第70~76页。
④ T. Kinder, J. Stenvall, F. Six, and A. Memon, "Relational Leadership in Collaborative Governance Ecosystems," *Public Management Review* 2021, 23 (11): 1612 – 1639.
⑤ R. J. Scott and E. R. K. Merton, "When the Going Gets Tough, the Goal-Committed Get Going: Overcoming the Transaction Costs of Inter-agency Collaborative Governance," *Public Management Review* 2021, 23 (11): 1640 – 1663.

考察中国地方政府之间控制空气污染的合作实践时，认为"权力不平衡、资源不平衡、初次协作和上级政府参与"[1] 是参与协同治理的动机。也有学者认为"激励、相互依存和信任"[2] 是促进利益相关者参与治理的重要前提。其四，如何实现协同治理的可持续性需要得到更多的关注。学者提出"财政独立、强大的制度化和小型核心志愿者群体"[3] 以及"共享绩效指标和绩效例程使利益攸关方聚集在一起审查其行动和合作举措成果"[4] 非常重要。

然而，"不仅发起这样的合作具有挑战性，而且维持这样的协同关系可能更加困难"[5]。具体而言，第一，协同治理的实施要求大量行为者相互依存并产生复杂的互动。这种互动并不简单或自发，"以集体意识为指导的领导力"如何整合不同类型的治理规则和关系网络，以达到一定程度的成功？也有学者认为，民主和包容的观点是理想状态甚至是令人钦佩的，但在协同治理模式中，开放、协议、决策和协调可能难以实现。[6] 因为协同并不会自发地在市域社会治理层面发展出相互依存的网络，这可能需要精神维系的公共价值。[7] 第二，将多元主体纳入协同治理过程的网络中，可能会增加交易成本，使治理过程变得混乱，或产生"最小公分母"的讨

---

[1] Y. Liu, J. Wu, H. Yi, and J. Wen, "Under What Conditions Do Governments Collaborate? A Qualitative Comparative Analysis of Air Pollution Control in China," *Public Management Review* 2021, 23 (11): 1664 – 1682.

[2] Y. Liu, J. Wu, H. Yi, and J. Wen, "Under What Conditions Do Governments Collaborate? A Qualitative Comparative Analysis of Air Pollution Control in China," *Public Management Review* 2021, 23 (11): 1664 – 1682.

[3] A. Molenveld, W. Voorberg, A. van Buuren, and L. Hagen, "A Qualitative Comparative Analysis of Collaborative Governance Structures as Applied in Urban Gardens," *Public Management Review* 2021, 23 (11): 1683 – 1704.

[4] S. Douglas and M. J. Schiffelers, "Unpredictable Cocktails or Recurring Recipes? Identifying the Patterns that Shape Collaborative Performance Summits," *Public Management Review* 2021, 23 (11): 1705 – 1723.

[5] Carmine Bianchi, Greta Nasi, and William C. Rivenbark, "Implementing Collaborative Governance: Models, Experiences, and Challenges," *Public Management Review* 2021, 23 (11): 1581 – 1589.

[6] B. G. Peters, *Pursuing Horizontal Management: The Politics of Public Sector Coordination* (Lawrence: University Press of Kansas, 2015).

[7] E. Bardach, *Getting Agencies to Work Together: The Practice and Theory of Managerial Craftsmanship* (Washington, DC: Brookings Institution Press, 1998).

价还价结果。例如，有学者认为，更大的群体是集体解决问题的更笨拙的工具。①目标承诺在社会治理活动中的可持续性如何，是否还需要其他的要素支撑，以保证治理活动的有效运行？第三，即使是设计良好的协同治理计划也不一定成功。可能是因为利益相关者的多样性，或是运用不恰当的模式、方法促成领导。协同治理根据利益相关者的共识来识别、协商和评估的情况，也很难实现可持续的结果。

沿着罗莎贝斯·莫斯·坎特和弗朗西斯卡·吉诺的研究结果，我们发现影响组织间协同困局的因素和破解协同困局的思路，同样适用于推进市域社会治理现代化。具体而言，包括四个方面。一是领导者，正如弗朗西斯卡·吉诺所言，这种动态必须由领导者启动。在市域社会治理中表现为党委领导。从中国独特的基本国情以及坚持党的执政地位和作用审视，党委领导能够强化自上而下的有机统合，解决治理过程中存在的碎片化问题，形成治理核心，从而推动治理主体间形成高效、便捷、灵活的互动，推动主体间构建"共建""共治"的治理格局，并将"以人民为中心"的政治立场贯穿在社会治理全过程中，促进社会治理成果全社会共享。②二是起始条件，即组织或个人是否愿意充分参与到市域社会治理工作中，是否有促使其参与协同治理的依据。罗莎贝斯·莫斯·坎特所说的建立在希望和梦想之上和获得好处就是指驱动力。本书参考经典文献③，将关键的起始条件缩小到三个广泛的变量：不同利益相关者资源的不平衡、利益相关者必须合作的动机，以及利益相关者之间过去的冲突或合作。三是外部环境，即保证利益相关者在参与市域社会治理活动时是有法律法规支持的，且充实市域社会治理现代化的外部条件，包括政策制度、地域环境和数字技术等。考虑到社会治理中，高度动员的科层组织机制可以引导具有

---

① J. Leventon, T. Schaal, S. Velten, J. Dänhardt, J. Fischer, D. J. Abson, and J. Newig, "Collaboration or Fragmentation? Biodiversity Management Through the Common Agricultural Policy," *Land Use Policy* 2017, 64: 1 – 12.
② 潘博:《党建引领城市基层社会治理的运作逻辑与实践路径研究》，博士学位论文，吉林大学，2020。
③ C. Ansell and A. Gash, "Collaborative Governance in Theory and Practice," *Journal of Public Administration Research and Theory* 2008, 18 (4): 543 – 571.

不同利益、资源、知识和信息的参与者互动，本书将之归纳为制度环境。四是客观原因，即"能力"（包括协同能力、沟通能力及专业能力）以及组织支持条件（包括组织流程、组织结构和氛围等），本书称之为"过程"。[①] 本书认为这一"过程"是循环结构，并用"集体协商—建立信息—共同理解—内部合法性—过程承诺—协同行动"加以刻画，以最大限度地维系治理活动的可持续性。需要注意的是，这些流程只是市域社会治理运作过程中需要的多个要素，并非一步步都必须走的程序。因为在社会治理中，要充分发挥协同优势，既要对政治、文化、组织和人的问题保持敏感，也要面对因特殊原因而终止合作的挑战。

综上所述，本书的主题是探究市域社会治理现代化的协同性。我们的目的是系统地回答以下这个核心问题："协同性是市域社会治理现代化的本质特征吗？"我们计划探明：以协同推进市域社会治理现代化的理论和实践依据是什么，即市域社会治理现代化的本质特征为什么是协同性，其因何而产生？市域社会治理现代化协同的内容和要求包括哪些？在实践中，市域社会治理现代化的协同现状如何？各协同主体要素之间如何界定以及存在哪些困境？在治理过程中各治理主体行为变动的逻辑如何？治理主体如何通过改变行为而实现市域社会治理现代化这一目标？在此基础上，构建市域社会治理现代化协同性的运作逻辑。为尽可能接近市域社会治理现代化试点地的真实情境，本书以实证数据解释市域社会治理现代化协同性的现状，了解哪些治理行为是需要培育和发展的，以及我们如何真正获得最终的市域社会治理系统整体的协同效率。

---

① 陈春花等：《协同共生论：组织进化与实践创新》，机械工业出版社，2021，第134页。

第二章 市域社会治理现代化协同的研究进展

一 社会治理与现代化

(一) 社会治理

1. 治理

"从词源上讲,治理一词,原始含义是控制、指导和操纵,是指在特定范围内行使权力。它意味着一个政治过程,即在许多领域中为了不同利益达成协议而实施某个计划。"[1] 在后续有关治理的各种定义中,全球治理委员会在1995年对治理进行了如下定义:治理是个人和组织(无论是公共的还是私人的)处理同一事务的多种方式的总和。[2] 在这一定义中,有两个需要着重关注的知识点。

首先,尽管治理与统治一样需要权威和权力,其最终目的也是维持正常的社会秩序,但"治理"与"统治"两者的概念是有很大差别的。治理须区别于统治和管理。[3] 起初作为"统治、管理"的概念发展,"治理"一词被各方研究人员所关注。这一概念是由西方政治学家和管理学家提出的,且这些学者认为这一概念相比统治而言更为先进,其背后的原因在于这些学者认为统治语境下的资源配置既存在市场失灵问题,也有政府工作

---

[1] 俞可平主编《治理与善治》,社会科学文献出版社,2000,第16~17页。
[2] 俞可平主编《治理与善治》,社会科学文献出版社,2000,第270~271页。
[3] 让-彼埃尔·戈丹:《现代的治理,昨天和今天:借重法国政府政策得以明确的几点认识》,陈思译,《国际社会科学杂志》(中文版)1999年第1期,第49~58页。

不足之处。治理是统治的进一步发展，在治理语境下，公私部门之间以及部门内部的边界逐渐消融，在这一过程中政府的权威和许可的作用逐渐减弱，统治机制逐渐成为核心。[①] 詹姆斯·罗西瑙（James N. Rosenau）、罗茨（R. Rhodes）、格里·斯托克（Gerry Stoker）等治理理论的权威学者指出，虽然治理是统治的进一步发展，但是两者间依然存在较为明显的区别，治理的主体并非一定是政府，且在治理过程中政府作为一种主体，其行为也受到诸多限制，其行为必须符合一系列治理理念。学者们就治理的定义进行了深入的讨论，大致而言包括以下几种：①当治理作为最小国家的管理活动时，可以认为国家有效地控制公共开支，实现小成本下的最大效益目标；②当治理作为公司的管理方式时，治理则是包括指导、控制和监督等行为的和企业运行密切关联的组织体制；③作为新公共管理的治理，则强调在政府为社会提供公共服务的过程中积极采取市场机制作用并借鉴企业的管理方式；④作为善治，治理可以被认为是强调效率、法治、责任的公共服务体系；⑤作为社会－控制体系的治理，强调多种主体之间围绕一定共同目标展开的互动和合作，包括政府与民间、公共部门与私人部门之间；⑥作为自组织网络的治理，强调网络式的协调合作，并重视相互之间的信任和各方利益的共同实现。俞可平从政治学的视角，进一步对"统治与治理"做了以下区分。其一，主体不同。就统治来说，其主体是单一的，指政府或其他国家公共权力；而治理不同，治理包括多元主体，如各类居民自治组织、企业组织和社会组织等，不仅仅指政府。其二，性质不同。统治带有强制性色彩；而治理虽也有强制性的，但更多的是协商性的。其三，权力来源不同。统治来源于国家法律，是强制性的；而治理不仅来源于法律，也有各种非强制性的契约。其四，向度不同。统治是自上而下的，是上级对下级；而治理的向度可以是自上而下的，也可以是平行的。其五，作用范围不同。统治的范围主要是政府权力所触及的范围，相对而言较为有限；治理的范围则更为广阔，治理的作用可以延伸至所有

[①] 格里·斯托克：《作为理论的治理：五个论点》，华夏风译，《国际社会科学杂志》（中文版）2019 年第 3 期，第 23～32 页。

的公共领域。① 总之，相比统治，治理的内涵更为多元化，既包含传统政府统治的各种机制，也包含随着社会发展而逐步出现的各种非正式化机制。②

其次，治理是调解冲突或不同利益相关者矛盾并采取联合行动的连续过程。治理主体未必是政府，也无须依靠国家的强制力量来实现。基于不同学科视角，西方对治理的研究形成政府治理、社会治理等分支。国内学者王浦劬对国家治理、政府治理和社会治理这三个概念进行了总结概括，指出了三者的联系与区别，认为社会治理是指"特定的治理主体对于社会实施的管理"，是一种一方牵头，各方积极参与共同治理的模式。③ 俞可平认为所谓的"治理"是指"政府的或者民众自治的组织机构在一定范围内为了使公共利益得以实现，而做出的维护公共秩序的努力"，"治理包含其所运用的制度、规则、机制和权威，它依靠这些要素来实现公共管理与活动"④。我国治理兴起的原因在于有效地改变政府公共服务低效率的现实，它试图有效地提升公共服务质量，从而满足公众对于公共事务的期待，并满足公众的公共需求。⑤ 在社会政治生活中，治理是一种政治行为，且这一行为是具有倾向性的，即治理是具有方向和目标的。就政治实践而言，无论是何种社会政治体制和统治阶级，都希望以更低的行政成本提供更为优质的公共服务，从而获得更多的公民支持和认可。⑥

2. 社会治理⑦

社会治理理论是社会系统思想的进一步发展。其核心内容在于分析如何处理社会系统各部分间的关系，使各个社会系统组成部分可以有序联

---

① 俞可平：《国家治理体系的内涵本质》，《理论导报》2014年第4期，第15~16页。
② J. N. Rosenau and E. O. Czempiel, *Governance Without Government: Order and Change in World Politics* (Cambridge: Cambridge University Press, 1992), p. 5.
③ 王浦劬：《国家治理、政府治理和社会治理的含义及其相互关系》，《国家行政学院学报》2014年第3期，第14页。
④ 俞可平：《论国家治理现代化》，社会科学文献出版社，2015，第23页。
⑤ 郑巧、肖文涛：《协同治理：服务型政府的治道逻辑》，《中国行政管理》2008年第7期，第48~53页。
⑥ 俞可平：《推进国家治理体系和治理能力现代化》，《前线》2014年第1期，第5~8、13页。
⑦ 该部分来源于陈成文、赵杏梓《社会治理：一个概念的社会学考评及其意义》，《湖南师范大学社会科学学报》2014年第5期，第11~18页。

结，进而促进社会的稳定运行。自"社会治理"一词提出以后，国内外学者对其产生了浓厚的研究兴趣。这里梳理学术界关于"社会治理"研究的代表性观点。①

一是政治动员论。这是政治学者关于"社会治理"的基本观点。政治学者一般认为，社会治理并非所有人的治理活动，其核心主体是社会中的精英人员，且这一活动体现在政治动员之中。人类是一种具有政治性的动物，在人类个体无法实现所追求的目标时，会通过合作等方式形成集体从而利用集体的力量实现。在这一过程中，政治家或者政治精英作为社会中具有广泛影响的群体会通过动员或者号召来整合集体力量以达成个体力量不能达到的目标，因而政治动员被政治学者视为一种具有重要作用的社会治理方式。在一些特殊情境下，这种政治动员具有重要的作用。例如，当一个国家或民族受到敌人的威胁时，政治动员能够快速地调动国家整体力量，以保卫国家主权。因此，政治动员作为一项可以快速团结社会整体力量的社会治理方式，在特殊的时代背景下，有很强的实用性。但是，这一方式也存在一些风险，例如，政治精英出于个人私利而进行动员，引导社会力量向着错误的方向前进等。因此，使用政治动员必须考虑时代背景，在和平时代是否能使用政治动员来进行有效的社会治理值得商榷。

二是合作治理论。这是公共管理学者关于"社会治理"的基本观点。不同于传统公共行政管理，新公共管理的理论基础主要是公共选择理论、新制度经济学理论和私营企业的管理理论；其所关注的社会现实是当前政府的公共服务政策化和管理方式的社会化。随着社会经济的发展，政府不再对社会的各个方面进行管理，而是逐步将公共服务等相关权力转移，使得市场、社会组织、一般公民等主体一同管理社会。在这一社会现实下，政府的行政管理逐步减少，其计划和干涉也逐步减少。公共管理学者认为，从性质来看，新公共管理属于服务性社会治理；从方式来看，新公共管理强调的并非政府的一元管理，而是由市场等多元社会治理主体共同参与的，以社会和谐稳定等共同目标为指引的，在服务精神导向下的合作治

---

① 陈成文、赵杏梓：《社会治理：一个概念的社会学考评及其意义》，《湖南师范大学社会科学学报》2014年第5期，第11~18页。

理。可以说,"合作治理论"代表了人们对"社会治理"认识的一个新阶段。

三是实用主义治理观。这是哲学学者关于"社会治理"的基本观点。实用主义治理观起源于国家干预主义和新自由主义之间的争论,国家干预主义强调由国家制定经济发展规划以指导经济发展,而新自由主义则更为强调市场机制对于经济发展的重要价值。实用主义治理观出现的标志是公共部门和私人部门行为体之间的经验主义合作。现代哲学中的实用主义认为经验是世界的基础,认为人的认识来源于过去的经验,人的认识无法突破经验的束缚,这在一定程度上可以说是"贝克莱—休谟—孔德"经验主义的继承。实用主义认为,经验是认识的源泉,且是唯一源泉。经验之外的事物和规律是人们无法认识到的,且那些东西没有实际价值,因此也没有必要去认识。实用主义认为真理必须对我们有实用价值,即真理的判断是看其是否对我们的生活或社会发展具有实际的作用,只有其产生实际作用时才是真理。实用主义将经验作为社会行动的结果,而知识是行动的工具,真理就是实用价值。基于实用主义的这种社会治理观最初体现在公共政策系统分析的成果中。

上述分析展示了不同学科对于社会治理的认识,这对于我们深刻理解社会治理的内涵具有积极意义。但是,上述观点由于其所处的历史阶段和实践限制,不可避免地存在一些不足:一是这些分析并未系统地就社会治理的内涵进行界定,也未科学地说明社会治理的客体、社会治理所要实现的目标和社会治理的手段,这将使相关分析缺乏概念支持;二是虽然上述分析都强调了社会治理主体的多元化,但是并未对相关主体的具体组成进行科学界定,无法清晰描述社会治理主体的范围;三是上述分析并没有科学揭示社会治理的本质特征,虽然对社会治理的一些特征进行了分析,但只是对社会治理概念进行一般性的展示,并未进行抽象化的概念提炼,缺乏科学性和总结性的概念将使人们难以准确地把握社会治理的内涵和外延,更难以科学区分社会管理与社会治理的异同,正确处理政府与社会组织的关系。因此,从社会学视角科学界定"社会治理"这一概念,仍然是学术界面临的一个理论难题。

（二）社会治理的概念解读[①]

从社会学视角来看，要科学界定"社会治理"这一概念，就必须在准确把握社会治理的主体、客体、目标、手段的基础上，抽象地揭示社会治理的本质特征。

1. 社会治理的主体

社会治理的主体是多元且丰富的，下面就社会治理的主体进行介绍和分析。

政府。福山在《国家构建》中认为，政府在职能不断缩减的过程中，既希望削减政府力量的强度，又产生对另一类政府力量的需要。政府是社会中不可缺少的重要组成部分。无论是过去的社会管理活动，还是现在的社会治理活动，政府都是具有重要作用的主体之一。一方面，政府是依法享有行政权力的组织体系，社会管理和社会治理都离不开行政力量的支持；另一方面，政府是联系其他主体的重要中介之一，其服务其他社会治理主体。相比传统的社会管理，在社会治理过程中，政府由单一管理主体转化为多元社会治理主体之一。而且随着社会的发展，社会治理对政府提出了新的要求，其一部分传统职能开始消退，但是新的职能也逐步产生。作为社会治理主体之一的政府，更为重视其最基本的如国防安全、社会保障等职能。政府所提供的各种服务是社会治理顺利推进必不可少的基础力量。

市场。市场是伴随着社会生产发展的产物，是社会分工细化和商品经济发展的结果，其对于社会治理而言具有重要价值。党的十八届三中全会提出"使市场在资源配置中起决定性作用"，以"决定性作用"取代"基础性作用"表明随着市场经济的发展，政府逐步认识到了市场对于经济的重要价值。因此，在推动社会治理的过程中，必须进一步强化市场的参与，提升市场主体的积极性，增强其社会治理责任意识。政府和市场分别在社会治理的不同领域发挥作用，为了有效发挥市场在资源配置中的优势，使其在资源配置中发挥决定性作用，政府应当积极改革行政体制，减

[①] 该部分来源于陈成文、赵杏梓《社会治理：一个概念的社会学考评及其意义》，《湖南师范大学社会科学学报》2014年第5期，第11~18页。

少不必要的烦琐手续，加快简政放权，减少对资源配置的干预，同时为发挥市场力量提供支持，配合市场发挥其应有的作用。

社会组织。在社会治理过程中，社会组织是多元化主体的重要组成部分之一。社会组织是为了实现特定目标而有意识地集合起来的社会群体。在过去的社会管理实践中，社会组织是在政府管理下的被动参与者，其在政府的要求下参与社会活动。但是，在社会治理中，社会组织是治理主体之一，与政府、市场、公民等主体共同合作，为社会治理提供支持。社会组织所提供的社会服务等能够满足社会发展的需要，可以弥补政府和市场存在的不足。自治组织是社会组织中具有关键作用的组成部分，自治组织能够在社会治理过程中较好地联结社会群众，反映群众需求，化解基层矛盾，维护社会稳定。

公民。托克维尔认为，中央政府的能力是有限的，其不可能完全了解社会的各个方面，因此政府无法独自创造所有的条件以驱动社会运行，即使强制地推进社会运作，其结果也可能无法达到完美，甚至最终只是造成资源和精力的浪费。这明确指出了政府作为社会治理主体的局限性。进一步可知，公民自治对于现代社会治理具有重要意义，公民是社会治理中不可或缺的主体。

结构功能主义强调，功能整体的稳定和功能的发挥需要满足四项需求，这四项需求分别是：适应、目标达成、整合、维模。国家、市场、社会组织、公民是社会治理的四个相对独立的主体，能够较好地满足功能发挥的四项需求。国家满足目标达成需求，市场则发挥适应的功能，而整合和维模需求主要由社会组织和公民来满足，为了使整个社会系统作为一个整体有序地运作并积极地发挥功能，需要通过具有自由社会治理意识和意志并具有一定社会治理能力的社会组织以及由社会组织和公民组成的自组织网络来联结。

2. 社会治理的客体

除主体之外，社会治理概念界定还需要对社会治理的客体进行剖析。所谓的客体，既包括客观存在并可以主观感知的事物，也包括由人的思维形成的事物。社会学的基本对象是社会发展过程中所出现的各种现象，实证社会学则强调社会学研究应当积极参考物理学分析思路，要像研究物理现象一样研究社会现象客体，既要深入分析客观存在并可以主观感知的事物，也要讨论由人的思维形成的事物。社会学研究讨论的是社会现象，是物，但是这一说法是在把人物化、主观性客观化、社会生活自然化。韦伯不赞成涂尔干的观点，韦伯认为"人"才是社会学研究的对象，他认为社会学研究强调的是人与人在社会互动中的主观意向的关联性。所以，社会治理的课题不应当只强调客观存在的外在世界，更要深入生活世界，实现"物"和"人"的结合，从而实现对社会主客观存在的系统分析。总之，社会治理的课题包括随着社会发展所产生的各种社会问题，一方面包括人与人之间的关系，另一方面则包括人与自然的关系。社会治理的目标则在于协调人与人的关系和人与自然的关系。

一是通过协调人与人的关系，恢复社会植被。社会植被是指凝聚社会并维护社会持续发展的各种人文价值观和社会规范，强调主观性。在分析社会植被时，不能将社会植被片面地物理化、客观化、外在化，应该理解其中蕴含的主观价值。社会植被的产生来自社会现实生活中的人际互动，即互动双方在主观意向上的关联。科塞认为人与人之间的关系是社会形成的重要基础，人与人之间通过各种社会关系形成一种网络状的联系。人是社会性动物，虽然存在个体差别，但是多数人有着人际关系网络。社会植被能有效增强社会凝聚力，促进社会良性运行和协调发展。但是，伴随着市场经济的发展，市场化思维逐步冲击且腐蚀着社会植被，即市场的发展使得人与人之间的关系有所恶化，例如，在市场中社会诚信逐步降低，各种道德问题涌现。因此，在当前社会发展实际中如何合理地处理人与人之间的关系，并在市场化条件下恢复社会植被，是社会治理最重要的课题之一。

二是协调人与自然的关系，保护自然植被。自然植被这里用来泛指人类生存的自然环境，反映的是人与自然的关系。党的十八大以来，"绿水青山就是金山银山"已经成为全党全社会的共识和行动。习近平总书记说："实践证明，经济发展不能以破坏生态为代价，生态本身就是经济，保护生态就是发展生产力。""绿水青山就是金山银山"揭示了生态保护与经济发展之间的关系，指出了协同发展才是最佳路径。保护好生态环境，是推动高质量发展的必然要求。人类作为自然生态系统的一分子，生存和发展都离不开自然，自然系统为人类的生存和发展提供了不可或缺的各种资源，人类获取资源的方式和方法则直接影响到自然生态系统的问题，更会对人与自然的可持续发展关系产生冲击。人类对于自然的行为主要表现为人类为了获取自然资源而展开的各种行动，包括顺应自然规律的行动、改造自然的行动、破坏自然的行动。但归根结底，人对自然所采取的各种行动，是由其内心的思维等决定的，其行动的选择是通过主观能动性对自身行为的调整。因此对人与自然关系的社会治理通过自然变化体现结果，但是其本质上是社会治理主体对于其主观能动性的社会治理。自然植被对于人类社会具有不可忽视的重要意义，党的十八大从新的历史起点出发，做出"大力推进生态文明建设"的战略决策，因此，人与自然和谐发展更要重点关注自然植被。人的命脉在田，田的命脉在水，水的命脉在山，山的命脉在土，土的命脉在林和草，这个生命共同体是人类生存发展的物质基础。

社会治理一定有具体的客体，社会治理客体是社会治理的存在前提。面对不同的社会治理客体，必然也有着不同的社会治理目标和社会治理手段，这也将使社会治理呈现不同的结果。当治理主体治理那些面积广阔且具有较多人口的客体时，其治理难度便远超那些面积小、人口少的客体。同样地，当对全球人类社会进行治理时，其难度必然要超过对一个国家的社会进行治理。当前世界经济联系日益紧密，全球化趋势日益显现，且我国也处于重要的社会改革机遇期，面临众多调整。因此，社会治理客体必须以社会植被与自然植被为核心，并随着社会的发展变化与时俱进。

3. 社会治理的目标

社会治理的目标是社会治理多元主体采取社会治理行动后希望达成的期望，是社会治理主体对于客观现实的主观设想，可为社会治理实践活动指明方向。社会治理的目标并非单一的，而是多个目标构成的多层次的目标体系。结合我国社会发展实际，可以将社会治理的目标划分为社会治理的具体目标与社会治理的终极目标两个层次。

（1）社会治理的具体目标

第一，化解社会矛盾。毛主席说有进步就会有矛盾，伴随着改革开放之后经济社会的快速发展，社会矛盾也逐渐产生且不断积累，这一时期既是发展的黄金时期，同时也是各种社会矛盾不断积累且逐步凸显的时期。从本质上看，社会矛盾可以分为合法形式的社会矛盾和非法形式的社会矛盾。合法形式的社会矛盾往往是一些影响较小的矛盾，其冲突较为轻微，且不会对社会稳定产生剧烈冲击，可以采取一系列合法手段进行有效的处置，从而消除其对社会发展的不利影响；非法形式的社会矛盾与合法形式的社会矛盾相反，其会对社会的稳定发展产生猛烈的冲击，对社会产生破坏性的影响。近年来，非法形式的社会矛盾增加速度较快，已经超过了合法形式的社会矛盾而成为社会矛盾的主流，这极大地威胁着社会秩序的稳定，将对社会发展产生较大的负面冲击。社会稳定是各种社会活动顺利开展的基础，是人们生产生活的前提，是国家发展的重要保障，更是社会治理的基础目标。因此，为了推进国家繁荣发展，必须保障社会的和谐和稳定，维持社会秩序，社会治理要坚持以人为本，充分考虑人民群众的根本利益，从群众利益出发，积极采取各种方法化解社会矛盾，尤其是对非法形式的社会矛盾进行重点攻坚，减少各种矛盾对社会发展的冲击，推进社会系统的动态平衡。

第二，实现社会公正。社会公正是和谐社会的重要要求，是中国特色社会主义核心价值之一，体现着社会成员对于合理社会秩序和分配格局的期望，也是党和国家的重要追求。公正是具体的，在不同的领域有不同的内涵，在经济领域中公正一词强调的是经济交易参与者之间的等价交换，社会领域的公正则是指为社会发展做出贡献的所有社会成员都能按照一定的合理规则共同分享社会改革发展的成果。公正也是相对的，公正的实现情况受到社会发展程度等诸多因素的影响。我国正处于并将长期处于社会主义初级阶段，经济社会发展水平决定了我国唯一公正的分配制度应该是以按劳分配为主，辅之以多种分配方式。在当前的分配制度下，社会成员按照其贡献情况获取收益，因此存在一定的差距，不过这一差距是由各个社会成员的劳动或要素投入情况造成的，因此在当前时代也是可以接受的。简言之，实现社会公正是社会治理的具体目标之一，更是社会治理现代化的重要衡量尺度。

第三，激发社会活力。社会活力是各社会治理主体基于社会实践活动，通过社会互动，焕发出来的创造力、持续力、生命力的总称。社会活力对于社会发展而言具有不可忽视的积极作用，是社会逐步前行的内在力量。社会交往则是社会活力形成的重要途径。依据社会发展的动力视角，二者具有内在一致性。社会活力的形成需要社会成员之间进行互动和交往，从而推进信息和资源的交换，进而创造出各种新的事物，激发社会活力，推动人类文明不断向前发展。社会成员互动和交往的过程在某种程度上，就是不断激发社会活力的过程。就社会的现代化而言，社会活力是不可缺少的组成部分，是国家进入现代化并保持现代化的重要源泉。我国正处于中国特色社会主义现代化的发展进程中，为了实现现代化国家的建设，必须激发与社会化进程相适应的社会活力。因此，社会治理的目标之一就是使全社会充满活力，不断地为社会发展创造内生动力，而关键在于激发社会组织活力。

（2）社会治理的终极目标

社会治理的终极目标是促进社会和谐发展。社会和谐是马克思主义的不懈追求。构建和谐社会，建设美丽中国，也是我国党和人民不断追寻的社会主义理想。社会和谐既包括人与人之间的和谐，同时也包括人与自然之间的和谐。所谓社会和谐发展，具体是指三个方面：一是作为社会主体的个人自身的和谐发展，即个人能力的增长、个人品德的改善；二是人与人关系的和谐发展，即人与人在社会之中和睦共处；三是人与自然关系的和谐发展，即人与自然协调发展，人的发展不会对自然产生破坏。需要特别指出的是，社会治理的终极目标并非构建框架分明且严格的机械社会，而是构建一个有机社会。机械社会是被动的社会，受到各种规章制度的束缚，社会主体行动受阻，社会交往低下，社会活力不足，社会发展缺乏内生动力；而有机社会则是能动的社会，社会行动在各种机制的指导下得以灵活开展，社会充满创造性，社会发展内生动力源源不竭。

4. 社会治理的手段

社会治理的目标是通过化解社会矛盾、实现社会公正、激发社会活力，促进社会和谐发展。在党的领导下，我国社会治理取得了积极成效，但是随着当前社会转型深入推进，经济社会发展进入新时代，又对社会治理提出了更多且更高的要求。当前，我国社会治理的定位、思路、模式都存在一定的进步空间，为此我们必须结合社会发展现实，积极推进社会治理方式和手段创新，完善社会治理体系，不断增强社会治理能力。在实践中，社会治理手段包括以下三个方面。

一是社会治理要"齐之以法"。所谓"齐之以法"，就是在推进社会治理的过程中要重视法律的作用，以法律法规作为治理的准绳。亚里士多德高度重视法治的作用，认为法治远比人治更为有效。现代社会是法治社会，社会成员的行为规范和社会组织的运行都需要遵守法律的规定，违反法律的行为会受到惩处。法律是一种正式社会制度，在一些西方国家法律是由议会具有立法权的机构制定，而在我国则由全国人民代表大会及全国人民代表大会常务委员会制定。法律会对当事人的权利和义务进行规定，从而约束社会成员的行为，指导其采取合理的行动。国家暴力机关则是法律的后盾，对那些不遵守法律的行为进行处罚以维护法律的权威。在社会治理的过程中，法治性体现为法律面前一切社会治理主体的权利与义务平等。坚持法治，强化社会治理主体的法治意识，是社会治理有序推进的重要前提和基础。在社会治理实践中，各治理主体都要尊重法律权威，按照法律规定采取行动。为了有效规范社会秩序，实现社会治理目标，社会治理过程中必须运用法治手段，增强社会治理主体责任性。

二是社会治理要"晓之以理"。所谓"晓之以理"，就是在社会治理过程中要坚持"以德治国"。这里的"理"，是判断是非得失的标准，也即道理、道德规范。道德是法律的重要补充，是人们内心的约束，不断完善社会成员的内心世界，提升其道德修养是以德治国的核心。法治和德治是相互连接、相互促进的，法治和德治都是社会治理不可缺少的一环，有效的社会治理需要实现法治与德治的结合。法治社会的法律是由人制定并执行的，但是法律归根结底是人类意识的体现，是具有立法权的主体的主观能动性的表现，因此依法治国仍然需要重视人的自我实现。只有法律规范而缺乏人的主观能动性，社会治理便失去了活力。因此，依法治国的重要基础在于参与社会工作的社会成员从内心自觉地认同法律，并自觉地遵守法律，将法律转化为内心的"理"，以指引自己在社会活动中的行为。法律是不完美的，单纯依靠法律是无法实现社会治理目标的，因此需要积极推进法律的内化，提升社会成员的内在修养，只有如此社会才能长治久安。因此，法治是社会治理最起码的要求，德治则是更高层次的要求，有效的社会治理必须将法治与德治结合起来。

三是社会治理要"动之以情"。所谓"动之以情"，就是社会治理要坚持以人为本。人是社会治理的核心，以人为本，就是社会治理过程中的一切活动都是为了促进人的全面发展，这就要求社会治理过程必须实时考虑到人的需求，既要在法律规范方面考虑到作为社会成员的人的权利和义务，也要考虑到人的情感需求，重视社会成员的情绪调节。

5. 社会治理的本质特征

对社会治理的主体、客体、目标、手段的分析有利于我们清晰地界定社会治理的内涵和外延。但是，在界定一个概念时，这些部分只是基础，要科学地界定社会治理，关键在于抽象地揭示它的本质特征。

一是行动性。社会治理不是一种思想，而是一种具体的社会行动。韦伯认为社会行动是存在能够被人理解和说明的具体意义的，他将社会行动划分为四种类型：工具理性行动、价值理性行动、情感行动和传统行动。香港学者莫庆联、甘炳光认为，社会行动是指社会成员在自身的社会意识的指导下采取集体行动的方式以获取其他社会成员的支持，从而向得益者争取群体的合法权益，以推进社会资源的再次分配，满足自己的需求。社会管理到社会治理的过程就是从一元主体走向多元主体，从责任集中走向责任共担的过程，这一过程既有工具意义，又有价值内涵。通过社会治理，社会经济发展的诸多成果可以更好地、更公平地进行分配，使得社会成员共享社会主义建设成果。因此，从上述意义来看，社会治理本质地蕴含于社会行动中，具有行动性特征。

二是合作性。社会治理不是单个个体的行动，而是一种多元主体共同合作的社会行动。社会治理主体是多元的，政府与社会之间的关系已从主客体之间的主从关系，转变为主体与主体的关系。伴随着社会经济发展，自上而下的社会管理方式逐步演化为多主体平等合作的社会治理方式。在这一过程中，权力的运行不再是单一的自上而下的运动，而是多个主体之间相互交流和联结的多向运动。社会治理的多元主体通过"法、理、情"等治理手段，在市场机制、共同利益、多元认同和信任等基础上展开合作，以促进社会和谐稳定。从预期目标角度来看，社会治理不仅仅是提高社会工作效率、提升行政效能的简单方式，还强调社会冲突的化解、社会公平正义的实现以及社会活力的创造，其追求的是人的全面发展和社会的和谐发展。

三是协调性。社会治理也是一种协调性社会行动。社会治理需要多元主体之间的协调合作。在实践中，韦伯的以科层制为核心的层级官僚体制虽然具有较高的工作效率，但是并不符合社会治理的要求，因为官僚制组织重视层级，强调服从和执行，忽视了人的主观能动性，缺乏灵活性和协调性，无法充分激发组织的活力和创造力；而社会治理则强调多元主体的协调，重视主体之间的相互体谅和理解，强调公正的资源分配。全球治理委员会认为治理是一个过程，而不是一种活动、一套规则或一种既定的正式制度。在社会治理的过程中，社会个体是无法完成所有工作的，其本身无法拥有社会治理所需要的所有知识、经验和资源，为此社会治理需要多元主体间的共同合作，而这一过程需要以协商等协调方式展开以减少冲突，从而确定多数主体所赞成的行动，最终形成政策。因此，社会治理过程实际上是社会治理的多元主体之间进行的协调性持续行动。

四是动态性。社会治理是一种持续的具有动态性特征的社会行动。传统的社会管理强调稳定性，而社会治理则更为强调灵活性和动态性，主张根据实际情况进行适时变动。社会治理客体不同，社会治理的具体实现途径就不同，而且社会治理面对的社会环境存在复杂性、动态性、模糊性等特征，为此，社会治理也应当是动态的、灵活的，要根据不同的治理客体和治理环境采用不同的社会治理手段。社会治理的动态方法遵循以下三个原则：第一，最合适原则，即社会治理并非要实现所有目标的最优化，而是寻找在当前条件下所能采用的最合适的手段；第二，适度有效原则，即社会治理手段的有效性取决于其对特定情境的适合程度，并不是所有的手段在任何情境下都有相同的效果；第三，具体问题具体分析原则，社会治理的方法、手段的采取要结合具体问题的特征进行具体操作，不能"一刀切"，不能将一种情境中的有效治理手段照搬到另一种情境中。

通过上述对社会治理主体、客体、目标、手段、本质特征五个方面的分析，我们认为，从社会学的视角来看，社会治理是指政府、市场、社会组织、公民在形成合作性关系的基础上，运用法、理、情三种社会控制手段解决社会问题，以达到化解社会矛盾、实现社会公正、激发社会活力、促进社会和谐发展目的的一种协调性社会行动。从主体来说，该概念确定了社会治理是一个多元主体的合作性社会行动过程；从客体来说，该概念确定了社会治理是一个调整人与人的关系和人与自然的关系的社会行动过程；从目标来说，该概念确定了社会治理是一个通过化解社会矛盾、实现社会公正、激发社会活力以促进社会和谐发展的社会行动过程；从手段来说，该概念确定了社会治理是一个"法、理、情"并举的社会行动过程；从本质特征来说，这一概念确定了社会治理是一个协调性的社会行动过程。

（三）现代化

1. 现代化

何谓"现代化"？有关学者对现代化的解释不一，但其出发点离不开何传启所总结的三维定义。[①] 第一，"现代化"基本词义的习惯用法。依据词典中对"现代化"的解释，赋予其后续的适用领域。按照英文的解释，"现代化"一词可翻译为 modernization，modernization 是 modernize 的名词形式，产生于 1770 年，其有两个基本词义：一是成为现代化的、适合现代需要；二是表示实现现代化的过程及其实现现代化后的状态，也可表示现代先进水平的特征。第二，"现代化"的理论意涵。在不同领域和不同学科视角下，学者们对现代化的解释不尽相同，但其理论内核基本是跟随时代进程的发展而得以发展和丰富的。何传启将"现代化"的理论意涵总结为：现代化一般以国家为基本地理单元，有时以某个跨国地区（如中东地区、亚洲地区等）为基本地理单元。现代化是有阶段的，包括第一次现代

---

① 何传启：《现代化概念的三维定义》，《管理评论》2003 年第 3 期，第 8~14、63 页。

化（经典现代化）、第二次现代化（新现代化）和将来的现代化。现代化既是一种世界现象，是18世纪工业革命以来人类发展的世界前沿，以及追赶、达到和保持世界前沿水平的行为和过程，也是一种文明进步，以及人的全面发展和自然环境的合理保护。①第三，"现代化"的政策意涵，强调现代化理论的实际应用。政府根据社会发展现实情况和现代化理论对其政策措施进行合理的设计。现代化理论并非一成不变的，其在不同国家和不同领域及其不同发展阶段存在较大差异。

有关"现代化"的理论意涵，大家普遍认为与现代化的基本词义大体一致：一是指发达国家16世纪特别是工业革命以来发生的深刻变化；二是指发展中国家在不同领域追赶世界先进水平的发展过程。②简要概括，现代化指工业革命以来人类社会所发生的深刻变化，这种变化包括从传统经济向现代经济、传统社会向现代社会、传统政治向现代政治、传统文明向现代文明等各个方面的转变。具体而言，罗荣渠曾经分别从政治立论、工业发展、社会结构变迁和综合文化的角度对有关的现代化理论进行整理，并归纳出有关现代化含义的解释：第一，政治立论视角是在近代资本主义兴起后的特定国际关系格局下，将现代化视为追赶经济和技术发展的历史过程；第二，将现代化直接落实到工业发展；第三，社会结构变迁视角关注到社会制度对适应工业化和经济发展的重要性，即社会结构与工业化和经济发展的关系，适应和调整它们之间的关系的过程就是现代化；第四，结合社会学、文化人类学、心理学等综合学科，从"文明形式"的发展视角，认为现代化是一种具有主观性的态度、价值观和生活思维的动态变化过程。③金耀基认为现代化基本上可以看作环绕在工业化的主轴上所产生的经济因素与非经济因素的互动过程。④罗纳德·英格尔哈特（R. Inglehart）也认为，现代化的进程与工业社会的进步带来了社会文化的转型，这种转型会使民众越发

---

① 《何传启团队：为全面现代化建设提供科学支撑》，《科学与现代化》2020年第四季度，第44~45页。
② 何传启：《现代化概念的三维定义》，《管理评论》2003年第3期，第8~14、63页。
③ 罗荣渠：《现代化新论——世界与中国的现代化进程》，北京大学出版社，1993，第5页。
④ 金耀基：《从传统到现代》，法律出版社，2017，第244页。

渴求民主制度并在民主制度建立时予以支持。①

胡鞍钢依据张培刚的"工业化"定义,将现代化定义为:在全社会范围内,一系列现代要素以及组合方式连续发生的由低级到高级的突破性的变化或变革的过程。② 他还将其归纳为五个方面。③ 一是从时间维度来看,现代化一定是历史的概念、发展的概念。这就意味着,现代化是伴随着人们对现代化的实践和认识,不断丰富、不断完善的动态概念。也就是说,现代化不是一成不变具有固定答案的,就各个国家的现代化道路的选择而言,现代化并不意味着西方化,西方国家的现代化道路并不是适合所有国家的。二是从其包含的内容来看,现代化的范围十分广泛,包括社会的各个方面,既包括经济现代化,也包括人的现代化。一方面,现代化并非单单强调物质条件的现代化,虽然物质条件的改善和技术的进步是社会现代化的基础,但是现代化还包括更多的内容,如政治现代化、文化现代化、人的现代化,以及生态文明建设现代化,此外还包括国防和军队现代化。所以,现代化并非单一的,而是包含丰富领域的、多样化的。另一方面,现代化并非只是一部分人的现代化,而是所有人的现代化,且就地区而言,不仅仅是城市要实现现代化,农村同样也要实现现代化。三是现代化是现代要素以及组合方式。现代化的实现需要合理且有序地实现土地、资源、能源、资本、劳动、教育、科学、技术、文化、信息、知识和制度、法律等现代要素的统筹利用。不同的要素有不同的组合方式,各种要素最适合的配置方式也存在差异,部分要素在市场机制下可以被有效利用,而有的要素则需要充分发挥政府的作用,还有的可能需要多种机制共同发挥作用才能实现有效的配置。四是现代化的过程不是一蹴而就的,而是一个逐步推进的过程,需要从低到高、从量变到质变,因此现代化的过程不能急躁,需要循序渐进。五是现代化是全方位的变革过程,包括观念变革、

---

① 罗纳德·英格尔哈特:《现代化与后现代化——43 个国家的文化、经济与政治变迁》,严挺译,社会科学文献出版社,2013。
② 方烨、姜韩:《中国将进入绿色生态文明时代》,《经济参考报》2012 年 12 月 20 日,第 8 版。
③ 胡鞍钢:《中国现代化之路(1949—2013 年)》,载胡鞍钢主编《国情报告》(第十七卷·2014 年),2016,第 384~411 页。

经济体制变革、社会体制变革、文化体制变革等，本质上就是现代国家制度建设与体制改革。

有关"现代化"的政策内涵，在不同领域和不同国家，有着不同的属性和特征。首先，就本书所研究的社会治理领域而言，俞可平认为至少应包括以下几个标准：一是制度层面，公共权力运行的制度化和规范化的公共秩序是社会治理的重要保障；二是主体层面，社会治理的民主化有利于充分体现多元主体的意见和保障人民的主体地位；三是体系层面，法治是社会治理的最高权威和底线依据；四是目标层面，即社会治理的目标是有效维护社会稳定和社会秩序，[①] 这与《中共中央关于坚持和完善中国特色社会主义制度推进国家治理体系和治理能力现代化若干重大问题的决定》所提出的"坚持和完善共建共治共享的社会治理制度"的战略指导高度契合，如民主、协调等要求，都是共同体建设的要求。其次，就不同国家的现代化内涵而言，戴木才基于中国特色的视角，认为中国式现代化具有非常丰富的内涵，具体包括：五千多年文明历史民族的现代化、以农业农村农民为根底的现代化、人口规模巨大的现代化、源于中国近代历史发展特殊规律的现代化、坚持把马克思主义基本原理与中国实际和中华优秀传统文化相结合而开创出来的现代化。[②] 韩文秀认为，我国的现代化有五个前置词，就是"富强、民主、文明、和谐、美丽"，对应的是建设"五大文明"，即社会主义物质文明、政治文明、精神文明、社会文明、生态文明。[③] 肖斌进一步解释了"人口规模巨大的现代化"，并认为人口规模巨大的现代化意味着不能盲目依赖自由市场自发性的分散决策，必须在现代化进程中始终坚持党的集中统一领导；意味着不能放任资本的野蛮生长与无序扩张，必须在现代化进程中始终坚持以人民为中心；意味着不能将自身现代化梦想寄希望于他人。[④] 总

[①] 俞可平：《国家治理体系的内涵本质》，《理论导报》2014年第4期，第15~16页。

[②] 戴木才：《中国式现代化道路的中国特色》，《思想政治工作研究》2022年第6期，第17~20页。

[③] 参见姜焕琴《"中国式的现代化"有五大重要特征》，《中国矿业报》2021年6月30日，第1版。

[④] 肖斌：《人口规模巨大的现代化的指向》，《政治经济学研究》2022年第2期，第170~171页。

体而言,中国所推进的现代化,是人口规模巨大的现代化,是全体人民共同富裕的现代化,是物质文明和精神文明相协调的现代化,是人与自然和谐共生的现代化,是走和平发展道路的现代化,这是中国式现代化道路的中国特色和基本特质。

2. 现代化的概念解读

总体而言,部分学者对"现代化"持"乐观"心态,即认为现代化是一个不断地调整、变革和适应时代要求的向上的动态过程。例如,胡鞍钢对现代化的解释是,全社会范围内一系列现代要素以及组合方式连续发生的由低级到高级的突破性的变化或变革的过程。[①] 孟静认为,现代化是包括经济、政治、社会、文化、生活习惯等内容在内的,由传统向现代全面发展的过程。[②] 但与此同时,贝尔、斯梅尔瑟和布莱克没有仅限于现代化的"进步效应",他们也看到了"后工业社会"的深刻危机。所谓的危机,建立在贝尔对社会的认知基础上,即社会是由社会结构、政体和文化组成的,过去这三个领域是由一个共同的价值体系来维系的,但在"后工业社会"这三个方面正日益趋于分裂,而且这种分裂还要扩大,由此势必导致专业职能、政体管理和文化价值等三大社会危机。[③] 世界现代化著名学者威尔伯特·穆尔客观评价了现代化的"趋同论",进一步回答了分裂的可能性:所有的社会是否变得更相像?所有的社会是否具有一个共同的终点?对前者他回答:是;对后者他回答:不。[④]

(1) 现代化的系统架构

从现代化的系统架构来看,现代化本身是一个"复杂多层子系统集成"的范畴,渗透到经济、政治、文化和思想等各领域。

国外学者的相关观点如下。亨廷顿(Samuel P. Huntington)认为现代

[①] 胡鞍钢:《中国国家治理现代化的特征与方向》,《国家行政学院学报》2014年第3期,第4~10页。
[②] 孟静:《中心城市现代化的动力机制与路径探索》,《现代经济探讨》2020年第12期,第100~104页。
[③] 丹尼尔·贝尔:《后工业社会的来临——对社会预测的一项探索》,高铦等译,商务印书馆,1984,第18~19页。
[④] 罗伯特·海尔布罗纳等:《现代化理论研究》,俞新天等译,华夏出版社,1989,第12页。

化的过程具备革命性、复杂性、长期性、系统性、全球性等特征，现代化的开展开始是某一因素的转变，而后这一转变逐步拓展到其他因素，带动其他因素的变化。[①] 现代化理论的代表人物戴维·E. 阿普特（David E. Apter）也认为现代化的过程表现着复杂性的特征，且现代化的过程更是一个系统的过程。[②] 国内学者关于现代化的体系结构观点如下：罗荣渠教授认为，广义而言，现代化是一个包含世界范围的历史过程，是人类社会从传统的农业社会转向工业社会的重大变革，其推动力在于工业化所带来的生产力，其结果体现为工业主义向着经济、政治、文化、思想各个领域的渗透及这些领域随之产生的变化；狭义而言，现代化指落后国家通过推动工业化而提升生产力从而迅速赶上先进工业国家水平并完善自己的各种体制机制以适应现代世界环境的发展过程。

叶克林以斯梅尔瑟（Neil J. Smelser）、布莱克（Cyril E. Black）和贝尔（Danuel Bell）批判地分析了现代化理论，有助于拓展我们的学术视野。具体而言，斯梅尔瑟聚焦于以工业化为前导的社会变迁，提出了"社会分化"、"社会整合"与"社会变迁的连续性"等重要理论命题。[③] 其中，就社会分化与社会整合之间的不连续性而言，斯梅尔瑟分析了其具体原因，归纳得出"社会结构的复杂程度、社会变革的范围与速度、社会民主化程度、社会利益分异程度和外国势力渗入程度等多种影响因素"[④]。布莱克从功能和结构的角度，解释了现代性与现代化的区别："现代性"指的是在社会发展方面处于最高水平的国家所具备的共有特点，而"现代化"则是这些社会发展水平较高的国家实现这些特点的过程。[⑤] 尽管现代化的"三阶段模型"（传统、过渡和现代），也被视为现代化理论流派的一个重要成果。现代化理论流派更为重视传统农业社会逐步向现代社会过渡的过程，

[①] 塞缪尔·P. 亨廷顿：《导致变化的变化：现代化，发展和政治》，载西里尔·E. 布莱克编《比较现代化》，杨豫、陈祖洲译，上海译文出版社，1996，第44~47页。
[②] 戴维·E. 阿普特：《现代化的政治》，陈尧译，上海人民出版社，2016，第2~3页。
[③] 叶克林：《现代化理论：从斯梅尔瑟到布莱克和贝尔——再论美国发展社会学的主要理论流派》，《学海》1997年第3期，第77~82页。
[④] 尼尔·斯梅尔瑟：《经济社会学》，方明、折小叶译，华夏出版社，1989，第186页。
[⑤] C. E. 布莱克：《现代化的动力》，段小光译，四川人民出版社，1988，第9~10页。

布莱克也把现代化的阶段划分作为一项重要的研究内容。在他看来现代化是一个持续的长期过程，并没有明显的阶段划分，但是分了便于分析，可以将其划分为不同阶段。

（2）现代化的量化研究

从现代化的量化研究来看，国外学者布莱克提出了"国际环境、政治发展、经济增长、社会整合与科技革命"等五个"关键变项"。但他认为，虽然这些变项都具有重要的价值，但是其并非相等的，相互之间的作用存在差异。[①] 现代化应当尊重社会成员的选择，由社会成员自己采取行动以改变其所处社会的制度。[②] 因此，在考察了"国际环境"这一"现代化的外来挑战"之后，就应从"政治发展、经济增长、社会整合与科技革命"这四个领域深入研究每个国家内部的情况。[③] 布莱克认为在这些变项中，政治发展具有关键性价值，可以作为现代化研究范式的核心内容和主导标准。布莱克所说的"政治发展"，既包括政府的发展，也包括各种政策制定过程中的决策，同时还包括各种和政策设计相关的社会组织的发展。[④] 无独有偶，斯梅尔瑟指出"现代化进程中，特别是发展中国家现代化进程中政府的主导地位与作用"[⑤]。

胡鞍钢提出了衡量中国现代化进程的三大指标：一是用于表征经济增长的GDP，这是衡量一国经济总产出的价值量指标；二是用于表征现代化相关因素的发电量；三是其他表征科技发展能力的指标，如发明专利申请量和授权量。[⑥] 同时，也有学者认为，现代化研究不宜过分定量化。[⑦]

[①] 吉尔伯特·罗兹曼主编《中国的现代化》，国家社会科学基金"比较现代化"课题组译，江苏人民出版社，1988，第4～15、17页。
[②] 西里尔·E. 布莱克等：《日本和俄国的现代化——一份进行比较的研究报告》，周师铭等译，商务印书馆，1984，第24页。
[③] 吉尔伯特·罗兹曼主编《中国的现代化》，国家社会科学基金"比较现代化"课题组译，江苏人民出版社，1988，第10～11页。
[④] C. E. 布莱克：《现代化的动力》，段小光译，四川人民出版社，1988，第87页。
[⑤] 尼尔·斯梅尔瑟：《经济社会学》，方明、折小叶译，华夏出版社，1989，第179页。
[⑥] 胡鞍钢：《中国现代化之路（1949—2013年）》，载胡鞍钢主编《国情报告》（第十七卷·2014年），2016，第384～411页。
[⑦] 朱高峰：《现代化研究不宜过分定量化》，《科学咨询》2003年第8期，第9、12页。

(3) 中国式现代化的实现路径

中国式现代化新道路,"本质上是中国共产党在科学继承马克思主义现代化理论的基础上,结合中国革命、建设和改革的实践,不断进行探索和总结而得出的科学结论"[①]。其中,同西方现代化最大的区别在于,"中国的现代化则是把现代化同人民群众的幸福以及整体民族的复兴有机结合起来了,这就必然使得中国式现代化的展开,不仅在结构体系和方法嵌入上内蕴着复合性和多元性,其目标定位同样也必定是系统性和整体性的"[②]。实际上,我国社会主义现代化的奋斗目标经历了由党的十三大提出的"富强、民主、文明"到党的十六届六中全会提出的"富强、民主、文明、和谐",再到党的十九大明确提出的"为把我国建设成为富强民主文明和谐美丽的社会主义现代化强国而奋斗"的历史过程。这一渐进过程表明了中国式现代化并非单一层面的现代化,而是综合性和整体性的现代化,并且随着时代的发展不断走向完善。[③] 此外,部分学者也提出其策略,例如,顾海良强调新发展理念应作为全面建设社会主义现代化国家的指导原则。[④] 逄锦聚认为全面加强党的领导是我国现代化建设的根本保证,更是社会主义现代化国家的根本领导制度保证和组织保证。[⑤] 程恩富认为社会主义现代化国家的建设必须遵循高质量发展要求,在系统思维的指导下,立足于当前经济社会发展实际,积极推进国内国际双循环,以共同富裕为目标,加快统筹发展和安全。[⑥] 张旭高度重视中国特色社会主义政治经济学对于我国现代化建设的作用,且强调习近平经济思想对于当前现代

[①] 胡洪彬:《中国式现代化新道路:生发逻辑、内在机理与成功密码》,《学术界》2021年第10期,第94~104页。

[②] 胡洪彬:《中国式现代化新道路:生发逻辑、内在机理与成功密码》,《学术界》2021年第10期,第94~104页。

[③] 胡洪彬:《中国式现代化新道路:生发逻辑、内在机理与成功密码》,《学术界》2021年第10期,第94~104页。

[④] 顾海良:《贯彻新发展理念是我国现代化建设的指导原则》,《政治经济学研究》2021年第3期,第5~9页。

[⑤] 逄锦聚:《加强中国共产党对社会主义现代化建设的全面领导》,《政治经济学研究》2021年第3期,第15~19页。

[⑥] 程恩富:《全面开启建设社会主义现代化国家的若干重点解析》,《当代经济研究》2021年第1期,第8~10页。

化建设的重要影响。① 唐爱军认为，中国式现代化并非一个逐步推进的过程，而是一个并进的过程，即工业化、信息化、城镇化、农业现代化协调发展。② 胡洪彬认为中国式现代化的发展得益于中国共产党的领导、广大人民群众的参与、党和人民群众的紧密互动。③

二 协同治理

协同治理的关键组成部分逃脱不了"治理"的核心内涵。许多研究致力于建立一个可行的治理定义，这个定义是有界的、可证伪的，但也是全面的。④ 例如，林恩、海因里希和希尔将治理广义地解释为"法律、规则、司法决定和行政实践的制度，限制、规定并使公共支持的商品和服务的提供成为可能"⑤。斯托克认为，作为一个基线定义，治理是指导集体决策的规则和形式，这就意味着，治理是关于个人或组织系统做决策的群体，公共部门和私营部门之间的界限变得模糊。⑥ 基于各国实践情境，国内外学者关于协同治理的探讨也有所不同。

（一）国内关于协同治理的研究进展

协同治理作为治理领域的重点内容，得到了学者们的关注和重视，相关成果涉及多个学科领域：一是国内学者十分重视国外关于协同治理理论的经典著述，这些学者积极翻译国外经典论著，推进协同治理理论的扩

---

① 张旭：《中国特色社会主义政治经济学如何助力社会主义现代化国家建设》，《当代经济研究》2021年第2期，第14~16页。
② 唐爱军：《唯物史观视域中的中国式现代化新道路》，《哲学研究》2021年第9期，第5~12、127页。
③ 胡洪彬：《中国式现代化新道路：生发逻辑、内在机理与成功密码》，《学术界》2021年第10期，第94~104页。
④ C. Ansell and A. Gash, "Collaborative Governance in Theory and Practice," *Journal of Public Administration Research and Theory* 2008, 18 (4): 543-571.
⑤ Lawrence E. Lynn, Carolyn J. Heinrich, and Carolyn J. Hill, *Improving Governance: A New Logic for Empirical Research* (Washington, DC: Georgetown University Press, 2001).
⑥ Gerry Stoker, "Governance as Theory: Five Propositions," *International Social Science Journal* 1998, 50 (155): 17-28.

散，为国内协同治理研究奠定了良好的理论基础；二是推进协同治理的中国化，将协同治理理论与中国社会经济发展实际相结合，推动本土化协同治理研究，如《政府治理》[①]和《协同治理——社会治理现代化的历史进路》[②]等；三是积极推进协同治理理论与具体社会治理实践相结合，国内学者多以学术论文形式阐述理论观点或对策，以推进协同治理理论具体落实到社会治理实践中。[③] 自党的十八届三中全会提出"国家治理体系和治理能力现代化"治理方略后，"协同性"一词在各项工作中受到高度重视，相关研究也不断涌现，截至2021年，关于"协同性"的研究成果达到了2156篇。

国内已有较多成果围绕协同治理研究现状进行综述。例如，鹿斌和周定财以1995～2013年的406篇论文为研究对象，从横向和纵向两个维度对协同治理这一治理核心概念的相关成果和发展脉络进行了讨论。[④] 杨华锋和杨蕾深入讨论了1990～2014年的740篇协同治理文献，发现协同治理研究侧重于宏观与中观层面的模式建构及意义评价，对微观环节的关注尚显不足，并预测协同治理的研究将日益趋向实证的方法。[⑤] 佟德志和林锦涛选取了2003年1月至2019年10月的1340篇以协同治理为主题的CSSCI文献，他们通过深入分析指出国内协同治理相关文献主要从协同治理的主体选择、协同治理客体的分析、协同治理模式探索和体系构建等几个方面入手。[⑥] 本书以协同治理的概念界定、理论框架、实践困境和实践路径为主线，选取较有代表性和时间轴相衔接的协同治理相关文献进行梳理。

1. 关于协同治理的概念界定

在解释"协同治理"的概念前，有必要先了解"协同"的内涵。现有

[①] 何增科、陈雪莲主编《政府治理》，中央编译出版社，2015。
[②] 杨华锋：《协同治理——社会治理现代化的历史进路》，经济科学出版社，2017。
[③] 康家玮：《统一战线参与社会治理的协同机制研究》，《四川省社会主义学院学报》2022年第1期，第38～54页。
[④] 鹿斌、周定财：《国内协同治理问题研究述评与展望》，《行政论坛》2014年第1期，第84～89页。
[⑤] 杨华锋、杨蕾：《国内协同治理研究现状与展望》，《社会治理》2016年第5期，第63～72页。
[⑥] 佟德志、林锦涛：《协同治理的研究主题与前沿热点——基于CSSCI文献的知识图谱可视化分析》，《社会科学战线》2020年第4期，第206～214页。

成果在讨论协同这一概念时，容易和一些相近概念混淆，从而影响分析的准确性，如合作、协调、协作、价值共创等，制约了协同治理理论的发展。在中国不同的情境下，"协同"一词有着不同的释义。单学鹏立足于我国古代文献，对"协同"一词的含义进行了归纳总结：一是作为动词的"协同"，指团结一致的一种行动；二是代指双方或多方协调一致，达成和共同的一种状态；三是意指团结统一的宏大意涵表达。[1] 学术界多以系统论的视角，对"协同"的内涵进行解释。如魏宏森和曾国屏认为，协同反映的是各主体、系统或要素之间相互合作、相互协调的一种状态。[2] 无独有偶，潘开灵和白烈湖也认为，协同就是系统内部各要素之间相互作用，从而形成有序的系统结构，形成新的整体状态。[3] 顾保国同样认为，"协同是各子系统或各部分之间相互配合、相互协作、相互支持而形成的一种良性循环态势"[4]。

基于对"协同"一词的理解，国内学者在界定"协同治理"的概念时，具有三个主流性特征。第一，学者们普遍选取协同论作为"协同治理"内涵界定的理论基础。如李汉卿[5]、叶林等[6]认为协同治理是基于协同论和治理理论构建而成的新兴的交叉理论；熊光清和熊健坤将多中心理论与协同学统合起来，提炼出"多中心协同治理模式"[7]。第二，在协同治理这一概念兴起初期，学者们多以治理的概念和治理目标为依据。如温雅婷等认为协同治理有其流程，即先是共同目标的确立和达成，而后以预先制定的规则和秩序为指导，最后是多方参与主体的共同努力、互动行动与合

---

[1] 单学鹏：《中国语境下的"协同治理"概念有什么不同？——基于概念史的考察》，《公共管理评论》2021年第1期，第5~24页。
[2] 魏宏森、曾国屏：《系统论——系统科学哲学》，清华大学出版社，1995，第315页。
[3] 潘开灵、白烈湖：《管理协同理论及其应用》，经济管理出版社，2006，第84页。
[4] 顾保国：《企业集团协同经济研究》，博士学位论文，复旦大学，2003。
[5] 李汉卿：《协同治理理论探析》，《理论月刊》2014年第1期，第138~142页。
[6] 叶林、宋星洲、邵梓捷：《协同治理视角下的"互联网+"城市社区治理创新——以G省D区为例》，《中国行政管理》2018年第1期，第18~23页。
[7] 熊光清、熊健坤：《多中心协同治理模式：一种具备操作性的治理方案》，《中国人民大学学报》2018年第3期，第145~152页。

作，以实现共同目标。①刘光容认为协同治理是多元治理主体从公共利益出发，在特定的范围内，运用法律法规等赋予的公共权威、主体间达成的协同规则、治理机制和治理方式以开展协调合作，从而管理公共事务以实现社会治理目标的诸多方式的总和。②李辉、任晓春认为协同治理是一种共同行动且相互承担风险的过程。③第三，当协同治理模式直接应用于具体实践后，学者们对协同治理的界定逐渐转向关注协同治理实现的相关要素。例如，王喆在社区矫正实践中发现，协同治理是以互信互赖的良性互动关系为根基的，强调主体间职责边界、互动合作和信息交流。④李肆在政府数据共享中发现，协同治理关键在于信息共享、数据流通、技术支撑、制度激励和协同文化。⑤

2. 关于协同治理的理论框架

中国治理情境中的协同以及社会治理中的协同不仅包括政府与社会的协同，也蕴含着政府内部的协同治理活动。因此，国内学者分别从政府与社会的协同、政府部门间协同、政府跨区域协同和政府跨层级协同等方面构建了协同治理的理论框架。第一，在政府与社会的协同上。在社会治理的实践过程中政府部门与社会力量的协同典型的是政府与社会资本方合作（PPP）。陶国根提出了包括社会协同形成机制－实现机制－评价监督机制的模型框架。⑥第二，在政府部门间协同上，高轩依据为什么要协同（协同的动因）—怎样协同（协同过程）—协同成什么（协同结果）的逻辑思路，构建了政府组织协同模型。⑦王清看到了两个横向部门之间共同的

---

① 温雅婷、余江、洪志生、陈凤：《数字化转型背景下公共服务创新路径研究——基于多中心—协同治理视角》，《科学学与科学技术管理》2021年第3期，第101~122页。
② 刘光容：《政府协同治理：机制、实施与效率分析》，博士学位论文，华中师范大学，2008，第17页。
③ 李辉、任晓春：《善治视野下的协同治理研究》，《科学与管理》2010年第6期。
④ 王喆：《协同治理：社会组织参与社区矫正的一种实现方式》，《社会科学战线》2021年第1期，第266~270页。
⑤ 李肆：《协同视角下政府数据共享的障碍及其治理》，《中国行政管理》2021年第2期，第101~106页。
⑥ 陶国根：《论社会管理的社会协同机制模型构建》，《四川行政学院学报》2008年第3期，第21~25页。
⑦ 高轩：《当代中国政府组织协同问题研究》，博士学位论文，中共中央党校，2011。

政绩追求,从组织环境、组织资源和组织行为匹配性的角度,构建了政绩共容体的分析框架。① 第三,在政府跨区域协同上,叶堂林提出"主体协同-客体协同-制度协同"的区域协同治理分析框架。② 第四,在政府跨层级协同上,刘培功从结构性机制(包括正式结构和非正式结构)和程序性机制(包括优化激励机制、引入信息技术和强化信息共享)两方面建构了跨部门协同路径。③ 此外,也有学者从国家协同治理的层面构建了协同治理的理论框架,如王冠中将政治生活中的协同现象置于一个由技术、制度和文化建构的"三维空间"加以审视,以此完成对协同概念的政治学知识建构。④ 赖先进突破了以往关于协同治理的理论框架主要遵循分类建构的思路,改变了这种异质性强、缺乏清晰一致的理论框架的现状,基于制度、人、工具或技术等基本要素,构建了国家治理现代化场景下具有复合型概念的协同治理理论框架。⑤ 另有部分学者的理论框架借鉴了国外学者关于协同治理理论框架中的部分内容,应用于新的领域,如田培杰基于 SFIC 理论模型,结合协同治理的实践过程建立了一个新的关于协同治理问题的分析模型,其称之为综合模型。⑥ 杜庆昊选取了 Emerson 所构建的综合性框架中"协同过程"(包括实质参与、共享动机、联合行动能力三个关键要素)的内容,构建了数字经济协同治理机制。⑦

3. 关于协同治理的实践困境

当前社会由于竞争激烈而表现出内卷加剧的倾向,在这种情况下种类繁多的基层创新无法有效处置社会转型过程中的各种社会结构问题。⑧ 张

---

① 王清:《政府部门间为何合作:政绩共容体的分析框架》,《中国行政管理》2018年第7期,第100~107页。
② 叶堂林:《京津冀蓝皮书 京津冀发展报告(2020):区域协同治理》,《中国工业经济》2020年第8期,第2页。
③ 刘培功:《社会治理共同体何以可能:跨部门协同机制的意义与建构》,《河南社会科学》2020年第9期,第17~24页。
④ 王冠中:《政治学视野中协同概念三维解析——兼论国家治理协同性的增强》,《中国行政管理》2015年第12期,第46~50页。
⑤ 赖先进:《国家治理现代化场景下协同治理理论框架的构建》,《党政研究》2020年第3期,第103~110页。
⑥ 田培杰:《协同治理:理论研究框架与分析模型》,博士学位论文,上海交通大学,2013。
⑦ 杜庆昊:《数字经济协同治理机制探究》,《理论探索》2019年第5期,第114~120页。
⑧ 成伯清:《市域社会治理:取向与路径》,《南京社会科学》2019年第11期。

成福、党秀云认为中国政府所面临的社会环境日益复杂且多元,这种环境中的公共问题也变得复杂,且伴随着社会交往的加剧,社会行动之间的关系日益密切,一种行动会对另一种行动产生影响,这都使得政府的不可治理性的概率增大。[1] 现在的治理共识也是,社会治理及其过程绝非"管理模式"下政府作为单一角色,行使公共权力的过程,而是政府与整个社会的互动过程。然而,在协同治理过程中,仍存在诸多困境,例如,社会资本存在的缺陷[2]、主体权责关系异化[3]、监督管理的畸形[4]、国家主权与跨界治理之间的不相融性[5]、正式制度与非正式制度间的调节和转化[6]、等级制制约了信息的整合和共享[7]以及不同的治理机制与政府治理机制的脱节[8],等等。在这些已出现社会协同治理的问题和障碍中,有学者以个案剖析的方式去揭示两大协同困境的致因因素如何转化为互促因素,如陈慧荣和张煜通过对个案进行剖析,发现重塑相关主体的利益偏好、改变行动者力量对比、降低变革成本以及强化问责机制,有利于促进协同制度或模式的变迁。[9] 鹿斌和金太军从集体行动的困境视角出发,分析了目标、权力、信任、成员结构和领导力五个维度对集体行动的制约与促进作用。[10] 也有学者从运行机制层面进行研究,如郁建兴、任泽涛指出,政府需要构

---

[1] 张成福、党秀云:《公共管理学》,中国人民大学出版社,2001,第369页。
[2] 刘卫平:《社会协同治理:现实困境与路径选择——基于社会资本理论视角》,《湘潭大学学报》(哲学社会科学版)2013年第4期,第20~24页。
[3] 王东、王木森:《多元协同与多维吸纳:社区治理动力生成及其机制构建》,《青海社会科学》2019年第3期,第126~131、141页。
[4] 刘伟忠:《协同治理的价值及其挑战》,《江苏行政学院学报》2012年第5期,第113~117页。
[5] 杨华锋:《谈社会协同治理的缺憾及过渡性》,《商业时代》2012年第32期,第118~119页。
[6] 周雪光:《从"黄宗羲定律"到帝国的逻辑:中国国家治理逻辑的历史线索》,《开放时代》2014年第4期,第108~132、7~8页。
[7] 樊博、于洁:《公共突发事件治理的信息协同机制研究》,《上海行政学院学报》2015年第5期,第16~30页。
[8] 鲍勃·杰索普:《治理的兴起及其失败的风险:以经济发展为例的论述》,漆燕译,《国际社会科学杂志》(中文版)2019年第3期,第52~67页。
[9] 陈慧荣、张煜:《基层社会协同治理的技术与制度:以上海市A区城市综合治理"大联动"为例》,《公共行政评论》2015年第1期,第100~116、200~201页。
[10] 鹿斌、金太军:《协同惰性:集体行动困境分析的新视角》,《社会科学研究》2015年第4期,第72~78页。

建制度化的沟通渠道和参与平台，加强对社会的支持培育。[1] 闫亭豫认为，协同治理机制即影响协同治理运作过程的构成要件与工作原理，包括沟通、共识、信任、资源等关键内容。[2] 其中较为完善的是康忠诚、周永康提出的五个机制，他们认为要合理地安排多元社会治理主体之间的关系，就需要构建权力整合、资源整合、利益整合、价值整合、信息整合协同机制。[3]

4. 关于协同治理的实践路径

结合传统经验、理论基础和鲜活的治理实践，不同学者对协同治理进行了经验提炼和路径建构。杨秀菊、刘中起认为条块协同、政社协同、信息协同、规范协同是破解社会治理短板的有效路径。[4] 杨小俊等同样强调，要充分整合各方资源，形成信任、互利、合作、有序的治理秩序。[5] 在实践层面，姜晓萍和董家鸣认为社会治理要高度重视公众实际需求，充分考虑社会的承载能力，并强化社会创新，争取社会力量支持。[6] 刘晓认为，"必须要在突出党的领导的同时，重塑行政生态文化，鼓励支持社会组织发展壮大，注重公民社会力量培育，真正形成一整套多方参与的协同治理制度体系，才能推动政府从传统治理迈向协同治理"[7]。具体到各个领域和时代需求，学者们提出相应的对策。立足于城市政府公关危机领域，赖先进指出协同治理的推进具有重要意义，可以通过加强城市协同应急预警系

---

[1] 郁建兴、任泽涛：《当代中国社会建设中的协同治理——一个分析框架》，《学术月刊》2012年第8期。

[2] 闫亭豫：《国外协同治理研究及对我国的启示》，《江西社会科学》2015年第7期。

[3] 康忠诚、周永康：《论社会管理中社会协同机制的构建》，《西南农业大学学报》（社会科学版）2012年第2期。

[4] 杨秀菊、刘中起：《推进多元协同共治：社会治理精细化的实践与创新——以上海城市网格化综合管理为例》，《行政科学论坛》2017年第6期，第22~29页。

[5] 杨小俊、陈成文、陈建平：《论市域社会治理现代化的资源整合能力——基于合作治理理论的分析视角》，《城市发展研究》2020年第6期，第98~103、112页。

[6] 姜晓萍、董家鸣：《市域社会治理现代化的理论认知与实现途径》，《社会政策研究》2019年第4期，第24~31页。

[7] 刘晓：《协同治理：市场经济条件下我国政府治理范式的有效选择》，《中共杭州市委党校学报》2007年第5期，第64~70页。

统建设，构建多部门协同机制以及加快推进技术发展等措施促进协同治理。① 在构建城市社区协同治理模式上，卫志民认为有三个方向可以探索，即"突出主体的多元化、注重权责利的合理配置、加强制度保障"②。在互联网时代，对数字化和信息畅通的现实需求增多。许峰、李志强提倡网络治理新路径："通过完善大数据社区治理系统要素协同机制，建构大数据社区综合服务平台治理网络。"③

（二）国外关于协同治理的研究进展

国外学者对于协同治理理论的分析，多是立足于新公共管理理论，可以认为是新公共管理理论研究中的细分部分。在治理实践中，国外学者认为协同治理模式比传统的机械式硬性管理模式更为有效，协同治理模式强调各种利益相关主体的协调和对话，主张协商合作。④ 在推进集体对话、达成共识的过程中，国外学者重在强调各主体之间有效协调和整合，提升资源效率，推进组织改革，满足治理需求。关于协同治理的研究集中在协同治理的概念界定、协同治理的理论框架、协同治理的实践困境和协同治理的实现条件等几个方面。

1. 关于协同治理的概念界定

作为公共行政的一种新范式，协同治理虽引起了学术界的极大关注，但是协同治理研究仍然因为缺乏概念上的清晰度和一致性而受到影响。⑤ 现有文献中围绕公共治理、网络、协同和公共价值等相关概念所包含的各种术语也证明了这种现象。该领域也使用了类似的术语，暗示它们之间的差异

---

① 赖先进：《论城市公共危机协同治理能力的构建与优化》，《中共浙江省委党校学报》2015年第1期，第60~66页。
② 卫志民：《中国城市社区协同治理模式的构建与创新——以北京市东城区交道口街道社区为例》，《中国行政管理》2014年第3期，第58~61页。
③ 许峰、李志强：《大数据驱动下社区治理模式变革与路径建构》，《理论探讨》2019年第4期，第165~170页。
④ 康家玮：《统一战线参与社会治理的协同机制研究》，《四川省社会主义学院学报》2022年第1期，第38~54页。
⑤ K. Emerson, T. Nabatchi, and S. Balogh, "An Integrative Framework for Collaborative Governance," *Journal of Public Administration Research and Theory* 2012, 22 (1): 1-29.

和联系。例如，协同治理[1]、新的公共治理[2]、政策网络[3]、网络治理[4]、跨部门合作[5]、公共价值治理[6]、参与式治理[7]、整体治理[8]、综合治理[9]以及交互式治理[10]。协同治理的内涵雏形出现在 Rhodes 1997 年的著作中，即协同治理是组织之间的相互依存、资源共享、信任基础及合作网络的具体组织形式。[11] 以此为依据，2000 年，Walter 和 Petr 观察了以家庭为中心的机构间协作模式，确定了协同治理应是"涉及联合活动、联合结构和共享资源"的正式活动。[12] 2001 年，Taillieu 认为协同治理是参与者通过正式或非正式的协商，共同创造出结构化规则来管理他们之间的关系，以此方式促使参与者共同决定议题和执行的过程。[13] 由此可见，在概念界定的初期阶

---

[1] C. Ansell and A. Gash, "Collaborative Governance in Theory and Practice," *Journal of Public Administration Research and Theory* 2007, 18 (4): 543–571.

[2] S. P. Osborne, "The (New) Public Governance: A Suitable Case for Treatment?," In *The New Public Governance? Emerging Perspectives on the Theory and Practice of Public Governance*, edited by S. P. Osborne (London & New York: Routledge, 2010), pp. 1–16.

[3] E. H. Klijn and J. F. M. Koppenjan, "Public Management and Policy Networks, Foundations for a Network Approach to Governance," *Public Management* 2000, 2 (2): 135–158.

[4] R. A. W. Rhodes, *Network Governance and the Differentiated Polity* (Oxford: Oxford University Press, 2017).

[5] J. M. Bryson, B. C. Crosby, and M. M. Stone, "The Design and Implementation of Cross-Sector Collaborations: Propositions from the Literature," *Public Administration Review* 2006, 66 (S1): 44–55.

[6] J. M. Bryson, B. C. Crosby, and L. Bloomberg, "Public Value Governance: Moving Beyond Traditional Public Administration and the New Public Management," *Public Administration Review* 2014, 74 (4): 445–456.

[7] A. Fung and E. O. Wright, "Deepening Democracy: Innovations in Empowered Participatory Governance," *Politics & Society* 2001, 29 (1): 5–41.

[8] P. Perry, D. Leat, K. Seltzer, and G. Stoker, *Towards Holistic Governance* (UK: Palgrave Macmillan, 2002).

[9] C. Hood, "The Idea of Joined-Up Government: A Historical Perspective," In *Joined-Up Government*, edited by V. Bogdanor (Oxford: Oxford University Press, 2005).

[10] J. Torfing, B. G. Peters, J. Pierre, and E. Sørensen, *Interactive Governance: Advancing the Paradigm* (Oxford: Oxford University Press, 2012).

[11] R. A. W. Rhodes, *Understanding Governance: Policy Networks, Governance, Reflexivity and Accountability* (Open University, 1997).

[12] U. M. Walter and C. G. Petr, "A Template for Family-centered Interagency Collaboration," *Families in Society: The Journal of Contemporary Social Services* 2000, 81 (5): 494–503.

[13] T. Taillieu, *Collaborative Strategies and Multi-organizational Partnerships* (Leuven: Garant Publication, 2001), p. 267.

段,协同治理这一词语指代的是一种组织形式或是机构活动,且强调了共享资源和相互信任是实现"协同"的关键要素,并认为"协同方式"包含正式和非正式的协商。但是,该阶段协同治理相关的概念界定倾向于解释"如何协同",没有体现出"治理"的内涵,因而协同治理的具体内涵还未明确。

2004年,"协同治理"这一词语首次出现在John Donahue发表的一篇名为"On Collaborative Governance"的文章中。[①] 2006年,狭义上协同治理的内涵可从Bryson等人对跨部门合作的界定中得到解释,即两个或两个以上部门的组织将信息、资源、活动和能力联系起来或共享,以共同实现一个部门的组织无法单独实现的成果。[②] 2008年,协同治理的内涵得以进一步扩充。Donahue认为,协同治理的界定除了已达成共识,如政府与其他社会力量的共同努力,还需要关注以共享自由裁量权的方式追求官方选定的公共目标的过程。[③] Ansell和Gash认为协同治理是"一种治理安排",是一个或多个公共机构直接让非国家利益相关者参与正式的、以共识为导向的、商议的集体决策过程。[④] 相比狭义上的协同治理,涵盖面更广的协同治理内涵明确协同治理在社会治理领域中的公共目标这一基本要素。但是,协同治理的主体范围还未确定,如政府以外的参与者和非国家利益相关者等表述无法清晰地展现出协同治理的类型。基于此,2012年,Kirk Emerson等所界定的协同治理内涵,包含了基于政策或规划的政府间合作、基于地方的与非政府利益相关者的区域合作以及公私伙伴关系等主体。[⑤]

---

① J. Donahue, "On Collaborative Governance," Corporate Social Responsibility Initiative Working Paper, 2004, p. 2.
② J. M. Bryson, B. C. Crosby, and M. M. Stone, "The Design and Implementation of Cross-Sector Collaborations: Propositions from the Literature," *Public Administration Review* 2006, 66 (S1): 44–55.
③ John D. Donahue and Richard J. Zeckhauser, "Public-Private Collaboration," In *Oxford Handbook of Public Policy*, edited by Michael Moran, Martin Rein, and Robert E. Goodin (UK: Oxford University Press, 2008), p. 469.
④ C. Ansell and A. Gash, "Collaborative Governance in Theory and Practice," *Journal of Public Administration Research and Theory* 2008, 18 (4): 543–571.
⑤ K. Emerson, T. Nabatchi, and S. Balogh, "An Integrative Framework for Collaborative Governance," *Journal of Public Administration Research and Theory* 2012, 22 (1): 1–29.

2. 关于协同治理的理论框架

国外学者分别从协同治理的流程、协同治理的影响因素和协同治理要素整合等方面构建协同治理的理论框架。按照协同治理的一般流程，Ring 和 Van de Ven 描绘了"协商—承诺—执行—评价"的协同治理的循环过程。[1] Wood 和 Gray 认为协同治理的过程需要经历三个阶段，即"前期—过程—结果"。[2] 根据协同治理的影响因素，Bryson 等人围绕影响跨部门协同形成的初始条件、运行过程、结构和治理、制约条件和意外事件以及产出和效能问题构建了跨部门协同运行框架。[3] Ansell 和 Gash 通过对 137 个不同国家和不同政策领域的协同治理案例进行"连续近似分析"，构建了由起始条件、制度设计、领导力（也称催化领导）和协同过程四个核心变量组成的协同治理理论框架（简称 SFIC 模型）。[4] 以上这些框架为学者们了解协同治理过程和提取协同治理的关键要素提供了清晰的指南，但是，这些研究也遇到另一个常见挑战，即缺乏通用性。为研究可应用于不同规模、不同政策领域和不同复杂性水平的协同治理分析框架，Thomson 和 Perry 基于前人研究存在的治理过程"黑箱"问题，从多个维度对协同过程进行分解，绘制出"协同多维模型"。[5] Kirk Emerson 等人整合了协同治理相关的概念、研究成果和实践知识，构建了从协同系统情境、驱动因素到协作行动、影响和适应的过程性的整合性框架。[6] 其中，Ansell 和 Gash、Bryson 等人所构建的理论框架，详细地解释了协同治理的影响要素，对协同治理具有重要的理论指导意义，故本书对两个框架的关键内容展开论

---

[1] P. S. Ring and A. H. Van de Ven, "Developmental Processes of Cooperative Interorganizational Relationships," *Academy of Management Review* 1994, 19 (1): 90 – 118.

[2] D. J. Wood and B. Gray, "Toward a Comprehensive Theory of Collaboration," *The Journal of Applied Behavioral Science* 1991, 27 (2): 139 – 162.

[3] J. M. Bryson, B. C. Crosby, and M. M. Stone, "The Design and Implementation of Cross-Sector Collaborations: Propositions from the Literature," *Public Administration Review* 2006, 66 (S1): 44 – 55.

[4] C. Ansell and A. Gash, "Collaborative Governance in Theory and Practice," *Journal of Public Administration Research and Theory* 2008, 18 (4): 543 – 571.

[5] A. M. Thomson and J. L. Perry, "Collaboration Processes: Inside the Black Box," *Public Administration Review* 2006, 66 (S1): 20 – 32.

[6] K. Emerson, T. Nabatchi, and S. Balogh, "An Integrative Framework for Collaborative Governance," *Journal of Public Administration Research and Theory* 2012, 22 (1): 1 – 29.

述。Bryson 等人构建的协同治理理论框架，有以下三个观点具有普适性。第一，协同治理的初始条件，即促进协同的原因。作者将其分为环境要素、部门失灵和合作形成的已有条件三个要素。第二，协同治理的运行过程，即协同行动的依据。作者将之分为达成初步协议、建立领导力、构建合法性、建立信任、管理冲突和制订计划六个方面。第三，影响协同治理的过程、结构以及治理的意外事件和制约条件，即可能导致协同困境的因素。作者从合作的类型、成员之间的权力失衡以及合作中的竞争性制度逻辑三个角度对其进行了阐释。Ansell 和 Gash 所构建的 SFIC 模型，同样在解析协同治理过程中具有很强的借鉴性。具体而言，该框架包括：第一，协同治理的起始条件，包括权利-资源的不平衡、参与激励、对抗与合作的历史；第二，协同治理制度设计，即协同治理的基本协议和基本规则；第三，协同治理中的领导力，领导力指的是在协同治理过程中，将利益相关者聚集在一起并使他们以协同精神共同参与的关键因素，能够为协同过程提供必要的调解和便利；第四，协同治理是高度迭代和非线性的循环过程，作者认为协同治理过程中会遇到如参与主体之间的参与激励较弱、权力和资源分布不对称、先前的对抗性很强、领导层的角色模糊以及基本规则和流程不透明等问题，所以协同治理过程应包括面对面对话、建立信任、对过程的承诺、共同理解和中间过程。通过对比发现，两个理论框架模型均讨论了协同治理所包含的初始条件、制度协议、领导力和实践困境等基本因素。

3. 关于协同治理的实践困境

国外学者对协同治理过程中可能面临的困境研究集中在组织间合作、跨部门协同和协同治理存在的风险等方面。在组织间合作方面，1959 年，美国学者阿尔文·古尔德纳指出："参与协同治理的组织，不再是单方面控制结果的主导者，协同不仅意味着组织要失去一些自由和自主性，同时还可能受到合作失败的牵连。"[①] 这也是奥尔特和哈格所描述的协同治理的代价：失去技术优势；失去竞争优势；失去资源（时间、资金、信息、原

---

① A. W. Gouldner, "Reciprocity and Autonomy in Functional Theory," In *Symposiumon Sociological Theory*, edited by Llewellyn Gross (New York: Harper & Row, 1959), pp. 241-270.

材料、合法性、地位等）；失去单方面控制结果的能力；目标偏向或目标置换；失去稳定性和确定性等。[①] 20世纪60年代，阿尔马林·菲利普斯提出了影响组织间合作的四个因素：一是数量，参与合作的组织的数量会对组织间的合作产生重要影响；二是在合作过程中是否存在一个具有绝对地位的核心组织领导整个合作过程；三是参与合作的组织间是否具有相似的价值观；四是其他组织之间的合作可能带来的冲击。[②] 英国政治地理学者奥沙利文认为，多组织的合作可能遇到较多的问题：第一，合作方存在私利，可能采取自利行为而影响合作；第二，组织之间缺乏有效的信息交流渠道从而影响沟通；第三，合作主体之间存在的各种不平等会加剧合作的不确定性；第四，拒绝合作与合作主体间缺乏信任。[③] 在跨部门协同方面，马修·弗林德斯总结了跨部门协同面临的六大障碍："实际利益问题、法律因素、技术问题、人事与政治激励问题、信任问题和运作问题。"[④] 尤金·巴达赫把跨部门合作的因变量称为"跨部门合作能力"，并从"客观类"和"主观类"两个维度，对跨部门协同的影响因素做了系统总结。客观类因素主要指管理者之间形成的正式协议、为合作而安排的各种物质资源、为合作而提供的各种支持和服务。主观类因素主要指合作过程中的各种主观感受，如合作时对合作方的期待、合作双方的信念、共同行动的意愿以及合作主体之间形成的信任关系。[⑤]

4. 关于协同治理的实现条件

国外学者对协同治理的实现条件有诸多研究，但集中在企业经营中的协同、跨部门协同、公众参与和协同实现的关键因素等方面。第一，在企业经营中的协同方面，美国管理学家大卫·惠顿（David A. Whetten）认为

[①] C. Alter and J. Hage, *Organizations Working Together* (Newbury Park, CA: Sage Publications, 1993), pp. 122–127.

[②] A. Phillips, "A Theory of Interfirm Organization," *The Quarterly Journal of Economics* 1960, 74 (4): 602–613.

[③] P. 奥沙利文：《地理政治论——国际间的竞争与合作》，李亦鸣等译，国际文化出版公司，1991，第11页。

[④] M. Flinders, "Governance in White Hall," *Public Administration* 2002, 80 (1): 51–75.

[⑤] 尤金·巴达赫：《跨部门合作——管理"巧匠"的理论与实践》，周志忍、张弦译，北京大学出版社，2011，第15页。

自愿协同实现需要满足五个要求，包括对协同合作的认同、协同需求之间所形成的共同认知、对合作对象的充分了解、协同计划的可靠性、协同合作能力。[①] 哈佛大学教授罗莎贝斯·莫斯·坎特（Rosabeth Moss Kanter）在《寻求并实现协同》一文中指出实现协同的三个必备条件：一是公司最高领导必须对发现和实现协同具有信心和决心；二是激励和奖励团队合作，而不是单纯地依据个人或企业自身的表现来确定；三是公司里的人员必须相互认识、了解和沟通。[②] 第二，在跨部门协同方面，Donahue 和 Zeckhauser 提出了判断跨部门合作成功与否的三个一般标准：一是简单存在；二是满足合作伙伴的组织要求；三是优于创造公共价值的其他可行安排。[③] 第三，在公众参与方面，美国政治学家罗伯特·帕特南（Robert D. Putnam）的经验研究发现，公民参与的协同治理是一种具有重要价值的治理模式。公民的参与有利于降低公民对治理过程的不信任，能够有效地减少治理过程中的冲突，促进公共问题处置过程的合作。[④] 第四，在协同实现的关键因素方面，简·库伊曼（Jan Kooiman）认为，协同治理作为一种较为复杂的治理方式，其实现需要达成四个条件，即参与方的信任，共同的目标，输入的内容、可能的风险和各类反馈，参与各方应当承担的责任和各项权力的划分。皮埃尔·卡蓝默（Pierre Calame）认为，协同的实现关键在于相互的对话和交流，在交流网络基础上的沟通是协同的重要前提，在此基础上参与各方实现深入的了解，建立信任和达成共同的观点。此外，协同的实现还需要参与各方具有共同的目标以指引其行动，需要基于共同的伦理基础和行为规则所形成的合作群体，需要围绕目标设计有效

[①] David A. Whetten, "Inter Organizational Relations: A Review of the Field," *The Journal of Higher Education* 1981, 52 (1): 1–28.

[②] 安德鲁·坎贝尔、凯瑟琳·萨姆斯·卢克斯：《战略协同》（第2版），任通海、龙大伟译，机械工业出版社，2000，第180~181页。

[③] John D. Donahue and Richard J. Zeckhauser, "Public-Private Collaboration," In *Oxford Handbook of Public Policy*, edited by Michael Moran, Martin Rein, and Robert E. Goodin (UK: Oxford University Press, 2008), p. 469.

[④] Robert D. Putnam, *Making Democracy Work: Civic Traditions in Modern Italy Princeton* (NJ: Princeton University Press, 1993), pp. 173–175.

的行动方案且予以执行。①戴维·范斯莱克（David M. Van Slyke）强调在协同等持续性的伙伴关系的形成过程中，信任是最基础且重要的，只有达成信任，协同才能实现。在所有推动政府与其他组织合作的因素中，信任是最重要的。②信任被解释为允许协同治理中齿轮转动的"油脂"。

三　协同与市域社会治理现代化

（一）关于市域社会治理现代化的国内外研究

1. 国内相关研究概论

"市域社会治理现代化"③的概念是 2018 年由陈一新正式提出的，概念的正式提出，把推进社会治理的重点从县一级向市一级转移，突出市级层面在地方社会治理过程中作为"主导者"的角色定位。④

关于"市域社会治理现代化"概念的界定，学界存在两种明确的指向。一是政策层面的宏观解读，认为市域社会治理现代化就是实现"三个现代化"，即治理理念现代化、治理体系现代化以及治理能力现代化。例如，姜方炳认为市域社会治理现代化基于中央社会治理现代化总体要求，将治理理念、治理体系、治理能力作为现代化建设核心内容，以加快提升社会治理的社会化、法治化、智能化、专业化水平。⑤二是在原有基础上的发展性观点，就市域社会治理的具体内容、主体、目标和手段等综合要素，从以下不同的视角进行解读。从中国特色治理及其内容的角度，姜坤

---

① 皮埃尔·卡蓝默：《破碎的民主——试论治理的革命》，高凌瀚译，生活·读书·新知三联书店，2005，第 164、167～170 页。
② D. M. Van Slyke, "Agents or Stewards: Using Theory to Understand the Government-nonprofit Social Service Contracting Relationship," *Journal of Public Administration Research and Theory* 2007, 17 (2): 157–187.
③ 陈一新：《推进新时代市域社会治理现代化》，《公民与法》（综合版）2018 年第 8 期，第 3～6 页。
④ 姜方炳：《理解"市域社会治理现代化"的三个着力点》，《杭州》（周刊）2019 年第 19 期，第 36～37 页。
⑤ 姜方炳：《理解"市域社会治理现代化"的三个着力点》，《杭州》（周刊）2019 年第 19 期，第 36～37 页。

指出，市域社会治理现代化是以城区作为治理重点，并涵盖乡村、城乡联合等部分，具有中国特色、时代特征、城市特点的社会治理新模式，其是在市域范围内统筹谋划和实施的社会治理。[①] 何阳、娄成武认为，市域社会治理现代化是指中国地级行政区推进社会治理体系从传统的社会管理模式逐步向着现代的、科学的、系统的社会治理模式演化的过程。[②] 从结构和功能的角度出发，杨磊、许晓东认为市域社会治理现代化蕴含"三个维度"，即治理体制现代化、治理任务布局现代化和治理方式现代化。[③] 从社会学的视角出发，陈成文等认为市域社会治理现代化是不断优化市域社会治理构成要素的整体性社会发展过程，具体而言，是一种以设区的城市区域为空间范围，以党委、政府、群团组织、经济组织、社会组织、自治组织、公民为社会治理主体，以党建、法律、道德、心理、科技、村规民约为社会治理手段，以社会治理理念现代化、社会治理体系现代化、社会治理能力现代化为重点内容，以提高社会治理社会化、法治化、智能化、专业化水平为行动目标，以建设人人有责、人人尽责、人人享有的社会治理共同体为制度目标的整体性社会发展过程。[④] 与之相似的是，余钊飞也曾认为，市域社会治理现代化的重点在于市一级党委、政府能力的激活，通过强化市域社会治理组织体系、提升市域社会治理核心能力，形成市—县（区、市）—乡镇（街道）上下联动协调、多元主体合作共治的社会治理新体系。[⑤]

关于市域社会治理现代化内容和路径的研究。陈一新指出，市域社会治理现代化最主要的是三个方面的现代化，首先是治理理念，其次是治理体系，最后是治理能力。治理理念现代化，要求社会治理理念围绕目标、

[①] 姜坤：《新时代市域社会治理现代化初探》，《行政与法》2019年第11期，第82~87页。
[②] 何阳、娄成武：《市域社会治理现代化的理论蕴涵及建构路径》，《求实》2021年第6期，第71~82、109页。
[③] 杨磊、许晓东：《市域社会治理的问题导向、结构功能与路径选择》，《改革》2020年第6期，第19~29页。
[④] 陈成文、陈静、陈建平：《市域社会治理现代化：理论建构与实践路径》，《江苏社会科学》2020年第1期，第41~50、8页。
[⑤] 余钊飞：《夯实市域社会治理现代化的基层基础》，《浙江工业大学学报》（社会科学版）2019年第4期，第384~385页。

政治、为民、问题、效果展开，确定正确的理念导向，从而为社会治理指引方向。治理体系现代化，主要是指处理好政府、市场、社会的关系。经济领域的治理体系现代化，是要深化经济体制改革，发挥市场在经济资源配置中的决定性作用；政治领域的治理体系现代化，是要深化政治体制改革，发挥法治在政治资源配置中的决定性作用；社会领域的治理体系现代化，则是要深化社会体制改革，发挥社会组织在社会资源配置中的决定性作用。治理能力现代化，就是要构建政治、自治、法治、德治"四大体系"，要着眼于基层社会治理风险隐患，积极采取措施促进社会和谐，打击各种违法犯罪，减少社会矛盾冲突，提高统筹谋划、群众工作、政法改革、创新驱动、破解难题、依法打击和舆论导控等七个方面的能力。当前学者们在讨论市域社会治理时高度重视政治导向的指引作用，强调在市域社会治理过程中必须深入贯彻落实习近平新时代中国特色社会主义思想，坚持以人民群众利益为核心，采取措施提升人民群众幸福感。[1] 陈志明、周世红、严海军认为社会治理要强化整体设计，结合社会发展情况和地方发展实际构建市、县、乡、村、格五级联动平台，统筹利用资源，为基层社会组织作用发挥提供支持和保障。[2] 姜永华认为基层社会治理需要加强党建，坚持党建引领，要多途径推进治理体系完善，丰富治理内容，加快自治、法治、德治融合。同时，结合当代技术发展创新趋势，提升治理智能化水平，加快推进智慧治理。[3] 南京社会治理研究院课题组提出，基层社会治理的核心在于网格化管理，要重视基层社会发展中社会化服务的需求，落实综治、法治、国家安全、信访四个责任制。[4] 姜晓萍、董家鸣认为市域社会治理现代化的实现，首先，要强化微治理，通过各种方式满足居民需求以提升居民幸福感；其次，要推动协同治理，激活居民的参与积

---

[1] 杨安、刘逸帆：《市域社会治理现代化研究：意义、原则、逻辑、框架和路径》，《社会治理》2020年第6期，第15~27页。
[2] 陈志明、周世红、严海军：《新时代市域社会治理现代化的衢州实践》，《政策瞭望》2019年第7期，第20~22页。
[3] 姜永华：《市域社会治理现代化的实践探索》，《唯实》2019年第10期，第64~66页。
[4] 南京社会治理研究院课题组：《构建城市共建共治共享新格局》，《群众》2018年第19期，第61~62页。

极性，使其成为社会治理的主体；再次，要推进善治理，不断提升居民获得感；最后，要善于利用大数据技术，提升治理的智能化水平，推进巧治理。①

关于市域社会治理面临问题的研究。戴大新、魏建慧认为当前市域社会治理面临诸多困难和挑战，包括公共领域风险、社会结构调整、网络技术革命、能力缺失四个方面。首先，市域社会治理面临公共安全领域的风险隐患，公共安全领域的风险具有突发性的特点，且自然灾害和社会人为冲突交互，使得公共风险越发复杂，而当前受制于技术等方面的发展，公共风险评估机制和风险监管体系尚不完善，难以有效处置公共安全风险。其次，随着社会经济发展加快，社会结构不断变动，处于其中的居民尚未较好地适应社会结构的变化，造成各种矛盾冲突，更形成了一系列群体性问题引发大规模冲突，在这一过程中，传统的观念受到冲击，可能影响到居民的心理健康，冲击其价值观念。再次，信息技术的进步虽然改善了生活，但是也给社会稳定带来了诸多隐患。当前各种网络犯罪已经成为人民生活的重要威胁，网络诈骗、赌博等问题成为社会治理过程中的重要挑战；此外，网络中各种思潮的冲击也使人们的精神世界更可能受到腐蚀。最后，提高社会组织参与度和社会治理效率。受制于传统社会管理的影响，社会力量的发育尚不完善，其参与社会治理的积极性仍然不高，社会协同治理水平仍然较低；此外，基层社会治理过程中多元社会治理主体参与程度不足，城乡全域治理格局尚未形成。②

关于市域社会治理现代化的地方实践研究。市域社会治理需要结合地区发展实际进行确定，市域社会治理现代化实践需要因地制宜，才能取得良好的成效。北京市为解决乡镇（街道）与区级政府部门之间权责配置的条块矛盾，坚持以党建为引领，推动"街乡吹哨、部门报到"改革，推进

---

① 姜晓萍、董家鸣：《市域社会治理现代化的理论认知与实现途径》，《社会政策研究》2019年第4期，第24~30页。
② 戴大新、魏建慧：《市域社会治理现代化路径研究——以绍兴市为例》，《江南论坛》2019年第5期，第10~12页。

乡镇（街道）和区级政府间协同合作，有效地改善了基层社会治理。① 浙江省衢州市结合本地实践对市域社会治理现代化进行本土化探索，其高度重视体系建设，强调治理的规范性，坚持系统思维指导；强化资源整合能力，并高度重视基层在社会治理现代化过程中的作用；积极推进统筹联动，强化技术支撑以推进智慧治理；积极推进市域社会治理的多方联动，推进市域社会治理共享共治；以结果为导向，积极推进实际效果检验。② 此外，绍兴市继承枫桥经验，结合市域社会治理现实，推进治理创新，该市坚持以党建为引领，强化协同治理，加强社会资源的统筹分配，构建了自治、法治、德治三治融合的市域社会治理模式。③ 曲靖市高度重视市域社会治理，将其作为本市高级别工程布局，坚持以问题和目标为导向，实施多元化的综合治理，积极发挥行政司法作用，协同推动各类资源统筹分配，将市域社会治理作为一把手工程强力推进，有效地提升了社会治理效能。这些先进经验都是各地结合其地方实际而推进的社会治理创新，为市域社会治理现代化提供了具有重要价值的参考资料，为相关理论的总结提供了实践经验。

2. 国外相关研究概论

国外并未就市域社会治理这一问题进行深入讨论，但其对于社会治理问题十分重视，对此积累了大量的研究成果。

关于社会团结的研究。涂尔干认为欧洲社会在农业社会向工业社会的转变过程中积累了诸多矛盾，这些矛盾是由工业化发展过程中社会观念和价值观的变化以及剧烈的阶层分裂造成的，在这一过程中，社会冲突不断积累，传统的价值体系逐步崩塌。其强调，为了减少社会冲突，避免社会分裂，需要重新对社会组织进行建设，形成"社会团结"。④

---

① 刘锋：《党建引领基层社会治理创新的实践探索与经验启示——以北京市"街乡吹哨、部门报到"为例》，《中共天津市委党校学报》2019年第3期，第89~95页。
② 陈志明、周世红、严海军：《新时代市域社会治理现代化的衢州实践》，《政策瞭望》2019年第7期，第49~52页。
③ 卢芳霞、刘开君：《借鉴枫桥经验推进市域社会治理现代化》，《学习时报》2020年3月11日。
④ 刘少杰、王建民：《现代社会的建构与反思——西方社会建设理论的来龙去脉》，《学习与探索》2006年第3期，第48~55页。

关于社会整合的研究。奥古斯特·孔德提出了社会秩序理论，其目标是追求社会和谐稳定。这一理论标志着西方社会建设理论的产生。[1] 孔德是科学或实证思路的提出者，他强调社会建设的目标在于构建一个稳定的社会秩序。之后，帕森斯提出了结构功能论和社会系统论，他指出社会主体的自我互动和社会主体间的相互作用是构成社会系统的最基本要素。[2] 结构功能论相对于其他理论而言更强调静态性，其关注的是作为系统的社会体系，认为社会是由很多子系统构建的一个完整系统，这些子系统存在差异，具有不同的作用和功能。

关于社会冲突理论的研究。社会冲突理论又分为传统冲突理论和现代冲突理论。传统冲突理论强调社会是存在矛盾的，社会是一个不均衡不稳定的系统，其各个子系统之间都包含着不稳定因素，而这些不稳定因素在合适时机可能成为社会变革的根源。马克思和恩格斯的资本主义批判理论与他们的未来社会观念相互联系，以取代这种社会形态。事实上，他们的社会革命理论是未来社会建设的指导思想。其中，他们对于和谐社会理念的分析，彰显出他们对于社会主义社会建设的思考，将成为未来社会建设的指导思想。[3] 列宁同志基于马克思主义理论，结合俄国当时的实际情况，从根本任务、力量来源以及组织机关等方面，就社会主义社会建设和管理的新思想进行深入探讨，为马克思主义关于社会主义建设的理论提供了直接的理论补充。[4] 现代冲突理论认为社会存在不平衡和不和谐，这些不平衡和不和谐是造成社会冲突的原因，为此需要采取各种措施优化社会秩序以降低社会风险，减少社会不和谐，并在动态的调整过程中不断推动社会发展，实现动态均衡。达仁道夫将社会和谐作为研究的和谐，其认为社会冲突并不一定会造成破坏，其也可能进一步整合社会，优化资源配置，从

---

[1] 陈振明、和经纬、田永贤：《西方政府社会管理的理论与实践评析——〈"政府社会管理"课题的研究报告〉之二》，《东南学术》2005年第4期，第14~20页。
[2] 帕森斯：《现代社会的结构与过程》，梁向阳译，光明日报出版社，1988。
[3] 杨奎：《马克思和恩格斯关于社会建设与社会管理的科学探索》，《马克思主义研究》2006年第4期，第107~112页。
[4] 袁方：《列宁论社会主义社会建设和管理》，《东岳论丛》2005年第6期，第26~29页。

而推进社会变革。[1]

关于社会公正理论的研究。罗尔斯认为，社会公正是社会治理的基础，只有在公正基础上，社会治理才能顺利推进，失去了公正，社会治理难以顺利进行。同时，社会公正会对公民的幸福感和满意度产生直接作用，从而对公民的心理情况产生冲击。因此，在某种意义上，社会公正仍然属于社会意识形态分析的内容。[2]

关于社会治理理论的研究。罗西瑙认为治理的本质就是社会管理制度。社会治理不同于统治，其更为强调多元主体围绕着共同的治理目标对社会公共事务进行管理。治理强调主体的多元化，治理主体是包含政府在内的诸多主体，其治理过程通过多种力量共同发挥作用，国家强制力只是其中的一种。[3] 社会治理的目的是通过权力来引导公民的行为，使公民接受相关规范并切实在社会活动中遵守这些规范，以维持社会的稳定和谐，实现公共利益的最大化。治理可以较好地减少社会矛盾，促进社会和谐，但是其仍然存在一些不足。为此，斯莫茨提出了"善治"理念。善治强调公共服务最优化，即社会治理多元主体共同对社会公共事务进行管理，采取措施满足公民的公共需求，其是政治国家与公民社会二者共存的最好状态。斯莫茨认为，善治的基本要素是合法性、透明度、责任、法治、反应和效力。

（二）关于市域社会治理现代化协同的必然性分析

协同是市域社会治理现代化研究的新视角。社会系统中各个部门的协调合作将为市域社会治理现代化提供充足的发展动力。[4] 整体而言，现有成果主要从三个方面对协同推进市域社会治理现代化展开分析。

1. 国家治理层级的角度

一是现有研究着眼于国家治理层级，讨论了在社会治理过程中推进市

---

[1] 拉尔夫·达仁道夫：《现代社会冲突》，林荣远译，中国社会科学出版社，2000。
[2] 约翰·罗尔斯：《正义论》，何怀宏等译，中国社会科学出版社，1988。
[3] 詹姆斯·N. 罗西瑙：《没有政府的治理》，张胜军、刘小林等译，江西人民出版社，2001。
[4] 孟星宇、李旭：《新时代中国国家制度与法律制度的理论与实践——中国法治现代化暨中国法治实践学派2020年智库论坛综述》，《法治现代化研究》2021年第1期，第185~200页。

域社会治理现代化协同的必要性。市域社会治理现代化将分析的重点放在地市级别这一"中位"层级，可实现上下衔接，是符合我国社会治理运行的结构特点的选择。① 国家与社会的关系本质是社会结构功能的分异情况，良好的国家和社会关系体现着社会现代化的质量和水平。② 一方面，国家是市域社会治理现代化的重要引领者，国家为市域社会治理现代化进程提供宏观指导和政策支持，是市域社会治理现代化的重要支撑。徐汉明讨论了市域社会治理现代化与国家治理现代化之间的关系，市域社会治理现代化是国家治理现代化的重要组成部分，是国家治理现代化相关理念和思路在市域这一范围内的具体实践，是国家治理现代化实现的重要途径。③ 燕继荣认为国家与社会协同治理的实现需要达到五个条件：第一，要促进权力和权利的协调；第二，政府要积极地与社会展开合作；第三，公共选择要保障公平并提升效率；第四，协同治理的实现需要所有的参与者共担责任；第五，政府和其他社会组织之间要形成协调分工以实现公共事务的共同治理。④ 另一方面，"社会中的国家"、"嵌入性自主"和"国家与社会共治"等理论都不同程度描述了国家与社会互动关系的重要形态。余钊飞指出，在国家治理体系格局中，地级市具有重要的作用，是我国行政体系中联结最基础的县级和高层的省级的中间层级，优化市域社会治理制度体系，巩固基层社会治理基础，激活市域社会治理的制度优势，推进市域社会治理效能实现，是一个非常重要的理论与实践问题。⑤ 无独有偶，徐汉明认为，市域社会治理现代化是国家治理格局的重要基础，对于国家治理体系和治理能力现代化具有重要意义，能够彰显中国特色社会主义治理的优越性。⑥

---

① 黄建：《市域社会治理现代化的结构"图谱"》，《领导科学》2020年第16期，第40~43页。
② 燕继荣：《协同治理：社会管理创新之道——基于国家与社会关系的理论思考》，《中国行政管理》2013年第2期，第58~61页。
③ 徐汉明：《市域社会治理现代化：内在逻辑与推进路径》，《理论探索》2020年第1期，第13~22页。
④ 燕继荣：《协同治理：社会管理创新之道——基于国家与社会关系的理论思考》，《中国行政管理》2013年第2期，第58~61页。
⑤ 余钊飞：《夯实市域社会治理现代化的基层基础》，《浙江工业大学学报》（社会科学版）2019年第4期，第384~385页。
⑥ 徐汉明：《市域社会治理现代化：内在逻辑与推进路径》，《理论探索》2020年第1期，第13~22页。

对此，余钊飞详细地解释了市域社会治理现代化的重要性：第一，市域社会治理现代化在国家治理结构中具有重要的承上启下的枢纽功能；第二，市域社会治理现代化有利于调动中央和地方的工作动力，激发创造活力，并科学合理地对市域内的各类资源进行配置，以提升治理效能；第三，市域社会治理现代化可以充分激活城市科技活力，强化科技对市域社会治理的支持和帮助，提升治理的智能化水平，同时加快促进扁平化治理结构形成，以全面激活"党建+治理"效能。[1]

2. 城乡融合发展的角度

二是从城乡融合发展的角度出发，回应了现代治理难题的实际需要。成伯清认为："市域社会治理，既是一个新概念，反映了现实的新动向和新需要，也是'郡县治，则天下安'这个旧命题在新时代提出的新挑战。"[2] 在社会风险逐渐聚集和产生于城市地区的背景下，"郡县治"暴露出其难以有效处理重大风险的不足之处。例如，由于空间规划发展布局不当，工业、教育、医疗、民生等领域，出现诸多"城市病"的治理难题，加之城乡接合部管理缺位，使得恶势力、黑社会故态复萌，社会突发事件、群体性事件等在市域范围内持续呈现。[3] 而"县域治理由于其偏重一县，在治理空间、治理层级和治理资源方面都有着很大的局限性"[4]。市域社会治理现代化的核心在于合理对待市域发展过程中出现的集聚性、异质性、流动性问题，有效化解矛盾冲突，减少社会风险扩散，探索符合现代城市发展规律的科学的社会治理方式。[5] 正如张侃所言："在城镇化进程和城乡一体化发展大力推进的形势之下，市域社会治理现代化的提出正当其

---

[1] 余钊飞：《"社会治理·市域社会治理现代化"笔谈》，《浙江工业大学学报》（社会科学版）2019年第4期，第383页。

[2] 成伯清：《市域社会治理：取向与路径》，《南京社会科学》2019年第11期。

[3] 徐汉明：《市域社会治理现代化：内在逻辑与推进路径》，《理论探索》2020年第1期，第13~22页。

[4] 张侃：《市域社会治理现代化：缘起、基本内涵与推进路径》，《经济研究导刊》2022年第8期，第140~142页。

[5] 郁建兴、吴结兵：《市域社会治理现代化的内涵、重心与路径》，《国家治理》2021年第21期，第3~6页。

时、势在必行。"① 党国英同样认为市域社会治理现代化具有重要意义,其相关的政策设计和实践活动,可以较好地减轻城乡社会治理二元结构对社会治理的制约,从而加快推进城乡社会治理一体化发展。② 所以,"市域社会治理现代化有助于推进我国着力提升城市治理能力、开启基层社会治理迈向更高境界的新征程"③。对此,陈一新做了详细的解释:"因为市域层面具有较为完备的社会治理体系,具有解决社会治理中重大矛盾问题的资源和能力,是将风险隐患化解在萌芽、解决在基层的最直接、最有效力的治理层级。"④ 而在这个过程中,由于"治理场域的转换,必然要推动社会治理政策由条块分割向跨区域、跨部门、跨主体间的协同治理转变"⑤。因此,市域社会治理现代化的协同,是化解现代社会治理难题的现实选择。⑥

3. 人民群众立场的角度

三是从人民群众的立场出发,现有研究强调市域社会治理现代化过程要推进治理成果共享。推进市域社会治理的现代化,要解决前期经济社会高速发展过程中所产生的各种社会问题,以化解社会矛盾冲突,维持社会长治久安,这是平安中国建设的必然要求。⑦ 同时,市域社会治理现代化可以提升治理水平,减少社会矛盾冲突,更好地满足人民群众的公共需求,促进社会和谐稳定,增强社会凝聚力。⑧ 许晓东、芮跃峰进一步解释,认为市域相对而言具备较为丰富的社会治理资源,且具有较强的治理能

---

① 张侃:《市域社会治理现代化:缘起、基本内涵与推进路径》,《经济研究导刊》2022年第8期,第140~142页。
② 党国英:《论城乡社会治理一体化的必要性与实现路径——关于实现"市域社会治理现代化"的思考》,《中国农村经济》2020年第2期,第2~13页。
③ 张建:《推进市域社会治理现代化的路径思考》,《福州党校学报》2020年第2期,第5~8页。
④ 陈一新:《推进新时代市域社会治理现代化》,《公民与法》(综合版)2018年第8期,第3~6页。
⑤ 黄新华、石术:《从县域社会治理到市域社会治理——场域转换中治理重心和治理政策的转变》,《中共福建省委党校(福建行政学院)学报》2020年第4期,第4~13页。
⑥ 成伯清:《市域社会治理:取向与路径》,《南京社会科学》2019年第11期。
⑦ 杨安、刘逸帆:《市域社会治理现代化研究:意义、原则、逻辑、框架和路径》,《社会治理》2020年第5期,第13~25页。
⑧ 张建:《推进市域社会治理现代化的路径思考》,《福州党校学报》2020年第2期,第5~8页。

力，可以有效优化社会治理资源配置，是推进社会治理现代化和满足人民群众公共需求的前沿。[1]

（三）关于市域社会治理现代化协同的实践困境研究

在推进市域社会治理现代化协同的过程中，必然存在实践困境。现有关于市域社会治理现代化协同困境的研究，可分为两种视角：一是在系统论的思维下，对市域社会治理现代化协同困境进行总述；二是就市域社会治理现代化建设推进过程中的单个治理要素进行剖析。

一是基于系统论的思维视角。吴晓林认为："市域社会治理面临体量偏大、风险集聚、职责交叉不清、包办主义、社会失灵等难题。"[2] 蒋敏娟和张弦从整体性治理的视角审视京津冀跨区域协同，发现跨区域协同仍面临治理目标粗犷、治理主体单一、治理客体失衡、治理机制不健全等问题。[3] 吴亚慧也发现市域社会治理现代化的具体实践中尚存在参与要素协同不足、城乡二元社会治理不平衡、程序的严密性和执行的有效性较低等问题，未实现系统要素之间的良性耦合。[4] 杨翔在总结实践经验中发现：市域社会治理存在各主体参与度不平衡、协同性不充分、各领域发展不平衡、信息共享广度不充分等现实困境。[5]

二是现有研究就治理的本质进行了分析，而后进一步讨论了治理理论发展情况、治理过程中相关的制度设计问题、治理技术的组成、治理的主体情况以及当前社会发展过程中存在的各类冲突对市域社会治理现代化协同的阻碍。

---

[1] 许晓东、芮跃峰：《市域社会治理现代化：体系建构与路径选择》，《社会主义研究》2021年第5期，第125~131页。

[2] 吴晓林：《当前市域社会治理的问题短板与政策建议》，《国家治理》2021年第21期，第11~14页。

[3] 蒋敏娟、张弦：《新时代京津冀协同发展及影响因素研究——基于整体性治理关键变量的分析框架》，《行政论坛》2019年第6期，第139~146页。

[4] 吴亚慧：《推进市域社会治理现代化的系统论视野》，《探求》2021年第3期，第115~120页。

[5] 杨翔：《市域社会治理网格化创新研究——以检察职能保障为视角》，《第三届全国检察官阅读征文活动获奖文选》，最高人民检察院法律政策研究室，2020，第748~762页。

第一，在治理本质的认知层面上，现有成果虽然对市域社会治理现代化协同进行了讨论，但是其本质理论认知仍然较为模糊，需要进一步分析。就市域社会治理面临的本质性挑战，成伯清给出的答案是如何构建"共同体"。[①] 这里的"共同体"，是抓住了社会治理的核心是"人"这一根本着力点，是以丰富和实现人类对美好幸福生活的向往为目标。但是，康兰平、丁钦育认为，"市域社会治理的发展还缺少科学的顶层设计，治理模式和衡量标准也不清晰"[②]，完善的公众参与机制和矛盾化解机制还没有建立。也正因如此，导致"推进市域社会治理现代化的试点和实践工作很可能会缺乏明确的方向、策略和路径"。[③]

第二，多元治理主体缺乏有效协同，制约了市域社会治理现代化的成效。市域社会治理包括市域范围内党委、政府、群团组织、经济组织、社会组织、自治组织、公民个人等多元主体。在多元主体并存的条件下，协同共治是市域社会治理的必然趋势。然而，当前市域社会治理现代化协同面临的现实困难仍是社会治理力量参与不足。[④] 而且，在一定程度上，"任何制度安排都不可能有效解决大众参与的问题"[⑤]。一方面，在实践中，"社会组织参与机会较少、参与能力不强"[⑥]，"社会工作受运行机制不畅、资源支持不够及参与能力不足等因素的制约"[⑦]，这都影响了以主体协同推进市域社会治理现代化的有效实现。同时，林延斌发现，多元治理主体力量的参与不足，不仅受其自身能力和政治素养不足的障碍性因素影响，也受诸如消费主义、功利主义、利己主义等社会不良风气影响。因为社会经

---

① 成伯清：《市域社会治理：取向与路径》，《南京社会科学》2019 年第 11 期。
② 康兰平、丁钦育：《新时期市域社会治理现代化的范式嬗变与路径创新》，《理论观察》2019 年第 12 期，第 86~88 页。
③ 何得桂、梁佳玉：《市域社会治理现代化研究热点评析与趋势展望》，《领导科学论坛》2021 年第 3 期，第 49~56 页。
④ 许晓东：《当前基层治理存在的突出问题与治理路径》，《国家治理》2020 年第 26 期，第 9~12 页。
⑤ 成伯清：《市域社会治理：取向与路径》，《南京社会科学》2019 年第 11 期。
⑥ 陈成文、陈建平：《论社会组织参与市域社会治理的制度建设》，《湖湘论坛》2020 年第 1 期，第 122~130 页。
⑦ 戴香智：《社会工作参与市域社会治理现代化的制度建设》，《社会科学家》2021 年第 1 期，第 131~136 页。

济的高速发展和各种思潮的碰撞，使得西方资本主义思想逐步融入公共事务和社会生活中，功利主义和享乐主义也逐渐渗透，高效率、快节奏成为人们参与公共事务的标准，从而使得公共治理过程日益功利化。[①] 此外，地方政府在行动时会从本政府利益出发进行选择，"利己性"是政府的本质属性，这使得政府的一些行为考虑得不够全面。[②] 另一方面，结构束缚也是制约市域社会主体协同的重要因素。所谓结构束缚，就是"条""块"分割的管理模式。许晓东认为，以"块"为单元的属地管理和以"条"为线的部门管理是因为当前社会治理职能分散化，这些职能并不是在一个部门中，而是被划分在不同的层级和部门中，进而导致社会治理实践面临纵向治理层级和横向管理部门难以有效协调的难题。[③] 同时，以政府为中心的社会管理模式限制了多元主体参与社会治理的空间，且在实际协同治理中，党委领导和政府负责与社会协同和公众参与存在脱节情况。[④] 最为根本的是，各参与主体间的利益诉求不同，在集体行动中表现出的政治/行动逻辑不同。和谐社会的建设，需要所有社会成员都能够充分地表达自己的利益诉求，尤其是那些处于社会最底层的成员的诉求也需要得到有效的表达和满足[⑤]，此时，市域社会治理现代化协同才能实现。

第三，科技支撑市域社会治理现代化协同的信息技术有待完善。党的十九届四中全会提出，"必须加强和创新社会治理，完善党委领导、政府负责、民主协商、社会协同、公众参与、法治保障、科技支撑的社会治理体系"。伴随着信息技术的迅速发展和互联网的快速普及，"技术－治理型"的治理逻辑有助于市域社会治理现代化协同的实现。因为技术赋能有利于构建多元治理主体互动关系和优化治理结构。关婷等认为技术赋能是

---

① 林延斌：《基于"枫桥经验"推进市域社会治理现代化》，《科学发展》2020年第6期，第100~105页。
② 谢庆奎：《中国政府的府际关系研究》，《北京大学学报》（哲学社会科学版）2000年第1期，第26~34页。
③ 许晓东：《当前基层治理存在的突出问题与治理路径》，《国家治理》2020年第26期，第9~12页。
④ 许晓东、芮跃峰：《市域社会治理现代化：体系建构与路径选择》，《社会主义研究》2021年第5期，第125~131页。
⑤ 成伯清：《市域社会治理：取向与路径》，《南京社会科学》2019年第11期。

治理改进的重要途径，技术的发展能够促进社会治理主体之间的沟通和交流，即信息技术的发展可以改善信息供给和交互从而促进信息流系统的开放、透明、共享。① 众所周知，协同治理的推进需要多元社会治理主体的协调合作，其中的关键难题便是主体间信息不对称的化解，只有有效地促进信息交流，减少信息不对称，社会治理主体才能够有效沟通，从而开展合作。但是，在社会治理实际工作中，各个治理主体所处的行政层级、社会领域存在差异，因此相互之间的信息传递渠道也存在阻碍，这使得社会治理过程中信息不对称问题较为普遍。而且，治理主体会因其所掌握信息的多少和真假而处在不同的位置。例如，信息较为丰富的主体在社会治理多元主体合作过程中可以拥有更多的优势，而缺乏信息的主体则往往无法有效地做出决策，当信息供给不足且交流受阻时社会治理过程的阻碍便会增加，最终治理效能难以实现，甚至治理走向失败②，即协同困境。现有实践经验表明，市域社会治理智能化，即充分发挥现代信息技术的作用，利用先进的信息技术构建社会治理多元主体沟通平台，以促进主体信息交流。但是现阶段在实践中缺乏可用于全国的治理系统，使得全国范围内智能化社会治理实践图景的质变无法实现。③ 总体来看，市域社会治理的智能化及信息化水平还有待提升。④

（四）关于市域社会治理现代化协同的实现路径研究

治理理论、传统和现代治理经验是学者们思考对策的重要基础与起点。⑤

第一，治理理论层面的对策。陈一新基于治理理念、治理体系和治理能力三个维度的现代化的思考，提出了社会治理的对策。在治理理念方

---

① 关婷、薛澜、赵静：《技术赋能的治理创新：基于中国环境领域的实践案例》，《中国行政管理》2019年第4期，第58~65页。
② 关婷、薛澜、赵静：《技术赋能的治理创新：基于中国环境领域的实践案例》，《中国行政管理》2019年第4期，第58~65页。
③ 杨安：《大数据与市域社会治理现代化——厦门实践与探索》，《经济》2018年第19期。
④ 林延斌：《基于"枫桥经验"推进市域社会治理现代化》，《科学发展》2020年第6期，第100~105页。
⑤ 何得桂、梁佳玉：《市域社会治理现代化研究热点评析与趋势展望》，《领导科学论坛》2021年第3期，第49~56页。

面，坚持政治性原则，强化问题意识，坚持人民主体地位，坚持目标导向和重视治理效果；在治理体系方面，推进德治、自治、法治和政治体系建设；在治理能力方面，要重视创新能力培养，不断提升统筹能力和管控能力，增强难题破解能力，做好群众工作。[1] 在构建市域社会治理现代化协同的理论框架层面上，学者们提出了"建设系统集成、协同高效的功能模块"[2]、以智慧化市域社会治理推进市域治理现代化[3]以及构建市域社会治理协同"形成机制－实现机制－约束机制"的协作模型[4]等策略。为形成市域社会治理现代化中不同制度间的合力，郁建兴和任泽涛提出通过"制度强化、制度改革和制度建设"[5] 来完善社会协同治理机制。马海韵基于自我决定理论和公共价值管理理论之间的耦合对应逻辑，构建了市域社会治理公众参与"动机－动员－机会"的理论框架。[6]

第二，基于传统治理经验得出的对策。无论是"国权不下县，县下惟宗族，宗族皆自治，自治靠伦理，伦理造乡绅"[7]，还是费孝通提出的"双轨政治"[8]，抑或是"官督绅办"的体制[9]，顾元认为，"礼乐政刑综合为治、士绅之治、调争息讼、良法贤吏与善治结合，改制与更法相互促进等，构成传统社会治理的基本经验"[10]。具体而言，"礼乐政刑综合为治"

---

[1] 陈一新：《推进新时代市域社会治理现代化》，《公民与法》（综合版）2018年第8期，第3~6页。
[2] 谢小芹：《加快推进市域社会治理现代化》，《中国社会科学报》2021年4月13日，第8版。
[3] 吴晓林：《当前市域社会治理的问题短板与政策建议》，《国家治理》2021年第21期，第11~14页。
[4] 郭烁、张光：《基于协同理论的市域社会治理协作模型》，《社会科学家》2021年第4期，第133~138页。
[5] 郁建兴、任泽涛：《当代中国社会建设中的协同治理——一个分析框架》，《学术月刊》2012年第8期，第23~31页。
[6] 马海韵：《市域社会治理中的公众参与：理论框架与实践路径》，《行政论坛》2021年第4期，第113~120页。
[7] 秦晖：《传统中华帝国的乡村基层控制：汉唐间的乡村组织》，载黄宗智主编《中国乡村研究》（第一辑），商务印书馆，2003，第3页。
[8] 费孝通：《乡土中国》，上海人民出版社，2007，第275~293页。
[9] 项继权：《中国乡村治理的层级及其变迁——兼论当前乡村体制的改革》，《开放时代》2008年第3期。
[10] 顾元：《市域社会治理的传统中国经验与启示》，《中共中央党校（国家行政学院）学报》2020年第4期，第111~121页。

主张社会治理协同利用中央、地方、基层、家族的力量,运用政治、道德、法律、经济、文化等多种治理手段防治犯罪,实施预防、教育和惩罚相结合的全面管理;"调争息讼"在中国具有长久的历史,这和传统社会中的血缘、地缘关系有着密切的联系,同时也是因为民众害怕诉讼影响其长期发展,此外官府也更愿意息事宁人以获取更多的绩效;治法治人并重,良法、贤吏、善治相统一,保障社会治理的实施;以法察官,建立完善的监察体制以规制社会治理权力。① 顾元依据这些传统中国独特的社会治理的主要启示,包括价值理念和实践模式,提出以网格化管理与村民(社区)自治相结合的社会治理模式探索市域治理信息化、智能化和动态化管理。② 郑卫东结合以往治理经验和实际所需,提出要建设"村建理事会"的设想。③ 结合中国发展的实际情况,单学鹏认为,中国的协同治理必须坚持党的领导,同时要调动多元社会治理主体的积极性,促进多元协同治理。④

第三,现代治理经验。市域社会治理现代化的要求与"枫桥经验"所体现的治理逻辑有着一致性。具体而言,"从范畴属性看,二者都是坚持党领导人民创造的一整套行之有效的社会治理方案。从功能价值看,二者在就地预防化解矛盾,维护社会稳定上具有相似性。从方式方法看,二者具有同一性,即自治、法治、德治'三治融合',或推进社会治理社会化、法治化、智能化、专业化'四化同步'"⑤。正因如此,也有许多学者在学习和借鉴"枫桥经验"的基础上,挖掘出诸多推进市域社会治理现代化的可行性策略。从具体对策来看,汪华东认为:"在统筹推进市域社会治理

---

① 顾元:《市域社会治理的传统中国经验与启示》,《中共中央党校(国家行政学院)学报》2020年第4期,第111~121页。
② 顾元:《市域社会治理的传统中国经验与启示》,《中共中央党校(国家行政学院)学报》2020年第4期,第111~121页。
③ 郑卫东:《"双轨政治"转型与村治结构创新》,《复旦学报》(社会科学版)2013年第1期,第146~153、159~160页。
④ 单学鹏:《中国语境下的"协同治理"概念有什么不同?——基于概念史的考察》,《公共管理评论》2021年第1期,第5~24页。
⑤ 卢芳霞、刘开君:《借鉴"枫桥经验" 推进市域社会治理现代化》,《农村·农业·农民》(B版)2020年第3期,第43~44页。

现代化的进程中，必须坚持以党的领导为核心。"①从人民群众的利益出发，姜晓萍、董家鸣认为社会治理需要重视社区治理工作，积极推进多元社会治理主体协调合作，增加社会公共服务的高质量供给，推动智能技术应用以加强智慧型城市建设。②陈成文强调，市域社会治理现代化过程，必须深入贯彻协同发展理念，坚持将协同发展落实到市域社会治理的各个领域，促进治理思维转变，加快治理"主体间性关系"构建。③基于韧性治理视角，谢小芹提出了理念层、目标层、主体层、机制层、方法层、监测层的建设思路，构建出一幅多向度、有序性、立体化的市域治理现代化的多谱系路径图。④从市域社会治理的数字赋能角度，薛小荣探究了疫情防控常态化时期的市域社会治理体系和治理能力整体提升策略，包括以下原则：泛在互联，全域融合；场景下沉，多元共享；动态感知，全景监测；智能决策，精准推送。⑤徐汉明提出五条推进市域社会治理现代化的路径：以人的现代化为核心；以破解"五最"难题为抓手；以"四个精准"对接为效度；以社会治理机制创新为动力；以治理考评结果运用为基准。⑥

四 研究述评

通过以上对"社会治理与现代化"、"协同治理"和"协同与市域社会治理现代化"等内容的研究进展的梳理，可以发现学者们对此已有了较强的理论阐释和丰富的研究成果。

---

① 汪华东：《用枫桥经验推进市域社会治理现代化》，《法制日报》2018年11月10日，第7版。
② 姜晓萍、董家鸣：《市域社会治理现代化的理论认知与实现途径》，《社会政策研究》2019年第4期，第24~31页。
③ 陈成文：《市域社会治理的行动逻辑与思维转向》，《甘肃社会科学》2020年第6期，第56~63页。
④ 谢小芹：《市域社会治理现代化：理论视角与实践路径》，《理论学刊》2020年第6期，第86~94页。
⑤ 薛小荣：《重大公共卫生事件中市域社会治理的数字赋能》，《江西师范大学学报》（哲学社会科学版）2020年第3期，第20~26页。
⑥ 徐汉明：《市域社会治理现代化：内在逻辑与推进路径》，《理论探索》2020年第1期，第13~22页。

第一，在"社会治理与现代化"的研究层面上，学者们多是先介绍治理与其他相近词，如治理与统治、管理之间的区别与联系，由此延伸至社会治理领域的现代化研究。首先，在社会治理的概念解读上，包括治理的主体、客体、目标、手段及其本质特征等内容。其次，在现代化的研究上，包含词义解读上的三层内涵以及已有关于现代化的系统架构、量化和路径等内容。在中国治理实践情境下，党政领导在市域社会治理现代化的范畴中起着"领导力"的作用，引领了社会治理的基本方向。

第二，在"协同治理"的研究层面上，以"协同"的相关内涵为理论基础，探索了"协同治理"的概念、理论框架和实践困境等内容。首先，在"协同治理"的概念界定上，西方丰富的与"协同"相关的经典理论，以及社会学家提出的社会团结、整合功能、共同体价值体系和系统论等观点，为研究协同治理的相关研究奠定了理论基础，且提供了多种解释维度。中国古代文献中三种不同释义的"协同"直接体现在国内学者探讨中国情境下社会治理的图景中：一是体现在两个及两个以上治理主体之间为解决单一主体无法应对的公共难题而形成的"协同"；二是体现了正努力创造的共建共治共享的社会治理共同体，在这种状态下，各主体参与治理过程需要责任意识以及信息、机会、能力和制度等驱动因素的支持；三是蕴含着"天下"、"上下"和"内外"并列存在的协同，这与我国国家治理层面强调人类命运共同体的理念具有一定的契合度。其次，国内外学者在协同治理中参与主体的多元化及其为实现治理目标需要共同努力方面，都已达成基本共识。在深入分析"协同"概念的基础上，国内学者综合国外理论发展情况和我国经济社会发展现实，推进协同治理的中国化，以构建本土协同治理理论。例如，曾渝和黄璜结合协同治理理论及其实践，提出协同治理的本质在于多元主体参与以及主体之间的相互依赖和相互协作，为此其建立了一个类型学框架，创新提出"低参与－低依赖、高参与－低依赖、低参与－高依赖、高参与－高依赖"四种协同治理模式；[①] 单学鹏对国内外不同情境下的"协

[①] 曾渝、黄璜：《数字化协同治理模式探究》，《中国行政管理》2021年第12期，第58~66页。

同"概念进行溯源,认为协同治理既要重视政党的作用,同时也要重视统筹资源和协调运作。① 在协同治理中,既要重视跨区域部门的横向协作,同时也要重视不同层级之间的纵向合作②,协同治理并非整体政府文献中的"连接性治理"③,协同治理的内涵更为丰富且涉及更广,而连接性治理仅强调协同的参与维度。不同于传统协同治理过程仅仅强调个别部门或者组织的参与,数字时代的协同治理突破了"在互动主要由面对面互动所主导的社会或共同体中,提供身体在场的各种技术充当了媒介的工具"④ 的局限,为治理主体范围的扩大提供了极大的便利,例如,由以组织为单位的诉求,扩大至每个利益相关方,甚至个人都被赋予了参与公共决策和管理的渠道和能力。最后,在协同治理的研究成果层面,可以发现两大共同点:一是国外所构建的理论框架基本包括了制度设计和动机驱动两大关键要素,且都将协同过程及其影响因素作为协同治理成效的重要内容;二是在协同治理实现的条件限定上,信任和拥有共同的目标是被提及最多的两大条件。部分国内学者在借鉴西方理论和研究成果的基础上,结合中国社会治理现实经验,构建了本土化的协同治理理论框架,如政府组织间的协同、政府跨区域协同和政府跨层级协同等。同时,国内学者将协同治理的应用延伸到多个社会治理领域,如地方治理、公共政策、区域治理、府际关系、公共物品供给、乡村振兴等。

第三,在"协同与市域社会治理现代化"的研究层面上,关于"市域社会治理现代化"的概念和市域社会治理现代化"协同"的研究仍处于起步阶段,相关理论和实践经验还有待学界探索。尽管"协同治理"已有丰富的理论成果,但将其应用至市域社会治理现代化的分析时,需要结合市

---

① 单学鹏:《中国语境下的"协同治理"概念有什么不同?——基于概念史的考察》,《公共管理评论》2021年第1期,第5~24页。
② Lingyi Zhou and Yixin Dai, "Within the Shadow of Hierarchy: The Role of Hierarchical Interventions in Environmental Collaborative Governance," *Governance* 2023, 36 (1): 187–208. https://doi.org/10.1111/gove.12664.
③ UNDESA, *United Nations E-Government Survey 2008: From E-Government to Connected Governance* (New York, 2008).
④ 安东尼·吉登斯:《社会理论的核心问题:社会分析中的行动、结构与矛盾》,郭忠华、徐法寅译,上海译文出版社,2015,第114页。

域社会治理现代化的特点进行具体讨论,不能直接套用。其原因在于市域社会治理现代化既强调"市域社会治理"这一新型概念,又涉及学界还未达成共识的"治理现代化"的内容。需要注意的是,上述研究成果对市域社会治理现代化进行界定的立足点虽有所不同,却都存在一个共识,即学者们都认为市域社会治理现代化中的治理主体必然是多元化的。对此,俞可平、陈成文、孙红英、戴香智、夏美武[1]等学者都持相同观点。例如,戴香智认为:"市域社会治理现代化的核心理念强调协同,其本质就是强调在市域层面协同多元力量参与社会治理。"[2] 孙红英认为:"市域社会治理现代化蕴含着多元组织体系的协同共治。"[3] 孟星宇、李旭也认为,多元治理主体的协同联动对于当前市域社会治理能力提升具有重要价值。[4] 从该方面来说,市域社会治理现代化本质上是一个多元主体协同运作的过程。Connick和Innes也将之称为"利益相关者"[5],治理范围是市域范围内的公共政策和公共问题,且强调了社会的参与性,这一治理过程涉及联合行动、联合结构、共享资源、共担责任以及共享成果。现有研究大多认同协同治理的价值和优势,认为协同治理将成为未来社会治理的重要方向。因此,协同治理是市域社会治理现代化的主流思路,学术界已基本达成共识,且认为协同性不充分是当前市域社会治理现代化的共同弱点。

总体来看,协同治理文献聚焦于有关参与者招募、引导、共识促进等上游问题之上。然而,就共同问题的解决方案达成了要"建立社会治理共同体"的一致后,下一步就是执行新的共同制定的方案,即与实施联合解决方案、评估结果和试图让参与者承担责任等事项相关。而协同

---

[1] 夏美武:《承启与周延:市域社会治理的五个辩证关系》,《理论建设》2021年第2期。
[2] 戴香智:《社会工作参与市域社会治理现代化的制度建设》,《社会科学家》2021年第1期,第131~136页。
[3] 孙红英:《推进市域社会治理现代化的基层探索——以广州市花都区为例》,《广州社会主义学院学报》2020年第2期,第46~51页。
[4] 孟星宇、李旭:《新时代中国国家制度与法律制度的理论与实践——中国法治现代化暨中国法治实践学派2020年智库论坛综述》,《法治现代化研究》2021年第1期,第185~200页。
[5] Sarah Connick and Judith Innes, "Outcomes of Collaborative Water Policy Making: Applying Complexity Thinking to Evaluation," *Journal of Environmental Planning and Management* 2003, 46 (2): 180.

第二章　市域社会治理现代化协同的研究进展

治理和市域社会治理现代化理论层面的研究与社会治理实践需求之间存在一定的差距。国内外学者对协同治理概念的界定仍未达成共识，对理论框架的建构缺乏应有的创新，且对政府部门间的协同治理的应用性研究略显不足。

第一，在协同治理的内涵界定上，国外学者对协同治理的概念界定更多地彰显了政府与社会之间的协同。国内尽管有不少学者在不断尝试用其他理论去充实和规范协同治理的概念，但是多数研究并未实现概念的突破，甚至部分学者直接将治理的概念套用到协同治理的定义上，使得协同治理研究与一般的治理研究缺乏区别，制约了协同治理的进一步发展，更忽视了协同治理中对协同性的讨论。[1]

第二，在协同治理理论框架的构建上，国外学者基于研究对象和目标导向的不同，尚未形成清晰统一的协同治理理论框架，且现有理论研究具有很强的抽象性（包括过程分析、结构分析等）。受政策过程模型理论，即拉斯韦尔提出的"阶段启发法"分析框架的影响，研究者们往往试图通过将复杂的协同治理过程划分为优先的各个阶段和子阶段，来描述它的阶段性活动或根据其与其他阶段的循环关系来考察。就现有研究成果而言，协同过程分析是研究的重要内容，其主要包括两种不同的路径，一种认为协同过程是一个向前发展的线性过程。在这一路径的分析中，一些学者提出了三阶段说，如 Barbara Gray 将协同的过程进行了细致的分解，认为协同需要首先进行问题设置，而后寻找协同的方向，最后实施。[2] Jurian Edelenbos 同样确定了一个三步流程，包括准备、政策制定和决策制定，每个阶段又包含了不同的具体活动。[3] 另一些学者则坚持四阶段说，如 Ricardo S. Morse 和 John B. Stephens 将协同过程划分为评估、启动、协商和执行四个阶段。[4] Myrna P.

---

[1] 刘伟忠：《我国地方政府协同治理研究》，博士学位论文，山东大学，2012。

[2] Barbara Gray, *Collaborating: Finding Common Ground for Multiparty Problems* (San Francisco: Josssey-Bass, 1989), p. 57.

[3] Jurian Edelenbos, "Institutional Implications of Interactive Governance: Insights from Dutch Practice," *Governance* 2005, 18 (1): 111 – 134.

[4] Ricardo S. Morse and John B. Stephens, "Teaching Collaborative Governance: Phases, Competencies, and Case-based Learning," *Journal of Public Affairs Education* 2012, 18 (3): 565 – 583.

Mandell 和 Robyn Keast 同样将协同过程归纳为不同发展阶段的组合框架，即形成阶段、稳定阶段、常规化阶段以及扩展阶段。[①] 另一种将协同过程视为参与者之间持续性的循环互动。协同的阶段模型对于在环境变化时引起对协作策略变化的关注是很重要的。也有学者发现，协同过程是循环而不是线性的。合作常常取决于在沟通、信任、承诺、理解和结果之间实现良性循环。如 Ring 和 Van de Ven 认为协同过程并非线性的，而是循环过程，即"协商—承诺—执行"的循环结构。[②] Ansell 和 Gash 持相同观点，他们把协同过程设计为由"面对面对话—信任建立—恪守承诺—共同理解—中期成果"组成的环形结构。[③] 我们认为，以上研究固然有其合理性，但它们都忽视了两个重要的问题。一是非线性特征的协同过程很难表达，将协同过程表示为一个循环，这本身显然是一种极大的简化。但是，设计一个运作逻辑的循环过程，并非要完整地包含协同治理的所有内容，而在于提醒人们注意早期合作的反馈对进一步合作的积极或消极影响。因此，表述市域社会治理现代化协同性的循环过程是有必要的。二是忽略了治理主体的集聚过程。恰当的参与者及其合法性的获得是协同治理过程的关键因素，即行动主体的聚集是开展市域社会治理工作的前提。

第三，作为舶来品的协同治理理论，在进行本土化创新时，必然且必须嵌入中国的制度环境并进行适应性修正，才能展现其强大的生命力，但该如何将其嵌入我国社会治理实践并使二者有效对接方面的研究语焉不详。[④] 如国外学者将"领导力"作为协同治理的关键成功要素，现有国内学者所构建的协同治理框架中，就通过其他要素来填充或赋予"领导力"的内涵，以完善协同治理框架的必要条件，但实际上，在我国社会治理实

---

① Myrna P. Mandell and Robyn Keast, "Evaluating the Effectiveness of Interorganizational Relations Through Networks," *Public Management Review* 2008, 10 (6): 715 – 731.

② P. S. Ring and A. H. Van de Ven, "Developmental Processes of Cooperative Interorganizational Relationships," *Academy of Management Review* 1994, 19: 90 – 118. https://doi.org/10.5465/amr.1994.9410122009.

③ C. Ansell and A. Gash, "Collaborative Governance in Theory and Practice," *Journal of Public Administration Research and Theory* 2008, 18 (4): 543 – 571.

④ 周定财：《基层社会治理中的协同困境与对策研究》，中国社会科学出版社，2021，第43页。

践中,"领导力"这一要素直接体现在"一核多元"的治理体系上,即党的领导。

第四,国内外学者对社会治理"协同"中"治理主体是多元化的,治理客体侧重于与公共产品和公共服务相关的公共政策和公共问题,以及治理目标是实现公共利益最大化"等主要内容具有一定的共识。相比之下,在"协同治理"的实践困境及实现条件方面,国内外学者的关注点有所不同:国外学者基于整体性视角,从影响协同治理的"前因后果",如信任、主导性组织的领导作用、共同的利益目标以及制度设计等因素入手进行研究;国内学者则倾向于探究协同治理运行过程中的问题和障碍,如信任、信息协同、权力分配和责任共担等方面的内容,零散地见于各位学者的表述中,还未形成系统的研究。

第五,已有的协同治理反思研究成果相对较少,将"市域社会治理现代化"和"协同治理"结合进行反思的研究更是少见。由于市域社会治理现代化仍处于试点阶段,学界关于市域社会治理现代化的"协同短板"的实践探索仍然较少。但是社会协同治理中已出现的问题和障碍,如社会资本存在的缺陷[1]、主体权责关系异化[2]、监督管理的畸形[3]、国家主权与跨界治理之间的不相融性[4]、正式制度与非正式制度间的调节和转化[5]、等级制制约了信息的整合和共享[6]以及不同的治理机制与政府治理机制的脱节[7]等,都会表现在市域社会治理现代化的发展过程中。

---

[1] 刘卫平:《社会协同治理:现实困境与路径选择——基于社会资本理论视角》,《湘潭大学学报》(哲学社会科学版)2013年第4期,第20~24页。

[2] 王东、王木森:《多元协同与多维吸纳:社区治理动力生成及其机制构建》,《青海社会科学》2019年第3期,第126~131、141页。

[3] 刘伟忠:《协同治理的价值及其挑战》,《江苏行政学院学报》2012年第5期,第113~117页。

[4] 杨华锋:《谈社会协同治理的缺憾及过渡性》,《商业时代》2012年第32期,第118~119页。

[5] 周雪光:《从"黄宗羲定律"到帝国的逻辑:中国国家治理逻辑的历史线索》,《开放时代》2014年第4期,第108~132、7~8页。

[6] 樊博、于洁:《公共突发事件治理的信息协同机制研究》,《上海行政学院学报》2015年第5期,第16~30页。

[7] 鲍勃·杰索普:《治理的兴起及其失败的风险:以经济发展为例的论述》,漆燕译,《国际社会科学杂志》(中文版)2019年第3期,第52~67页。

综上所述，国内学者关于协同治理的研究囿于治理研究的层面，而忽略了协同治理中的"协同性"。国外学者所构建的包含起始条件、制度设计、领导力和协同过程等要素的协同治理框架虽然对协同治理中的"协同性"具有较为充分的研究，为国内学者研究协同治理提供了较为清晰的思维路线，但他们所研究的协同治理更适用于政府与社会协同，对我国治理情境下的政府间关系研究只具有参考价值，如在中国治理情境下，各级政府所掌握的权力和资源本身就是有差距的，无法做到权力与资源的对等。同时，国内外学者所建构的协同治理理论框架，存在两个共同的争议点：一是协同治理理论框架的应用范围不具体，鲜有学者在提出跨部门或跨区域的协同治理理论框架时，就社会实践形态上存在的县域、市域、省域等不同治理层级做明确区分；二是现有协同治理理论框架以驱动性思维逻辑为主，即更多地关注在具有哪些因素或是条件后，才能推进协同治理，而反思性研究很少，即当不具备哪些关键性要素时，协同治理必然走入困境。基于此，本书立足于拓展原本局限于治理层面的协同治理研究视野，重点分析"协同性"这一现有研究较少讨论的特征，并深入讨论市域社会治理现代化实践中面临的"协同短板"，揭示"协同性"在市域社会治理层面的应用价值。

五 研究意义

市域社会治理现代化是国家治理体系和治理能力现代化的重要基础，是基层社会治理现代化的坚实支撑，是一个基于中国社会治理的实践情境，不断地调整、变革和适应时代需要的动态过程。为深入贯彻党的十九大和十九届二中、三中、四中、五中全会精神，强化国家治理能力，促进社会长治久安，必须推进市域社会治理现代化。

（一）学术价值

研究市域社会治理现代化协同性的学术价值主要体现在以下三个方面。

第一，构建符合中国治理实践情境的市域社会治理现代化分析框架。

本书的核心观点之一，就是将市域社会治理现代化的本质认定为一个由多元行动主体参与构成、协同行动的有机系统。在这个有机系统中，每一个行动主体都扮演着不同的角色，居于不同的地位。"各治理主体之间的联系不是单向的、自上而下的，而是相互联系和互动的关系。"[①] 有鉴于此，本书将构建一个由党组织、基层政权组织、自治组织、经济组织、群团组织、社会组织等众多主体共同构成的市域社会治理组织体系分析框架。这一分析框架既可能被市域社会治理现代化试点的实践部门普遍认可和接受，又可能为学术界进一步推动市域社会治理研究提供一个可以进行学术交流的话语平台。

第二，检视西方社会科学理论在中国的适用性。社会治理的发展脉络与管理理论的发展基本同频。市域社会治理现代化协同性的研究体现管理理论发展的最新趋势。从管理演变的历史来看，可划分为三个阶段。一是以泰勒（Frederick Winslow Taylor）为代表的科学管理阶段，该阶段的关键问题是如何使劳动效率最大化。泰勒着眼于"如何提高工人效率"，确定了以"分工"为核心的科学管理理论。"分工"真正的意图在于"给每个人找到一个能恰当地结成和谐系统的方式与场所"。政府官僚制组织体系的严密分工和协作运行机制与"泰勒制"是相同的。[②] "科学管理整合的是一个建立在合作原则基础上的理论。"[③] 二是以马克斯·韦伯（Max Weber）和亨利·法约尔（Henri Fayol）为代表的行政组织管理阶段，该阶段解决的问题是如何使组织效率最大化。为提升组织效率，韦伯和法约尔提出了5个要素和14条原则的一般管理以及科层制结构。三是人力资源管理阶段，包括人际关系理论和人力资源理论，该阶段解决的问题是如何使人的效率最大化。历代学者和管理大师为解决劳动效率、组织效率、人的效率等问题提出了"分工""分权""分利"理论，并在理论基础上建立了"责、权、利"对等模式。这些经典理论和模式与社会治理的发展进程高

---

① 王亚华：《增进公共事物治理：奥斯特罗姆学术探微与应用》，清华大学出版社，2017，第134页。
② 张康之：《论社会治理中的协作与合作》，《社会科学研究》2008年第1期，第49~54页。
③ O. C. 麦克斯怀特：《公共行政的合法性——一种话语分析》，吴琼译，中国人民大学出版社，2002，第102页。

度契合,即社会治理同样经过了从科层制管理到"人人有责、人人尽责、人人享有"的社会治理格局转变,运用中国市域社会治理现代化的实践案例与调查数据检视西方社会科学理论(如城乡关系理论、合作治理理论)和管理思想在中国的适用性及其对具体社会问题的解释力,并在研究过程中吸收中国的"本土性知识",发展已有理论,有利于提高其对于中国问题的普适性与解释力。

第三,利用多学科交叉优势,为学科创新注入新动能。推进市域社会治理现代化的路径选择问题是复杂的、多元的。对这些问题的研究,主要涉及社会学、公共管理学、政治学等学科,但现有研究基本上处于分离状态,未能实现学科之间的有机融合。本书试图利用社会学、公共管理学等多学科交叉的优势,开展多学科联合攻关,发挥不同学科的优势,弥补以往研究视野较为单一、狭窄的缺陷,从而为社会学、公共管理学等学科创新注入新的动能。

(二)应用价值

研究市域社会治理现代化协同性的应用价值主要体现在以下两个方面。

第一,构建市域社会治理现代化协同运作的基本指标体系。市域社会治理的研究源于管理思想,忠于并奉献于实践。管理经典理论来源于对重大实践问题的认识。[①] 要推动研究对实践的贡献,需要我们深刻把握管理经典理论发展历程中,管理大师对于人类管理活动的描述、抽象和总结,以及他们对于管理活动内涵的深度分析和论证。[②] 本书试图设计一套市域社会治理现代化理念协同、主体协同、体系协同、资源协同和目标协同的基本要求,并筛选和确定理念协同运作、主体协同运作、体系协同运作等协同运作的关键指标,从而确保评价指标体系的科学性。这一评价指标体系实质上为实践部门开展市域社会治理现代化,实现协同效应提供了一套

---

① 陈春花:《激活个体:互联时代的组织管理新范式》,机械工业出版社,2016。
② 谭力文:《中国管理学构建问题的再思考》,《管理学报》2011年第11期,第1596~1603页。

信度和效度较高的测量工具。

第二，在理论探索与实证研究的基础上构建一套既具有一定可操作性又具有一定可行性的市域社会治理现代化协同的建设方案，对党和政府制定市域社会治理现代化建设的决策具有重要的参考价值。在已有的与"协同和市域社会治理现代化"相关的研究中，关于协同治理以及市域社会治理现代化的普遍趋势，学术界已基本达成共识，且认为协同性不充分是当前市域社会治理现代化的共同弱点。但是，对市域社会治理现代化协同的研究以驱动性思维逻辑为主，反思性研究很少。正如党的十九届五中全会所强调的，我国"社会治理还有弱项"，在当前我国社会治理现代化进程中，还存在诸多困境，影响了我国社会治理效能的提升。因此，本书将具体探讨分析市域社会治理现代化协同的"关键短板"及其生成机理，并从完善共建共治共享的社会治理制度的角度入手，为市域社会治理现代化协同建设提供一套既具有一定可操作性又具有一定可行性的方案。

（三）社会意义

研究市域社会治理现代化协同性的社会意义主要体现在以下三个方面。

第一，加强市域社会治理现代化协同性的建设问题研究，有助于践行中国共产党秉持的"以人民为中心"的发展思想。众所周知，市域社会治理是基层社会治理创新的实践过程，其最大的改变是治理场域的重心由县域转为市域，这也就意味着，与之相关的治理要素，如"体制、机制、组织、技术"等需要实现有机整合。同时，市域社会治理现代化作为"治理行动主体和治理价值依归的'人'及其思想观念的现代性调适问题，需要我们坚持'以人民为中心'的发展思想，在国家权力统合与社会力量自主之间努力建立一种互构共生的关系"[①]。要实现这种互构共生的关系，关键途径即"主体协同"。可见，不论是各治理要素间需要实现有机整合，还是与以"人"为核心的现代化调适问题，市域社会治理现代化都面临"如

[①] 姜方炳：《推进市域社会治理现代化：历史源流与现实动因》，《中共杭州市委党校学报》2021年第1期，第81~89页。

何协同"的问题。

第二,加强市域社会治理现代化协同性的研究,有助于完善共建共治共享的社会治理制度。一方面,从"市域"所处的行政层级来看,市域治理介于省域治理与县域治理之间,与县域相比,市域社会治理的治理资源更丰富,治理能力更强,具有立法与行政的相对独立性、权责完备性等优势,对于一些县域社会治理无法处理的重大复杂问题,如大数据侦察、抓捕跨领域犯罪团伙等,市域层面可以统筹推进、中观指导、真抓实干;与省域相比,市域虽然没有丰富的治理资源,但其对基层的情况更了解、指导更直接、管理更具体、行政更高效,能够拿出实际操作方案和具体落实举措。① 另一方面,从"城乡融合发展"的需求来看,市域社会治理是根源于城乡结构变化的时代要求和实践发展而提出来的,是回应"城乡融合发展"需要的有效载体。正如刘易斯·芒福德所强调的那样,未来城市的发展重点在于发挥城市中不同主体的特质。② 由此可见,市域社会治理的基本特征都指向了"协同治理"。依据党的十九届四中全会提出的"建设人人有责、人人尽责、人人享有的社会治理共同体"的战略要求,市域社会治理现代化"共建共治共享"的理念得到彰显。

第三,加强市域社会治理现代化协同性问题研究,有助于增强人民群众的获得感、幸福感和安全感。党的十九大报告提出,要"保证全体人民在共建共享发展中有更多获得感,不断促进人的全面发展、全体人民共同富裕"。自2014年中国的城镇化率已经接近55%,城镇人口超过农村人口后,中国城镇化人口正持续增加。辩证地看,城镇化在取得成就的同时,仍面临严峻的挑战,如资源环境的破坏、社会公平问题、城市交通问题、历史文化遗产问题。"十四五"时期,还将有更多的农村人口进入城市,城市人口将成为我国人口的主体。③ 如此庞大的人口基数,"催生出公民对

---

① 《陈一新:着眼把重大矛盾风险化解在市域 打造社会治理的"前线指挥部"》,https://www.chinapeace.gov.cn/chinapeace/c100007/2020-10/22/content_12406293.shtml。
② 刘易斯·芒福德:《城市发展史——起源、演变和前景》,宋俊岭、倪文彦译,中国建筑工业出版社,2005,第571页。
③ 陈一新:《加强和创新社会治理》,《人民日报》2021年1月22日,第9版。

共同维护公共利益和社会秩序的治理需求"①。可以说，推进市域社会治理现代化是市域范围内人民获得感、幸福感、安全感的重要保障。

六 研究思路

美国学者费正清将中国的现代转型视为"冲击－回应"的产物。但我们必须清楚，西方治理理论的外来冲击是市域社会治理现代化的逻辑起点，中国社会本身的治理实践情境才是回应现代转型需求的重要内容。市域社会治理现代化是基于中国社会治理的实践情境，为解决市域范围内的矛盾冲突、社会风险，不断地调整、变革和适应时代需要，有机整合各治理要素的动态过程。推进市域社会治理现代化的研究，有其实践层面的需求和学理层面的逻辑。一方面，在实践层面上，市域社会治理现代化是为了适应新时代城乡融合发展的需求提出的，即通过发挥市域层面的行政治理资源优势，解决基层难以解决的问题，并助力城乡融合发展；另一方面，在学理层面上，市域社会治理现代化是国家治理体系和治理能力现代化所必需的逻辑演进，即市域社会治理现代化是国家治理现代化的重要内容。同时，无论是适应实践层面的需求还是回应学理层面的逻辑，都要求关注和研究作为国家与社会、城市与农村连接点的市域社会治理的本质特征、基本要求、实践困境及发展路径。

由综述和实践经验可知，协同治理的思想是有效解决市域社会问题的理论指导。协同性相关研究表明，当系统中的子系统之间通过一定的机制形成良好的协调时，这些子系统之间的配合可以使整个系统更好地运行并发挥作用，从而达到子系统无法实现的效果。② 协同治理理论与市域社会治理具有内在的契合性，能够揭示市域社会治理的复杂客观环境、"多主体所具有的多种治理理念和多类治理手段"等内在机理及其规律。基于

---

① 姜晓萍、董家鸣：《城市社会治理的三维理论认知：底色、特色与亮色》，《中国行政管理》2019年第5期。
② 赫尔曼·哈肯：《协同学：大自然构成的奥秘》，凌复华译，上海译文出版社，2001，第77页。

此，在研究思路上，本书总体遵循"问题提出—理论分析—现象揭示—战略设计"的基本路线，全书具体分为五个部分。

第一部分即第一章绪论，主要介绍本书选题的来源和背景，确定研究的主线和拟解决的问题。

第二部分为理论研究部分，系统提出市域社会治理现代化协同性的理论，涉及第二章、第三章和第四章内容。其中，第二章内容为市域社会治理现代化协同的研究进展，在精练提取出治理现代化特征以及简要介绍协同治理相关的概念界定、理论框架、实践困境和实践路径/实现条件的基础上，对本书相关的成果进行文献梳理，并对现有相关研究进行归纳，指出现阶段研究的基础、不足以及进一步研究的重点。第三章内容为构建市域社会治理现代化内涵，在对市域社会治理现代化的基本内涵及其构成要素和"市域"范围进行界定的基础上，对"市域社会治理现代化"所包含的核心要素进行拆解。基于对治理现代化特征和基本内容的认识，确定市域社会治理现代化的总框架，作为后续章节研究的理论框架。第四章内容是分析市域社会治理现代化的本质特征，意在通过已有理论的研究，剖析为何市域社会治理现代化必须重视协同性这一本质特征；进一步对市域社会治理现代化协同性的实践依据进行解释，确定市域社会治理现代化的协同性。具体而言，首先，从协同治理理论、行动者网络理论、资源依赖理论和信息社会理论四个视角研究市域社会治理现代化协同性的理论依据。其次，聚焦于市域社会治理在治理领域中宏观与微观的转承过程，解释市域社会治理现代化协同性的实践依据。

第三部分为应用研究部分，提出市域社会治理现代化协同性的运作逻辑和基本要求，涉及第五章、第六章内容。其中，第五章内容为市域社会治理现代化协同性的运作逻辑，分别基于个体、组织和党的领导三种情形，分析各主体参与协同行动的动机和行为方式，从"人和组织的行为"的角度，确定以协同推进市域社会治理现代化的理论逻辑。在此基础上，借鉴已有文献设计市域社会治理现代化协同性的运作框架，包括以为什么会协同、协同客观环境、如何协同和协同结果为主体的内容。以此为基调，结合前期理论与实践构建市域社会治理现代化的理论框架，并就其实践过程中的基本要求进行分析,包括理念协同、主体协同、制度协同、资源协同、绩效评估以及目标协同。

第四部分为实证研究部分,分析市域社会治理现代化的协同性现状,并总结当前市域社会治理现代化协同性面临的实践困境,涉及第七章和第八章内容。在对 S 市进行实地调研的基础上,就实践过程中市域社会治理现代化协同性情况进行深入的剖析,并进一步挖掘和提炼市域社会治理现代化协同在以治理理念、多元主体、制度环境、信息资源、效益评估和治理目标等为主的协同方面存在的问题。

第五部分为战略研究部分,提出补齐市域社会治理现代化"协同短板"的对策。党的十九大报告中提出了"打造共建共治共享的社会治理格局"的战略构想,党的十九届六中全会将"完善共建共治共享的社会治理制度"作为新时代社会治理的一条基本经验。研究市域社会治理现代化协同性在坚持"一核"的前提下如何实现"多元"之间的目标、资源、机制方面的协同运作问题。

第三章　市域社会治理现代化的基本理论

市域社会治理现代化，将之分开来理解，可以发现，市域是一个范围，治理是一个行动，现代化是一个目标，那么，"社会"是什么？"社会"在哪儿？同样，"公众的积极性有没有？他们的协同性和参与性有什么样的机制和方式？这些问题都是市域社会治理所面临的挑战以及必须要解决的"①。

一　市域社会治理

（一）社会

当各地政府真正开始关注社会建设和社会管理的时候，突然发现找不到"社会"。市域社会治理中的"社会"具体指的是什么？

滕尼斯把"社会"理解为"一种暂时的和表面的共同生活"②。这里的社会是与共同体相对而言的。那么，共同体又是什么，杨开道把农村社会的早期状态叫作村落社会（rural community），这里的村落社会之"社会"就是共同体或社区。③ "社会是什么，社会学界其实到现在还没有达成共识。"④ 尽管如此，社会学经常把社会作为一个理所当然的概念来接受和使用。相较于分布集中、联系密切和流动性小的共同体，社会是一个数量多、关系

---

① 王春光：《社会治理"共同体化"的日常生活实践机制和路径》，《社会科学研究》2021年第4期，第1~10页。
② 斐迪南·滕尼斯：《共同体与社会》，林荣远译，商务印书馆，1999，第54页。
③ 杨开道：《农村社会学》，世界书局，1929，第8~9页。
④ 诺贝特·埃利亚斯：《个体的社会》，翟三江、陆兴华译，译林出版社，2003，第3~23页。

松散、流动性大、相互不亲密甚至不熟悉的生活状态。我们当下所处的社会又是怎样的状况？我们经常听到的是社会分化问题、金融风险和安全问题、诚信缺失问题、流动问题、公益问题等。在这样的情境中如何推进社会治理？事实告诉我们，没有社会协同和公众参与，社会治理就无从谈起。①

从分化的视野看，社会经历了从国家与社会的分离，到市场与社会的分离（形成国家－市场－社会三元治理结构），然后是文化与社会的分离，也有学者提出家庭与社会分离的过程。在当今官方的治理话语中，社会是一个与经济、政治、文化、生态并立的特定领域。"整个社会难以划分为泾渭分明的私人领域与公共领域、社会领域与国家领域、生产领域和生活领域。但是，不同领域的运行逻辑并不能遮蔽不同领域之间的内在关联。"②

（二）"市域"范围

关于"市域"范围的界定，学界还未达成共识。地域范围的划分有行政区域和实体区域两种依据。现有关于"市域"范围的观点集中在行政边界所辖的区域范围。最为普遍的是四种解释。第一，市域是指区域一体化意义上的大都市圈或大中型城市群。吴晓林从理解城市性出发，总结了当前城市治理的三种模式，认为市域社会治理展现了一种新的城市治理构想，能够发挥城市正面特性并抑制负面特性。③ 第二，市域是指行政区划意义上市级管辖区域，是包含市、县、乡、村在内的所有区域范围。④ 第三，卢芳霞、刘开君认为，市域社会治理的"市域"主要是指处于中间层

---

① 王春光：《社会治理"共同体化"的日常生活实践机制和路径》，《社会科学研究》2021年第4期，第1~10页。
② 刘建军：《社区中国：通过社区巩固国家治理之基》，《上海大学学报》（社会科学版）2016年第6期，第73~85页。
③ 吴晓林：《城市性与市域社会治理现代化》，《天津社会科学》2020年第3期，第75~82页。
④ 庞金友：《"中国之治"的市域之维——新时代市域治理现代化的逻辑与方略》，《人民论坛》2020年第35期，第78~80页；姜方炳：《理解"市域社会治理现代化"的三个着力点》，《杭州》（周刊）2019年第19期，第36~37页。

级的地级市。① 这一认知与第二种解释有相似之处，即认为"市域是城市和农村两种社会形态的结合体，是统筹推进城乡一体化的有效载体"②。第四，当前实践中的"市域""并不完全局限于'设区的市'或地级市，自治州、盟等地域型政区和'不设区的市'也在其中"③。无独有偶，闵学勤对标西方新公众参与合法化、制度化的视角，认为目前作为连接中央和基层的中枢，323个拥有地方立法权的城市（或自治州）作为市域范围的界定较为合适，且以地方立法为切入口，对探索新公众参与下的市域社会治理有先行先试的作用。④ 多数学者认同市域是城市和农村两种社会形态的结合体，继而也有学者认为"'市域'包括辖区城市和乡村的全要素空间范畴"⑤。

但是，关于上述说法，成伯清认为，"市域"概念的关键，不在行政层级，更不可固守在特定的层级。⑥ "所谓市域，当视为包含一定乡村在内的自成一体的空间体系，聚集了一定规模的人群，内部形成了相对完整的分工和交换体系，同时也在全球分工体系中居于特定的位置。如今讨论市域社会治理，必须放到中国城镇化进程和世界城市发展的大势中来予以定位。"⑦ "基于我国所有城市（包括直辖市、地级市、县级市）都是一个由核心城区和广大农村组成的城乡结合型空间"⑧，且按照我国现行地方行政层级设置以及中央政法委关于"市域社会治理"的谋划布局和现实需求来看，笔者认为对"市域"范围的界定，需要贴合城乡融合发展的需求。因为"市域"是我国行政体制改革的产物，其作用就在于"对所辖县实行全

---

① 卢芳霞、刘开君：《新时代"枫桥经验"与市域社会治理现代化》，http://www.cssn.cn/gd/gd_rwhd/gd_ktsb_1651/tjgjzlxdhdsjlj/202005/t20200506_5123810.shtml。
② 卢芳霞、刘开君：《新时代"枫桥经验"与市域社会治理现代化》，http://www.cssn.cn/gd/gd_rwhd/gd_ktsb_1651/tjgjzlxdhdsjlj/202005/t20200506_5123810.shtml。
③ 陶希东：《市域社会治理：特征、内涵及体制创新路径》，《理论与现代化》2021年第2期，第109~116页。
④ 闵学勤：《市域社会治理：从新公众参与到全能力建设——以2020抗击新冠肺炎疫情为例》，《探索与争鸣》2020年第4期，第205~215、291页。
⑤ 赵鑫哲：《市域社会治理现代化的理论认知和推进路径》，《中共伊犁州委党校学报》2021年第1期，第82~84页。
⑥ 成伯清：《市域社会治理：取向与路径》，《南京社会科学》2019年第11期。
⑦ 成伯清：《市域社会治理：取向与路径》，《南京社会科学》2019年第11期。
⑧ 陶希东：《市域社会治理：特征、内涵及体制创新路径》，《理论与现代化》2021年第2期，第109~116页。

面领导,以协调城乡关系,发挥中心城市的辐射作用,带动城乡一体化发展"①。因此从行政范围来看,"市域"包括直辖市和地级市的全部行政管理区域,即市辖区、县、县级市、镇、乡等。

(三)市域社会治理的构成要素②

市域社会治理是一个承上启下的治理工程,即它是"抽象意义的国家治理落实到具体意义的基层社会治理的承接与转换过程"③。关于市域社会治理的概念,仍存在两个认知误区:一是认为市域社会治理就是一般意义上的基层社会治理;二是拓展了分析的范围,认为市域社会治理包含了市域范围的所有内容,认为其是"市域治理"。④前者忽视了治理场域的转移,未能把握市级主题、发挥市级优势、突出市级特点;后者扩大了市域社会治理内容,混淆了社会治理与国家治理的区别。为进一步理解市域社会治理的概念,必须先对其构成要素进行分析。依据本团队的已有成果——《市域社会治理:一个概念的社会学意义》,本书认为:市域社会治理与基层社会治理、县域社会治理和城市社会治理相比,在构成要素上具有特殊性。这种特殊性主要表现在空间范围、行动主体、治理手段、治理目标和治理层级五个方面。⑤

1. 空间范围

空间范围是市域社会治理的实践场所,即市域社会治理是在一定的空间范围内展开的治理活动,这一空间范围既指实施范围,同时也将治理的对象纳入其中。一方面,市域社会治理正如词义所言,指的是在设区的地

---

① 黄小勇:《中国行政体制改革研究》,中共中央党校出版社,2013,第101页。
② 该部分内容详见《市域社会治理:一个概念的社会学意义》一文。陈成文、张江龙、陈宇舟:《市域社会治理:一个概念的社会学意义》,《江西社会科学》2020年第1期,第228~236页。
③ 陈成文、陈静、陈建平:《市域社会治理现代化:理论建构与实践路径》,《江苏社会科学》2020年第1期,第41~50、8页。
④ 《陈一新:着眼把重大矛盾风险化解在市域 打造社会治理的"前线指挥部"》,https://www.chinapeace.gov.cn/chinapeace/c100007/2020-10/22/content_12406293.shtml。
⑤ 陈成文、张江龙、陈宇舟:《市域社会治理:一个概念的社会学意义》,《江西社会科学》2020年第1期,第228~236页。

级市展开的关于社会事务的治理活动。地级市的范围不只是市内行政区的城市社区，还包括其管理下各个县级单位的城镇社区以及分散且数量众多的农村地区，因此市域社会治理不是简单的城市治理，而是符合中国社会发展实际的包含城市和农村社会治理的复杂治理工程，其所包含的空间范围远比城市广阔。另一方面，空间范围要素也强调了市域社会治理客体的空间关联性特征。市域社会治理涉及范围广，其治理客体类别多样，相互之间又存在密切关联，因此市域社会治理呈现复杂性特征，这些问题的处置需要依靠地级市等较高级别的治理资源和行政能力。陈一新将这些市域社会治理所针对的问题总结为"市域内影响国家安全、社会安定、人民安宁的突出问题"。在实践过程中，市域社会治理关注的问题之间存在互动和交织，问题的解决不能采用孤立思维，而是要坚持系统导向，这就要求各治理主体在治理过程中要学会系统地分析各类治理问题的关联，采取系统的方法对问题进行统筹优化、协同处置[①]，树立市域空间观，采取集体行动以完善治理活动。

2. 行动主体

市域社会治理的行动主体是实施市域社会治理的具体行动者，也是市域社会治理过程中最具创造力的要素。市域社会治理主体是多元的，包括党委、政府，也包括经济组织、社会组织、自治组织和群团组织，还包括公民大众等。在治理过程中，各个主体都承担着治理任务。多元社会治理主体通过协商来确定治理规划，从而对社会治理资源进行配置，进而按照一定的规则完成自己的治理工作。在这一过程中，资源的配置和交换具有重要的意义，通过资源的交换，各个治理主体才能更好地弥补自己的不足，从而更好地实施治理行动。资源的交换依赖于行动网络，即"社会治理行动网络"。市域社会治理过程基于这一行动网络的优化而实现资源的有效流动，从而在各级党委的领导下实现各社会治理主体的协同配合，进而充分调动社会治理主体力量、应用社会治理资源，构建完善且系统的市域社会治理格局，以维持社会和谐稳定。[②] 在市域社会治理中，主体之间

[①] 姜方炳：《理解"市域社会治理现代化"的三个着力点》，《杭州》（周刊）2019年第19期。
[②] 刘祖云：《社会转型与社会管理创新：一个新的分析视角》，《晋阳学刊》2013年第5期。

的合作关系达成以及行动网络的构建是实施治理的重要核心问题，只有通过协商民主等方式推动社会治理多元主体达成良好的合作关系，并构建可靠的行动网络以保障治理资源的合理流动和交换，治理主体才能形成社会治理合力，实现市域社会治理目标。

3. 治理手段

治理手段是市域社会治理目标实现必不可少的工具。从治理手段来看，市域社会治理是多元化治理主体通过党建、法律、道德、心理、科技、村规民约等工具和方法来实现社会和谐稳定的社会治理目标的实践活动。随着治理经验的积累和技术发展，社会治理手段不断多元化、信息化、高效化、灵活化。为推进市域社会治理稳定进行，必须坚持"一建五治"，即在党建引领下，实现自治、法治、德治、心治、智治并举，也就是说，在党建引领下推动多种治理方式融合发力，以求高效解决市域社会治理难题，化解矛盾冲突。技术治理对于市域社会治理的重要意义是不可忽视的，新技术的应用能够有效地提升社会治理效率，降低社会治理成本，从而更好地满足人民群众的需求。但是，单纯依靠技术进行治理也存在一系列的问题，例如，技术的使用是否符合伦理道德、治理过程是否过于机械化等。[①]因此，在治理实践过程中，既要重视新技术的采用以实现效率的提升，同时也要重视治理过程的"人性化"，利用道德、心理和村规民约等手段以引导代替管控，坚持落实"以人民为中心"的核心理念以提升治理效能。[②]当然，新技术的应用仍然具有重要的意义，尤其是信息技术的应用对于提升市域社会治理水平而言具有现实价值。现有研究认为当前市域社会治理存在应对智能社会的能力不足[③]、社会风险管控水平不高[④]、协同治理过程

[①] 熊竞：《如何理解总理 2019 年政府工作报告中提到的城市"柔性化治理"》，http://sh.people.com.cn/n2/2019/0306/c134768-32713175.html?from=timeline&isappinstalled=0。

[②] 陈成文、赵杏梓：《社会治理：一个概念的社会学考评及其意义》，《湖南师范大学社会科学学报》2014 年第 5 期。

[③] 杨述明：《论现代政府治理能力与智能社会的相适性——社会治理智能化视角》，《理论月刊》2019 年第 3 期。

[④] 张向达、姜洋：《政府社会治理创新能力：定位、问题与对策》，《学校党建与思想教育》2018 年第 2 期。

不顺畅[1]等现实问题，这些能力瓶颈与信息的沟通和交流有着密切关系。加快推进信息技术嵌入市域社会治理过程，是解决市域社会治理过程中难题的重要手段。因此，需要加快信息技术应用，加快治理平台和系统建设，以实现市域社会治理的信息化、智能化，推进治理过程的高效化。

4. 治理目标

治理目标是市域社会治理行动主体进行治理行动所期望达到的主观设想，治理主体的行动都是在治理目标的指引下实施的。就直接目标而言，市域社会治理是为了满足人民群众的各种社会需要，并有效解决市域范围内各种社会矛盾冲突；终极目标则是实现市域社会的长治久安，使人民群众获得感、幸福感、安全感得到满足。

直接目标。直接目标即满足人民群众的社会需要并解决社会矛盾。当前，随着我国经济社会发展，"人民日益增长的美好生活需要和不平衡不充分的发展之间的矛盾"已经成为我国社会主要矛盾。主要矛盾的变化彰显着社会的变动，当前社会矛盾日益复杂，且不同矛盾相互交织，容易不断积累，最终形成破坏力巨大的社会冲突[2]；此外，社会矛盾不仅数量在不断增加，而且其涉及的人数和波及的范围也在日益增加和扩大，尤其随着信息网络的发展，社会矛盾冲突的影响面也不断拓展[3]；同时，伴随着社会结构的复杂化、网络时代人际交往的虚拟化，社会矛盾冲突的类型与过去不同，也在不断增加。伴随着市域的逐步发展，市域社会矛盾日益严重，急需一种跨域空间隔离和打破"条块分割"的有效治理方式以更系统地解决市域矛盾冲突。市域范围相比县域具备更为丰富的行政力量和社会力量，同时可以更广泛地调动社会资源，并在更大范围内形成治理合力。因此，只有在市域层面进行社会治理才能更好地处置社会矛盾冲突。尤其是对于一系列的跨多个县区的社会问题，更需要市域层面介入才能更好地协调各个机构以处置这些"跨边界社会问题"。综上，市域社会

---

[1] 宁德鹏：《用社会主义核心价值观引领社会治理理念创新》，《中国行政管理》2019年第4期。

[2] 谢海军、谢启华：《改革开放40年中国社会矛盾治理的系统性创新及经验启示》，《理论探讨》2019年第2期。

[3] 刘建明：《当前社会矛盾的新特点》，《学习时报》2016年5月19日，第A5版。

治理的直接目标在于处置市域范围的各种社会矛盾冲突。

终极目标。社会和谐稳定是社会发展的前提，只有在稳定的环境下社会才能正常运转，人民群众的各种需要也只有在和谐稳定的环境下才能得到最大限度的满足。为此，市域社会治理的终极目标便在于实现社会和谐稳定。强调市域社会和谐稳定，一方面是强调市域社会范围内的人与人之间和谐相处，减少生活中的争端，减少人际矛盾冲突；另一方面则是人的发展和社会发展的协调，人的发展与社会的发展并行。此外，还有人与自然生态环境之间的和谐，人与自然协调共处，实现可持续发展。强调市域社会的良性运行，就是要推动市域内的经济、政治、文化、社会、生态文明协调，实现市域系统的有序化。之所以强调市域社会的和谐稳定，是因为市域社会治理作为基层社会治理的进一步发展，将社会矛盾化解在市域可以避免矛盾扩大化，避免其上升为更具破坏力的区域矛盾，减弱各种矛盾冲突对国家社会经济的冲击。在推进市域社会治理过程中，必须重视加强体系建设，要通过调动各方力量，加快推进市域社会治理共同体建设，形成市域社会治理的强大合力，只有如此才能更好地处置市域范围内的各种问题，实现社会的和谐稳定，进而为社会发展打下良好基础。

5. 治理层级

治理层级指的是治理的各个不同层次。在实践过程中，由于我国行政层级实施五级划分，因此在社会管理过程中也同样存在五级层次，这些层次在过去的社会管理中产生了积极的影响，在一定程度上为经济社会发展提供了稳定的环境。但是，当前随着经济社会发展，社会管理过渡为社会治理，五级层次造成了治理链条的复杂化，这不利于治理资源的集中利用，同时链条延伸过长，也会造成信息传递困难、政策执行不到位等问题。因此，推进社会治理现代化必须结合社会发展现实加快调整治理层次。虽然有的研究认为治理过程依然可以参照过去的社会管理过程实施五级划分，但是正如前面的分析，五级划分过于繁多，在实践中存在许多问题。因此，本书认为我国社会治理层级可以划分为国家社会治理、市域社会治理和县域社会治理三个层级。三级划分相比五级划分更为符合我国经济社会发展实际需要。其中，国家社会治理着眼于宏观政策设计，是引领全局的顶层设计；市域社会治理则属于中间层级，为县域社会治理提供资源支持和政策指导，同时为国家社会治理提供支撑；县域社会治理则关注最基础的社会治理，直接落实到县域乡镇，提供最基础的治理支撑。在市域社会治理过程中，顶层设计和基层实践相互融合以产生强大的治理动能，治理层级作为构成要素充分凸显了市域社会治理的枢纽性特征。

综合以上分析我们认为，市域社会治理就是一种弥合宏观治理结构与微观治理行为的嵌入式与联结式枢纽。①

二 社会治理现代化

"现代化"主要是指一个社会由传统社会向现代社会演化的过程。② 伴随着社会经济的发展和社会精神文化的改变，现阶段的现代化既强调物质方面的丰富和繁荣，同时也考虑精神、文化等能够为人们带来幸福并提高人们生活质量的其他要素。③ 胡鞍钢认为现代化是一种从低到高的转变过程，在这个过程中，社会的现代化要素及其组合方式不断地发生调节。④ 同理，市域社会治理现代化可以认为是市域范围内一系列治理要素及其组合方式适应时代需求而变化或变革的过程。因此，在阐述市域社会治理现代化的相关内容前，有必要先对治理现代化的内容及其特征做个简要的介绍。

（一）治理现代化的内容

"治理现代化"是一种思维和思想，同时也是一种具体的工作过程，更是最终的成果。在中国，"治理现代化"引起学界的广泛关注，其是随

---

① 陈成文、陈静、陈建平：《市域社会治理现代化：理论建构与实践路径》，《江苏社会科学》2020年第1期，第41～50、8页。
② 郭晔：《论中国式社会治理现代化》，《治理研究》2022年第3期，第89～100、127～128页。
③ 格里·斯托克：《作为理论的治理：五个论点》，华夏风译，《国际社会科学杂志》（中文版）2019年第3期，第23～32页。
④ 胡鞍钢：《中国国家治理现代化的特征与方向》，《国家行政学院学报》2014年第3期，第4～10页。

第三章 市域社会治理现代化的基本理论

着党的十八届三中全会颁布的《中共中央关于全面深化改革若干重大问题的决定》中提出"国家治理体系和治理能力现代化"这一重大命题而出现的。其中，治理体系和治理能力等相关文件和讲话已经涉及核心概念，本书以习近平同志《切实把思想统一到党的十八届三中全会精神上来》的重要讲话为准，将社会治理作为国家治理的重要内容，二者有着相似的治理结构。正如党的十九届四中全会报告中所强调的：社会治理是国家治理的重要方面。综合相关政策文件（见表3-1）、学术研究和实践经验，本书将社会治理的治理现代化问题划分为治理理念、治理能力和治理体系三个核心的内容。

1. 治理理念

社会治理领域中价值理念是推进社会工作的指引，对社会治理行为和公共政策导向产生巨大影响。习近平在中央党校的讲话中谈道："推进国家治理体系和治理能力现代化，要大力培育和弘扬社会主义核心价值体系和核心价值观，加快构建充分反映中国特色、民族特性、时代特征的价值体系。"[1] 每一种社会制度，都有符合其社会发展需求的核心价值观念。西方资本主义制度及其治理体系植根于其资本主义价值思想中。社会主义核心价值体系是凝聚社会主义价值思想的核心理论体系，决定着中国特色社会主义发展方向。[2] 社会治理作为国家治理的重要内容，其所秉持的价值体系与国家价值体系是一脉相承的。新中国成立后，我国社会管理理念随着社会实践的发展而发生了改变。其中，最为突出的即由"社会管理"转变为"社会治理"。"社会管理"转变为"社会治理"并不是简单的词语变化，而是思想观念的变化，即"以人民为中心"的发展思想进一步嵌入社会管理过程，人民群众的主体价值被更加重视。只有理念转变才能导致行动逻辑的彻底转变。传统的社会管理是建立在官僚威权理念、社会的消极被动观念基础之上的，社会组织、企业、个人等作为被管理者而融入社

---

[1] 《大力弘扬社会主义核心价值观》，国家发展和改革委员会网站，https://www.ndrc.gov.cn/fggz/fgjh/djzc/201402/t20140224_1273638.html。

[2] 《人民日报评论员文章：大力弘扬社会主义核心价值观》，人民网，http://politics.people.com.cn/n/2014/0222/c70731-24433748.html。

会管理体系之中，服从着社会管理者的命令，被动地接受管理和控制。这种理念之下的社会治理主体间不能形成一种良好的互嵌关系，反而存在诸多矛盾关系，影响着社会的稳定与和谐。"治理"理念相比"管理"理念有三个基本特征：从政府方面来说，就是让官僚威权理念向公共服务型政府理念转变，即政府从依靠权威和权力而进行社会管理控制的管理者转变为公共服务的提供者；从社会方面来说，就是让消极被动观念向主动参与观念转变，即激发多元社会治理主体的积极性，使其积极主动参与社会治理活动，而非作为单纯的被管理者；从市场方面来说，就是让"利益至上"理念向"利益为先，兼顾责任"理念转变。[1]

2. 治理能力

治理能力是治理主体实现治理目标的实际能力，是制度执行能力的集中体现。胡鞍钢进一步对治理能力进行分解，其认为治理能力包括从事社会治理的机构的实际履职能力，社会治理过程中人民群众充分进行互动的能力，以及推进社会治理时的制度建构和更新能力。[2] 各治理主体因其所处位置及由此决定其所具备的治理资源的不同，具有的治理能力也有所不同。治理资源，既包括具体的财务资源，同时也包括人力、信息等社会治理过程中不可缺少的要素。[3] 而在实现治理现代化的进程中，正是需要各治理主体间的能力和资源的协同运用。在本书中，将这一过程用"资源协同"加以表达。其核心是资源整合，可细分为资源动员能力、资源配置能力和资源的有效使用能力。其中，资源动员能力就是鼓励利益相关者积极参与治理过程，充分表达需求和助力治理工作。资源配置能力既考虑公共财政在社会治理各个领域、各种活动中的分配情况，也考虑不同行政层次间的财政资源和妥善安排。资源的有效使用能力既包括一般情况下各类社会公共资源的规划安排，同时也包括特殊情况下政府快速调度社会公共资

---

[1] 该内容源于本团队文章：陈成文、张江龙、陈宇舟《市域社会治理：一个概念的社会学意义》，《江西社会科学》2020年第1期，第228~236页。
[2] 胡鞍钢：《中国国家治理现代化的特征与方向》，《国家行政学院学报》2014年第3期，第4~10页。
[3] 薛澜：《顶层设计与泥泞前行：中国国家治理现代化之路》，《公共管理学报》2014年第4期，第1~6、139页。

源以处置紧急问题的能力。[①] 早在2013年,习近平总书记就高度重视资源整合的作用,强调团队合作要比个人单打独斗更为重要。在资源整合能力中,城市国际资源整合能力需要特别关注。城市国际资源整合能力主要是指城市在发展过程中对于其发展所需的国际资源的获取能力、对国际资源的协同整合能力与合理的区域分配能力,这又分别对应城市国际化发展顶层设计、中央与地方关系中的涉外因素和城市内部的府际协调三个问题。[②]虽然社会治理过程更多的是对国内涉及群众利益的公共事务进行管理,但是在当前全球化的潮流中,城市不可避免地会受到国际环境的影响,国际资源同样是社会治理过程中不可忽视的重要治理资源。

3. 治理体系

国家治理体系是在党领导下管理国家的制度体系,包括经济、政治、文化、社会、生态文明和党的建设等各领域体制机制、法律法规安排,也就是一整套紧密相连、相互协调的国家制度。社会治理领域的治理体系主要是分析社会治理过程中不同层级组织的具体功能划分及其行动设计。其中,自治、法治与德治是可以结合而且必须结合的。[③] 我国以自治为基础的法治与德治的实践和研究则更为丰富,因为"中国有着悠久的社会自治传统"[④]。古代由于技术和交通的制约,皇权不下县,从而使得传统乡村社会存在较大的自治余地。[⑤] 正所谓,县集而郡,郡集而天下,郡县治,天下无不治。古代中国的国家治理则是以郡县制为基础,郡县以上受到皇权的直接管控,郡县之下则存在丰富的地方意识,国家认同和地方意识相互促进。有学者将这种治理结构概括为"上下分治"的格局,上层是由皇权控制的官僚系统所管理的"朝廷"体系,下层则是由地方氏族或宗族构成

---

① 薛澜:《顶层设计与泥泞前行:中国国家治理现代化之路》,《公共管理学报》2014年第4期,第1~6、139页。
② 张鹏:《论中国超大城市的国际资源整合能力》,《国际观察》2017年第1期,第53~68页。
③ 郁建兴、任泽涛:《当代中国社会建设中的协同治理——一个分析框架》,《学术月刊》2012年第8期,第23~31页。
④ 梁漱溟:《梁漱溟全集》第五卷,山东人民出版社,1992。
⑤ 秦晖:《传统十论——本土社会的制度、文化与其变革》,复旦大学出版社,2003,第3页。

的家族式的自治单位,在这些单位中族长、乡绅有着重要的作用。[1] 费孝通先生将其称为"双轨"政治。[2] 因此,虽然传统的中国社会并未有自治这一概念,但是在乡村的实践中体现着自治的思想。[3] 具体而言,以自治为基础的法治与德治,可概括为"纵横治理组合、正式与非正式治理组合、上下分层治理组合以及村落与氏族治理组合四个基本特征"[4]。

表3-1 "社会治理"在政策文件中的历史表述

政策文件中的"社会治理"
党的十五大首次提出"社会管理"的概念
党的十六大提出"完善政府的经济调节、市场监管、社会管理和公共服务的职能,减少和规范行政审批"
党的十六届四中全会提出构建社会主义和谐社会的目标,并明确了构建社会主义和谐社会的主要内容就是"民主法治、公平正义、诚信友爱、充满活力、安定有序、人与自然和谐相处"
党的十七大提出"要健全党委领导、政府负责、社会协同、公众参与的社会管理格局,健全基层社会管理体制"
党的十八大强调加快形成"党委领导、政府负责、社会协同、公众参与、法治保障"的社会管理体制
党的十八届三中全会首次提出"创新社会治理体制""改进社会治理方式""激发社会组织活力""提高社会治理水平"
党的十八届四中全会提出"推进多层次多领域依法治理",强调"系统治理、依法治理、综合治理、源头治理,提高社会治理法治化水平"
党的十八届五中全会审议通过的《中共中央关于制定国民经济和社会发展第十三个五年规划的建议》提出"加强社会治理基础制度建设","构建全民共建共享的社会治理格局",提高社会治理水平,实现社会充满活力、安定和谐
党的十九大提出"加强和创新社会治理""打造共建共治共享社会治理格局",强调社会治理重心向基层下移,加强社会治理"四个体系"建设
党的十九届四中全会提出"完善党委领导、政府负责、民主协商、社会协同、公众参与、法治保障、科技支撑的社会治理体系,建设人人有责、人人尽责、人人享有的社会治理共同体"

---

[1] 王先明:《近代绅士——一个封建阶层的历史命运》,天津人民出版社,1997,第27页。
[2] 费孝通:《中国绅士》,惠海鸣译,中国社会科学出版社,2006,第46~56页。
[3] 黄哲真:《地方自治纲要》,中华书局,1935,第57页。
[4] 邓大才:《走向善治之路:自治、法治与德治的选择与组合——以乡村治理体系为研究对象》,《社会科学研究》2018年第4期,第32~38页。

（二）治理现代化的特征

王柳认为，治理现代化并非单维度的，其至少包括三个不同的维度：首先，是国家的治理现代化，这一维度由政府、市场、社会三大治理体系共同构成，还有着大量的规章制度对政府等主体的行为进行规范和引导；其次，是国家层面和地方层面区分上的治理，即中央政府的治理情况和地方政府的治理情况以及中央和地方之间的协调；最后，则是区域角度下的治理，即单个地区如何实现治理，一般情况下包括城市治理和乡镇治理。[①]在中国语境下，治理现代化具有以下几点特征。

1. 治理现代化是"中国式现代化"

习近平总书记认为一个国家的治理体系需要结合国家的历史传承、文化传统、经济社会发展水平等多元因素进行综合考虑，并且国家治理体系的选择要尊重人民的意愿，国家治理体系是由这个国家的人民决定的。[②]习近平总书记在庆祝中国共产党成立100周年大会上指出："我们坚持和发展中国特色社会主义，推动物质文明、政治文明、精神文明、社会文明、生态文明协调发展，创造了中国式现代化新道路，创造了人类文明新形态。"[③]

"中国式现代化"的产生并非虚无缥缈的，更非由概念和理论的推演形成的，而是从中国的实践中归结的，是经过历史考验和实践证明的概念，是对中国共产党百年来探索现代化道路的理性刻画。[④]俞可平认为中国的治理相比其他国家具有其特色。第一，虽然中国治理强调多元化治理，但是党在多元治理主体中具有主导地位，即在治理过程中主张各方力量共同参与治理活动，以求调动更多的资源和力量，但同时各个主体的地位存在一定的差异，党组织是治理活动中的绝对主体。第二，中国的改革

[①] 王柳：《理解社会治理现代化的三个视角》，《学习时报》2020年7月22日，第A7版。

[②] 《习近平强调：推进国家治理体系和治理能力现代化》，中华人民共和国中央人民政府门户网站，https://www.gov.cn/guowuyuan/2014-02/17/content_2613648.htm。

[③] 习近平：《在庆祝中国共产党成立100周年大会上的讲话》，人民出版社，2021，第13~14页。

[④] 郭晔：《论中国式社会治理现代化》，《治理研究》2022年第3期，第89~100、127~128页。

存在路径依赖，中国的各种改革都不是完全与过去割裂的，之前的活动和改革也会对后续的发展产生重要的影响。第三，中国的治理并非全面展开，而是从点到面逐步推动，以便于更好地积累经验，也避免了全面展开治理改革所带来的不利影响。第四，中国的治理既强调法治的作用，同时也重视德治的影响，主张法治和德治的统一。① 由于不同国家的现代化实现的运行机制、文化根基和根本目的各有差异，中国式现代化与西方式现代化理论有所不同。中国式现代化没有恒定的标准，它指的是一个持续向前发展的过程。西方式现代化是一种完结的静态的历史观，其认为现代化是具有标准的，且强调可以通过这些标准来判断社会现代化的实现程度。② 张康之认为在中国的语境下，现代化是一种不断向前发展的不从属于任何标准的现代化，强调动态性和发展性，其最终目的在于构建人类命运共同体。③ 无独有偶，欧阳康根据中国国情和社会主义制度要求，从现代化的发展动力、组织形式和所有制基础角度详细阐述了中国式现代化新的内容与形式。其一，西方式现代化的发展动力遵循的是资本的运行逻辑，即以资本的力量推动社会发展，资本是西方式现代化过程中的核心要素。而中国式现代化始终坚持以人民为中心的发展思想，在发挥资本力量允许一部分人先富起来的同时注意协调公平与效率的关系。其二，西方式现代化的组织形式是以资本主义议会民主作为政治制度，以选举民主作为实现人民民主权利的主要形式。中国式现代化的组织形式是坚持党的领导、人民当家做主、依法治国有机统一。其三，西方式现代化以资本主义私有制为基础，富于活力但难以形成合力；苏联东欧式现代化以单一的公有制为基础，基础厚重整合力强但缺乏多样性和活力。中国式现代化的所有制结构是以公有制为主体、多种所有制经济共同发展，同时相应地采取按劳分配为主体、多种分配方式并存的复合式分配方式。④ 因此，中国式现代化既结合中国发展实际而具有自己的鲜明特征和独特优势，同时也进一步拓展

---

① 俞可平：《探寻中国治理之谜：俞可平教授访谈录》，《公共管理与政策评论》2021年第1期，第22~29页。
② 张康之：《国家治理现代化的中国概念》，《党政研究》2021年第5期，第5~13页。
③ 张康之：《国家治理现代化的中国概念》，《党政研究》2021年第5期，第5~13页。
④ 欧阳康：《中国式现代化新道路新在哪里》，《光明日报》2021年7月19日，第6版。

第三章　市域社会治理现代化的基本理论

了人类文明的发展空间，考虑到人类文明的整体发展，是特殊性和普遍性、中国特色和世界意义的有机统一。①

2. 治理现代化是阶段性的目标

治理现代化是一个时代课题，反映了时代的要求，具有时代特征。② 正如马克思、恩格斯所强调的那样，体系的建立是具有时代特征的，其真正的内容和组成都是时代的切实需要所推动实现的。③ 郭晔、欧阳康等学者立足新时代回望中国现代化历史进程，阐释了治理现代化的历史逻辑。按照中国现代化道路的时间脉络，可分为四个阶段。第一，意识层面的现代化启蒙阶段。鸦片战争之后为了拯救民族危亡而开展的洋务运动、戊戌变法、辛亥革命等都是在外敌入侵背景下拯救民族危亡的"现代化"尝试。第二，物质层面硬实力的现代化建设阶段。新中国成立后较长时期内，加快推进农业、工业、国防和科技现代化成为我国自主走向现代化的第一步。第三，具有明确目标的现代化奋进阶段。进入改革开放新时期，邓小平在重申"四个现代化"的同时，明确了"我们搞的现代化，是中国式的现代化"，并提出"中国式的现代化"就是"小康之家"。④ 第四，经济建设、政治建设、文化建设、社会建设和生态文明建设"五位一体"的"全面现代化"阶段。由现代化的发展路径可知，不同阶段的现代化目标是不同的，同时，不同的目标是连续发展且具有阶段性的。也就是说，某一阶段的治理现代化目标既是承接已完成的成果，也是受其所处的实践情境和外在因素的影响，继而向着新的目标前进的过程。所以，虽然党提出了基本实现和全面实现国家治理体系和治理能力现代化的时间节点，但是并非说只能在2035年和2049年节点实现这些目标，而是以此作为基础要求，进一步追求更高的目标。⑤ 现代化是一个持续发展的过程，并以时代问题的改变而发生目标上的转变。因此，在某种意义上，现代化是一个不

---

① 姜辉：《中国式现代化道路的鲜明特征和重大意义——深入把握习近平总书记提出的"两个创造"的重大论断》，《财贸经济》2021年第8期。
② 张康之：《国家治理现代化的中国概念》，《党政研究》2021年第5期，第5~13页。
③ 《马克思恩格斯全集》第三卷，人民出版社，2012，第544页。
④ 《邓小平文选》第三卷，人民出版社，1993。
⑤ 张康之：《国家治理现代化的中国概念》，《党政研究》2021年第5期，第5~13页。

断发展的目标，现代化是不能被标准答案解释的，并非说达到了什么成就、取得了什么发展就可以认为实现了现代化。①

3. 治理现代化核心在于人的现代化

现代化的核心在于人的全面发展。中国的社会治理始终强调人民群众的重要性，各种理论和政策都将人民作为核心。② 以人为本是治理现代化不同于传统治理的时代坐标。其主要观点集中在以下三个层面。第一，现代化的本质是人的现代化。马克思主义认为人民群众是历史的创造者。英格尔斯在《走向现代化》一书中提出人是现代化建设过程中不可缺少的主体，同时也是现代化的主要受益者，为此现代化需要高度重视人的发展。刘金鑫认为在现代化的过程中我们应该重视人的现代化，要用各种方式引导人的思想和行为发展，使其成为现代化建设的合格主体，为现代化提供高质量的人力资本。③ 第二，社会治理的根本任务是维护人民的利益。习近平同志高度重视社会治理过程中对人民群众需要的满足，强调社会治理的创新必须考虑人民群众的需要，重视人民群众的利益。社会治理的目的在于减少社会中的矛盾冲突以构建和谐社会，满足人民群众不断增长的美好生活需要，其核心目标是维护群众的合法权益。④ 第三，社会治理工作要坚持走群众路线。群众工作是社会治理的最基础工作。社会治理的本质就是对涉及人民群众的公共事务进行处理，即做好和群众相关的工作，社会治理的工作过程便是围绕群众需求开展的实践，社会治理的工作方法说到底是群众工作方法。⑤ 毛泽东同志高度重视群众工作的重要价值，强调在工作过程中必须从群众中来，到群众中去。习近平同志强调各项工作的实施和开展都必须考虑群众的需求，要将党的群众路线落实到实践过程中，不断加强与人民群众的联系。

---

① 张康之：《国家治理现代化的中国概念》，《党政研究》2021年第5期，第5~13页。
② 李戈：《毛泽东社会治理探索的三重辩证法》，《求索》2019年第2期。
③ 刘金鑫：《论加快建立与社会主义现代化相适应的现代财政制度》，《中国财政学会2019年年会暨第22次全国财政理论研讨会交流论文集》（第二册），中国财政学会，2019，第210~230页。
④ 姜晓萍：《国家治理现代化进程中的社会治理体制创新》，《中国行政管理》2014年第2期。
⑤ 张雪松：《群众路线与社会治理》，《思想政治工作研究》2014年第6期。

三 市域社会治理现代化

市域社会治理现代化是具有现实意义、制度价值和中国特色的概念。陈一新认为市域社会治理现代化就是要在市域范围内推进治理理念、体系、能力的现代化。① 该概念提出后，陈一新多次阐述推进市域社会治理现代化的重要价值及其实现途径，这与当前社会治理由政法委系统负责也是相契合的。市域社会治理现代化主要关注社会的和谐稳定，重视社会各种矛盾冲突的解决以及相关治理体系的构建，本书也主要是从这一角度进行研究和讨论。市域社会治理现代化，就是在党的领导下，在政府等多元社会治理主体推进市域社会治理现代化的实践活动中，通过强化社会自治，发挥各种工具优势，运用各种方法，化解社会矛盾冲突，完善公共服务供给，并稳定社会秩序，形成市域、县域、基层社会治理共治共管、共建共享的社会治理格局。

（一）市域社会治理现代化的核心内容②

依据治理现代化的内容和陈一新关于"市域社会治理现代化包括治理理念、治理体系、治理能力的现代化"的见解，市域社会治理现代化必须具备正确的推进理念、科学的内容体系与完备的能力要求。从社会学的视角来看，市域社会治理现代化是一种整体性社会发展过程。③ 具体分为治理理念现代化、治理能力现代化和治理体系现代化三个方面。

1. 治理理念现代化

治理理念现代化，即治理理念的转变，相比过去的治理思维，市域社会治理更为强调市域治理，且更为重视治理过程的主观积极性；强调多样

---

① 陈一新：《新时代市域社会治理理念体系能力现代化》，《社会治理》2018年第8期，第5~14页。
② 该部分内容源于本团队文章：陈成文、张江龙、陈宇舟《市域社会治理：一个概念的社会学意义》，《江西社会科学》2020年第1期，第228~236页。
③ 陈成文、张江龙、陈宇舟：《市域社会治理：一个概念的社会学意义》，《江西社会科学》2020年第1期，第228~236页。

化的治理方式和工具创新；充分调动各个治理主体的治理意愿，推进多元主体在平等协商过程中共同治理社会；同时，更加关注人民群众的利益和需求，坚持以人为本，将人民群众的利益作为治理核心。[1] 治理理念现代化是治理过程现代化的前提，只有实现理念的更新，才能更好地引导治理主体，优化治理行动，最终实现治理目标。市域社会治理必须始终坚持以习近平新时代中国特色社会主义思想为指导；将社会主义核心价值观融入市域社会治理全过程；坚持以人为本，推进各类治理活动围绕人民群众利益和需求展开；将协同治理理念作为治理思维嵌入治理实践过程，推动治理过程多元化；将求真求实、不断进取的创新精神融入治理过程的实践中，增强治理过程的创造性，以推进治理经验积累；结合实践过程，不断推进市域社会治理理念现代化。

2. 治理能力现代化

治理能力即治理主体凭借治理资源切实进行社会治理的各种功能。治理能力现代化要求治理过程在治理理念现代化、治理主体现代化等现代化过程后取得良好的治理结果，实现矛盾冲突减少、社会和谐稳定的治理目标，即实现有效治理。[2] 能力建设是加快实现市域社会治理现代化的重要契机，通过各种途径和工具优化治理能力，是当前市域社会治理现代化过程中的核心工作。现有研究指出，市域社会治理现代化必须重视社会风险防控能力提升以化解风险冲击；重视舆论导控能力建设，以更好地引导舆论发展；重视加强群众引导，获取群众支持；重视难题破解能力建设，以切实解决各类社会难题；强化资源整合能力和信息化能力，切实提升治理效率。[3] 本书所指的能力现代化指的是主体能力现代化，包括各行动主体所掌握的且能够推进治理工作的各类资源。伴随着社会改革的推进，国内外形势日益复杂，有效控制社会风险以化解治理隐患是社会治理的重点内容。当

---

[1] 张侃：《市域社会治理现代化：缘起、基本内涵与推进路径》，《经济研究导刊》2022年第8期，第140~142页。
[2] 张侃：《市域社会治理现代化：缘起、基本内涵与推进路径》，《经济研究导刊》2022年第8期，第140~142页。
[3] 陈成文、张江龙、陈宇舟：《市域社会治理：一个概念的社会学意义》，《江西社会科学》2020年第1期，第228~236页。

前,市域范围伴随着人口的集中而成为风险积累集中区域,但是政府治理能力不足、治理方式不合理等都影响到了风险的化解。为此,必须全面推进市域社会治理能力现代化。市域社会治理能力现代化必须推进清晰界定政府职能及其目标,同时要增强社会治理力量,并不断引入新的现代化管理方式和先进技术以优化治理过程,最后还要借助迅速发展的信息工具以实现对社会发展过程的有效监管,从而完善事前治理功能。

3. 治理体系现代化

"国家治理体系就是规范社会权力运行和维护公共秩序的一系列制度和程序。"[1] 社会治理活动是涉及诸多主体的复杂系统工程,因此想要实现治理目标就必须推进体系化建设。而治理体系现代化,便是通过加强党组织的领导,在社会治理过程中建立更符合社会发展实际的更可靠的治理体系框架,并充分激发多元社会治理主体积极性,使其通过协商合作等方式在体系框架内有序运行。[2] 体系建设是推进市域社会治理现代化的目标导向。这就需要强化三条主线,即自治、法治和德治。随着社会环境日益复杂,个体行为失范与社会秩序失调日益严重,导致这些问题的重要原因便是缺乏合理的社会治理(管理)体系。例如,党组织、党员无法深入社会联结过程,使得社会运行过程中缺乏正确的政治力量引导,从而运行失范,甚至部分社会活动的方向出现偏差;社会治理过程仍然强调单极化治理,行政权力过大,主观治理依然存在,法律法规等客观规则的管控作用难以实现。为此,必须结合社会发展现实,优化社会治理体系。市域社会治理体系现代化的基本特征就是通过各种途径调整当前不合适的社会关系,充分发挥多元社会治理主体的积极作用,稳定社会秩序,促进长治久安。

(二)市域社会治理现代化是一次社会改革[3]

尽管关于"市域社会治理现代化"概念的界定仍未统一,但可以肯定

---

[1] 俞可平:《推进国家治理体系和治理能力现代化》,《前线》2014 年第 1 期,第 5~8、13 页。
[2] 张侃:《市域社会治理现代化:缘起、基本内涵与推进路径》,《经济研究导刊》2022 年第 8 期,第 140~142 页。
[3] 该部分内容源于本团队文章:陈成文、陈静、陈建平《市域社会治理现代化:理论建构与实践路径》,《江苏社会科学》2020 年第 1 期,第 41~50、8 页。

的是，市域社会治理现代化是在治理现代化的实践背景下衍生的，其目标便是使过去的社会治理重点由县级别转向更高一级的地市级别，以突出地市级别在社会治理实践中的关键作用，使其成为地方社会治理的核心力量。[①] 市域社会治理现代化是市域范围内全面深化改革的总目标。

市域社会治理现代化是一次社会改革，其过程是有利于推进社会稳定以促进社会发展的，同时这一过程也有利于调整那些不符合社会现实的生产关系，并能促进上层建筑的优化和完善。市域社会治理现代化对社会结构转型的影响主要体现在以下几个方面。一是社会组织结构的转变。在过去社会组织仅仅是被管理对象，但是在推进市域社会治理现代化的过程中，社会组织则是重要的治理主体，是治理过程中不可缺少的参与者，为此这一过程必然促使社会组织结构调整。二是社会身份体制的变化。推进市域社会治理现代化，将进一步促进户籍制度改革，人们将在社会治理过程中扮演更为多样化的角色，并承担更多元化的任务，这将使得人口身份多样化，导致身份体制的变化。三是社会群体的结构重构。市域社会治理将增加对市域范围内弱势群体的关注，将为改善其生活提供更多的治理资源支持，社会底层人口将逐步减少。除社会结构外，市域社会治理现代化还将进一步促进社会秩序的调整和完善，这主要表现在以下三个方面。一是人民群众更加重视法律的作用，积极学法、用法，法律将成为社会生活中的重要规范。加强法治是市域社会治理现代化的重要工作，相比过去的社会管理重视人治，社会治理过程将更为强调法律的作用，这将进一步提升治理过程的可靠性和科学性，减少主观影响。二是重构德治的现代内容与实践方式。在社会治理过程中，将进一步加强道德素质教育，提升道德对人民群众日常行为的引导作用。德治既是一种价值原则，也是一种治理模式，在实践过程中，德治可为法治提供支撑，对那些法律没有涉及的空间进行引导，从而规范人们的行为，以维护社会稳定。同时，德治有利于激发人们对社会公共事务和公益事业的热情与关心，在道德的引导下人们具有更充足的内生动力参与到社会治理活动中。三是人们的自治观念增

---

① 姜方炳：《理解"市域社会治理现代化"的三个着力点》，《杭州》（周刊）2019年第19期，第36~37页。

强。人民群众是社会治理的重要主体，自治是社会治理过程的重要组成部分。在市域社会治理框架中，人们通过协商方式对社会规范进行讨论，进而形成制度共识，并自行对集体问题和公共事务进行管理，以维护社会秩序。

市域社会治理现代化是全面深化改革的重要组成部分，在这一过程中，必须做好以下工作：一是市域社会治理现代化过程必须处理好政府与市场之间的关系，构建良好的政府与市场协调机制，既要发挥政府的管理功能，同时也要发挥市场在资源配置中的决定性作用；二是必须强化基本经济制度，增强公有制经济实力，并不断发展集体经济、民营经济、私人经济等，增强公有制经济实力将为全面建设社会主义现代化国家提供必要的保障，而集体经济等的进一步发展也将为市域社会治理提供更为坚实的资金支持；三是完善财政税收体制，强化财政税收对治理过程的支持，以增强社会治理活动的发展动力；四是推进城乡协调发展，加快推动城乡一体化，以缩小城乡发展差距，实现市域社会的全面治理。同时，全面深化改革必然引起社会整合、社会转型、社会流动以及社会生活诸多方面的变化。因此，从社会学的视角来看，市域社会治理现代化是一场关系到社会结构转型与社会秩序调整的有计划性的正向社会变迁过程。更确切地说，市域社会治理现代化的本质就是整体性社会发展过程。

第四章　协同性：市域社会治理现代化的本质特征

一　协同性的内涵界定

何谓协同性？从哈肯的协同学、康德的关系范畴学说以及诺德豪斯的"无悔原则"，我们可以窥知一二。

首先，依据哈肯对协同学的定义，协同即"协调合作之学"[1]，表示一个系统内组织间的联合行动。[2] 这里包含两层内涵。第一，协同是一种合作，但是具有特殊性。所谓的合作（cooperation）是指行动者在共同目标的指引下而采取的一系列共同行动。[3] 这就意味着，合作的基础是既有共同目标，也有共同行动。作为合作的子集，协同不仅需要参与行动的各方具有共同的目标以指引行动，同时参与协同的人数也至少要两个。如果某一目标的实现只需要单个主体，那么便不需要协同，此时协同行动不是必需的。第二，"并非所有的合作都是协同，需要协调的合作才是协同"[4]。协调是在复

---

[1] 赫尔曼·哈肯：《协同学——大自然构成的奥秘》，凌复华译，上海译文出版社，2001，前言。
[2] C. Hardy, N. Phillips, and T. B. Lawrence, "Resources, Knowledge and Influence: The Organizational Effects of Interorganizational Collaboration," *Journal of Management Studies* 2003, 40 (2): 321-347.
[3] Chester I. Barnard, *The Functions of the Executive* (Cambridge, Mass: Harvard University Press, 1938), p.253.
[4] Ranjay Gulati, Franz Wohlgezogen, and Pavel Zhelyazkov, "The Two Facets of Collaboration: Cooperation and Coordination in Strategic Alliances," *The Academy of Management Annals* 2012, 6 (1): 531-583.

杂系统中维持参与主体合作的一种过程，其表现为相互间的交流以降低失衡的可能性。[①] 在公共经济学中，协同被认为是一种达到均衡的特殊状态，此时各方主体都能够有效运作。[②] 协同强调行动者相互合作与交流的过程。也就是说，单纯的组织间的组合而不需要沟通交流的合作不是协同，协同必然包括沟通、信任、相关承诺和共同理解等协同过程。

其次，依据康德在关系范畴学说中所强调的协同性，协同是指主动与被动之间的交互作用。这里包含两层内涵。第一，竞争会促进各组织的不断进化，进而带来被动协同。从生物界的视角可以很好地解释这一现象：在捕食者与被捕食者之间，捕食者为获得更多的食物，需要不断增强其进攻能力，而被捕食者为躲避被捕的命运，需要不断增强其防卫能力以避免捕食者带来的攻击力量的伤害。这种由竞争关系带来的生物功能整体进化就是被动协同增效。[③] 第二，追求互利是一种主动协同。互利有别于"有你无我，有我无你"的偏利，也不同于赢者通吃或同归于尽的对抗式思维，其核心是"双赢"和"共存"，理想状态是形成共同生存、协同进化或者相互抑制的关系。本质上，互利关系中蕴含着以合作为主导的竞争关系，即互利并不是排斥竞争，而是强调通过合作性竞争实现各单元之间的相互合作与成长。[④] 这一层面说明，协同包括竞争型的被动协同和互利型的主动协同。

最后，诺德豪斯（William Nordhaus）提出"无悔原则"：一个人的理性在于小损己大利人，自己少量的损失换得他人较大的收益，即益大于损。按照传统的经济学原理，基于理性角度个体不会去做"正外部性"的事情，因为个体收益小于社会的整体收益。但是，如果个体"多付出一点"，可以让社会得到更大的收益，那么也是值得的。这就产生了协同性

[①] Herbert A. Simon, *Administrative Behavior: A Study of Decision-Making Processes in Administrative Organization* (New York: Free Press, 1997), p. 81.
[②] X. Castañer and N. Oliveira, "Collaboration, Coordination, and Cooperation among Organizations: Establishing the Distinctive Meanings of these Terms Through a Systematic Literature Review," *Journal of Management* 2020, 46 (6): 965 – 1001.
[③] 陈春花等：《协同共生论：组织进化与实践创新》，机械工业出版社，2021，第65页。
[④] 陈春花等：《协同共生论：组织进化与实践创新》，机械工业出版社，2021，第73页。

的核心观点：协同并不能肯定成本和收益总是对称的，但集体收益是增加的。在强调整体收益上，"无悔原则"和"卡尔多-希克斯改进"的观点是一样的，即强调要通过"做大蛋糕"来普惠个体。但是，与"卡尔多-希克斯改进"的"长期自然的补偿原则"相比，"无悔原则"包含了"志愿行为"。这一区别可从两者的时间跨度和补偿方式中得出："卡尔多-希克斯改进"考虑的是经过一段时间的发展之后，随着社会生产率的提升，社会中所有群体的需求可以得到更好的满足。"无悔原则"则是个体自愿选择付出多一点的成本，其不仅获得了当前的心理补偿，还可能在后期获得由集体收益增加带来的其他补偿。

整合以上观点，可以发现协同性的特征：一是有共同目标；二是有共同的行动者；三是有协同过程；四是竞争与合作都能促进协同；五是协同不等于成本和收益对称，但整体收益是向上的。应用于市域社会治理现代化，协同性具体解释为以下五点。第一，共同目标代表了以"共识"为基础的市域社会治理现代化，即协同必须具有统一的价值理念与治理目标。尽管参与主体之间有着不同的利益倾向，但"要实现成功的协同，必须有共同的关注点、意识和目标"[1]。在市域社会治理现代化过程中，社会矛盾纠纷的化解及社会和谐稳定是参与社会治理的多元主体的共同目标所在，良好的社会环境是多元主体进一步发展的重要基础。第二，多元行动者阐明了市域社会治理中行动主体的选择问题，即市域社会治理现代化追求的是"社会治理共同体"。多元行动主体体现了市域社会治理现代化协同性的两个特征：一是其必然性，社会治理主体是多元化的，因此社会治理过程中多元主体必须展开合作；[2] 二是其合法性，即"主体的多样性加强了协同过程的合法性，因为不同认知的组合可能会带来最佳解决方案和规则，或是问责工具的构建"[3]。在治理实践中，党组织、政府、社会组织等诸多主体之间相互协作，形成

---

[1] M. García-Ramírez, V. Paloma, Y. Suarez-Balcazar, and F. Balcazar, "Building International Collaborative Capacity: Contributions of Community Psychologists to a European Network," *American Journal of Community Psychology* 2009, 44 (1-2): 116-122.
[2] 张康之：《论主体多元化条件下的社会治理》，《中国人民大学学报》2014年第2期。
[3] J. Freeman, "Collaborative Governance in the Administrative State," *UCLA Law Review* 1997, 45 (1): 1-98.

第四章　协同性：市域社会治理现代化的本质特征

社会治理共同体来对公共事务进行治理。第三，协同过程解释了协同性的运行系统，即多主体在形成协同关系时，往往需要特定的资源共享、沟通交流、建立信任、权利责任、共同理解和目标承诺等运行基础。同时，协同过程也必然存在于市域社会治理的制度环境和发展战略的情境之中，并能通过相关技术有效衔接起来。第四，协同的本质是增效。一方面，竞争关系带来被动协同增效。被动协同增效是指各治理主体在竞争关系中形成彼此约束但协同成长的效应。该逻辑是各参与主体因竞争之需而投入的人力、知识、信息等资源要素带来的自身绩效、治理效率和治理能力的提升。竞争是为了完成绩效和获得利益，其中，绩效评估使得各行政组织产生基于压力的自驱力；获利促使社会经济组织、社会组织和社区通过资源争夺的适应性行为来提升自己的竞争力。另一方面，合作关系带来主动协同增效。主动协同增效是指各治理主体在资源不平衡、具有参与动机和历史经验等现实条件下，主动追求互利共赢。该逻辑是利益相关者根据其所处的现实状态和未来发展趋势，而决定是否选择协同治理，以提高资源配置效率、完成绩效任务和创新治理方式。第五，"无悔原则"中包含了集体收益增加的最终趋势，也蕴藏着"志愿服务"精神。一方面，市域社会治理现代化追求的"人人共享"治理成果不代表"人人均享"，而是在治理效益整体增加后，个体从中的所得足以补偿其所失。同时，在这当中，各治理主体所能得到的回报并不总是等同于其付出的成本。另一方面，小损己大利人的"志愿行为"是市域社会治理现代化协同性的民情基础。例如，在疫情期间，有居民自发加入志愿者群体，为维持社区多数人的正常生活而奔波。在这个过程中，"志愿行为"传达的理念是：市域社会治理不是为居民提供服务，而是和居民一起开展服务，即共建共治。

综上所述，协同性不等于同一性。同一性否认差异性，强调在推进社会治理的过程中消灭所有的差异与不同，实现最终的一致性。[1] 而协同性认为竞争也是一种重要的交互机制。同一性难以适应高度复杂性和高度不确定性条件下的市域社会，以至于在市域社会治理实践中必须寻求承认差

---

[1] 张康之：《论社会治理模式的转变：从制度到行动》，《探索》2019年第3期，第113~121页。

异和包容差异的社会治理模式。这种新型社会治理模式的灵魂就是"协同"。因为协同性在实践中是承认差异和冲突的,即承认以合作为主导的竞争关系。如艾丽斯·M.杨认为的那样,在一个群体中,所有成员存在一些共同特征,而且他们处理相同事务的方式也可能是相似的,但是这并不意味着在群体之中不存在差异,且事实上差异普遍存在于群体之中。[①]哈肯的协同学也强调,各系统的非线性关系也存在竞争作用,它们共同决定了系统的演化方向,但其总体是向上的。也就是说,协同性是在以价值理念和目标共识为主导的基础上,认可协同过程中存在冲突的合理性,但冲突引发的竞争关系不是以其中一方的"妥协"去实现另一方的"胜利",而是创造性地产生一种新的整合方式或功能。

二 协同性的理论依据

"协同"的理论基础源于自然科学、生物学和企业管理等多种学科。市域社会治理的研究是从管理理论延伸来的,其目的在于改善社会治理实践,提升社会治理效能。社会治理经过了从科层制管理到"人人有责、人人尽责、人人享有"的社会治理格局的转变。协同治理理论和行动者网络理论等能够有针对性地解释市域社会治理情境中的"协同性"。

(一)协同治理理论

1. 协同治理理论的基本观点

协同治理理论是自然科学领域中的协同理论和社会科学领域中的治理理论有机结合下的交叉理论。协同治理理论的根基存在于哈肯的协同学、安索夫的协同定义公式、卡普兰和诺顿的组织协同、康德的关系范畴学说(行动者与承受者之间的交互作用)[②]、贝塔朗菲的系统整体论以及马古利斯的共生理论等经典理论中。[③] 将"协同"运用到社会层面的研究上,西

[①] 艾丽斯·M.杨:《包容与民主》,彭斌、刘明译,江苏人民出版社,2013,第312页。
[②] 康德:《纯粹理性批判》(第2版),李秋零主编,中国人民大学出版社,2004,第88页。
[③] 陈春花等:《协同共生论:组织进化与实践创新》,机械工业出版社,2021,第3页。

第四章　协同性：市域社会治理现代化的本质特征

方社会学家提出了诸多具有指导意义的理论观点。例如，孔德提出的社会静力学理论、斯宾塞的社会有机体论、涂尔干的机械团结和有机团结、帕森斯的新社会结构功能理论、罗伯特·默顿的"潜功能"与"负功能"等。具体而言，协同治理理论的主要观点有以下五个方面。第一，协同治理理论的核心观点是如何使复杂系统中众多彼此独立但相互联系的子系统以某种方式或在某种作用下形成协同关系，实现"1+1>2"的协同效应。也就是说，协同之后的新系统相比过去的系统具有更强大的功能，其通过各个子系统间的相互配合，可以更好地完成任务，且其能力要比单纯的局部功能更为强大。[①] 正如在社会治理过程中，多元治理主体之间的配合是社会治理取得成效的重要条件，当多元治理主体实现更有效的配合时，社会治理成效也会越发显著。第二，协同治理理论视角下的社会治理是一个开放性系统，开放性系统是指一种自发形成的动态的有序结构，其得益于系统内部各要素的协同。[②] 社会治理的过程是各主体协作的过程，同时也是一个与外部环境不断进行交流的过程。第三，协同是一种复杂系统内的合作协调关系，在多个子系统组成的复杂系统中，通过各个子系统的合作协调可以实现单个子系统无法取得的成效。[③] 在帕森斯的"AGIL"（"Adaption""Goalattainment""Integration""Latency"）功能模式中，"Integration"即整合功能强调了系统内部各组成部分之间的互动协同关系。同时，他也强调，社会系统的运行离不开子系统之间的协调，其协调合作的核心在于社会成员之间具有共同的价值观念。第四，社会团结是一种衡量指标，用于分析不同社会层级和内部之间的合作情况，在合作中集体意识和伦理价值是社会成员团结合作的纽带。第五，协同治理的目标在于社会公共利益的最大化，即实现社会的长治久安，在这一过程中，需要多元社会主体共同参与，并相互协商，从而保障决策的科学性。

2. 协同治理理论在本书中的实际应用

市域社会治理的自身特性与协同治理理论研究范式契合性较高。首

[①] 赫尔曼·哈肯：《协同学：大自然构成的奥秘》，凌复华译，上海译文出版社，2001。
[②] 赫尔曼·哈肯：《协同学：大自然构成的奥秘》，凌复华译，上海译文出版社，2001。
[③] 赫尔曼·哈肯：《协同学：大自然构成的奥秘》，凌复华译，上海译文出版社，2001，第77页。

先，市域社会治理涉及内容众多，是一项复杂的系统性工程，其中既包括宏观层面的内容，同时也涉及微观层面的问题。[①] 其次，市域社会治理体系并非封闭的，而是一个与外部环境不断进行交流的开放性系统。其开放性不仅体现在治理范围上，还包括与之相关的各类治理要素的联系。最后，市域社会治理系统中的子系统之间的关系是复杂的，并非一般的线性关系，而是一种相互作用、相互交织的非线性关系。[②] 从协同治理出现的原因来看，协同治理正是为了回应公共管理中存在治理资源不足、条块分割和信息壁垒等治理难题的一种治理手段。协同治理理论的基本观点回答了市域社会治理的价值取向和为何要协同治理的问题。具体而言，第一，激发民众参与治理的主体意识。社会治理过程中必须充分尊重民众的主体地位，积极推进民主协商，使民众表达自己的意见。协同学强调各个子系统之间有序地协同运动，社会治理的过程是多主体、多子系统间不断互动背景下相互协作的过程。这就意味着，多元主体在对话、沟通和协商的基础上才能发展出积极协作、互惠互利乃至协同共生的治理关系。第二，自组织间协同性。詹·库伊曼在分析治理过程是否有效时，将政治的复杂性、动态性和多样性作为重要因素。面对复杂动态和多样的市域社会环境，各个自组织，即参与其中的各治理主体，拥有的资源和知识是不充足的。这时候需要的是协同治理理论中的"自组织间协同性"的指导，即各治理主体之间进行权力和资源的互动，以此来推动系统的有序发展。第三，序参量主导性。哈肯高度重视系统演化过程中的序参量，将其定义为系统运作过程中组织系统各要素的"无形的手"，认为序参量的状态决定着系统的发展和变化。党委扮演市域社会治理的"序参量"角色，即"一核多元"。在治理过程中，政府凭借行政权力而推进技术创新和方法改进，从而更好地优化其政治活动，并基于此引导社会治理系统内部各子系统围绕其所选择的治理目标开展协同治理。第四，目标的统一性。市域社会治

[①] 陈一新：《市域社会治理现代化试点启动全部地市都有均等机会参与！》，http://www.chinapeace.gov.cn/chinapeace/c54219/2019/12/03/content_12306733.shtml.
[②] 张立荣、冷向明：《协同治理与我国公共危机管理模式创新——基于协同理论的视角》，《华中师范大学学报》（人文社会科学版）2008年第2期，第11~19页。

理现代化的治理目标是共建共治共享，其所求的是创造条件以保证社会有序和稳定。协同治理的目标在于系统功能的最大化，即在竞争的力量中寻找联合的可能，促进各种力量协调合作，进而实现治理效能的不断提升。市域社会治理过程中，需要通过各治理等级的主体及其资源的调节和整合作用，在市域社会治理系统中将各种无序的行动转化为有规律的活动，减少系统冗余，改善系统的组织情况，提升有序性，以确保化解市域社会矛盾，团结公民、维护居民安全以及促进公共政策的顺利实施等。

（二）行动者网络理论

1. 行动者网络理论的基本观点

"行动者网络理论"（ANT）是一种解释行动者行为选择的理论，该理论是由法国社会学家拉图尔等人创立的，这一理论强调在行动过程中各种事物的共同行为，无论是人还是物都具有行动属性，都是行动者网络中的行动者，在行动者网络中并不存在绝对的主客二元对立。行动者是具有主观能动性的，且会采取主动的行动，从而推进行动者网络中各种要素和信息的转化，促使行动者网络发生改变。行动者网络理论认为，在行动者网络中，行动者不仅仅指具有主观能动性的人类，组织、技术物品、观念体系等也都是行动者，其行动的能力在于人类利用这些事物时给予它们的"生机"，从而让它们在行动者网络的要素产生相互作用时可以表现出行动能力。[1] 根据行动者网络理论，行动者网络中存在很多网络节点，这些网络节点都是由行动者网络中的行动者形成的，就网络地位而言，这些节点是一样的，但是各个节点对外的联系是不一样的，有的节点联系多，有的节点联系少，不过这些节点的价值和重要性是平等的。在行动者网络中，行动者都是网络制度的承载者，都需要根据网络所定的规则采取行动，它们在网络中按照自己的职责发挥作用，从而维持整个网络的稳定，同时实现自身利益。[2]

---

[1] 王前、陈佳：《"行动者网络理论"的机体哲学解读》，《东北大学学报》（社会科学版）2019年第1期，第1~7页。

[2] 杨华锋：《协同治理的行动者结构及其动力机制》，《学海》2014年第5期，第35~39页。

"转译"是行动者网络理论的核心思想,行动者网络理论在一些著作中也被称为"转译社会学",转译包括四个阶段:一是问题的显现,二是利益联盟的实现及给予参与者利益引导,三是网络任务的分配,四是激活。拉图尔认为,网络中所涉及的每个行动者都能够发挥转译作用以促进网络稳定,每个行动者在网络中都具有自己的作用和意义。[1] "问题呈现"即问题的显现,是指网络中的核心行动者通过对信息的分析,来划分对其他行动者的属性,同时结合网络发展的情况来界定网络存在的问题,通过与其他行动者协商来确定行动的共同目的,进而设立一个强制通行点。在市域社会治理这一行动者网络中,"强制通行点"是"打造共建共治共享的社会治理体制"。为了实现这一行动者的共同目的,存在异质性的各行动主体通过协商和对话而产生联系,进而结成"联盟",构成行动者网络。"利益赋予"即利益联盟的实现,也就是行动者网络中的核心行动者通过利益的许诺而调动其他行动者的积极性,使其愿意参与到由核心行动者主导的行动者网络中,并达成利益联盟关系,通过"利益赋予"可以使上一阶段形成的联盟更为紧密,且更好地为各行动者划分角色和任务。"征召"即任务的分配,核心行动者结合行动者网络的发展情况和目的而采取措施是为其他行动者分配任务,并使不同行动者之间产生联系。"激活"也称"动员",这一阶段,核心行动者进一步成为整个网络的领导者和代言人,并引导网络中其他行动者,从而维持网络的发展。根据行动者网络理论的"转译"观点,行动者的组合需要转译,只有如此,行动者网络才能够建立。因此,卡龙认为当双方目标一致时,便应该继续合作,即进行结盟,这样双方都有更大概率获得自己想要的东西。[2]

2. 行动者网络理论在本书中的实际应用

在市域社会治理"行动者网络结构"中,党组织、政权组织、经济组织、社会组织、群团组织、自治组织以及社区居民等行动者都是网络结构上的节点。这些节点之间不是传统社会管理时期的上下级关系,而

---

[1] 雷辉:《多主体协同共建的行动者网络构建研究》,人民出版社,2017,第127页。
[2] Michel Callon, "Four Models for the Dynamics of Science," In Sheila Jasanoff (eds.), Handbook of Science and Technology (London: Sage, 1995), p. 52.

是一种平等的合作关系，它们都是行动者网络中地位平等的行动者。[1] 社会治理过程中所强调的多元合作，便是党和政府等多元治理主体作为行动者网络中的行动者通过"转译"服务目标、形成合作网络的动态过程。

具体来看，市域社会治理行动者网络是由市域社会治理相关的多元治理主体通过信息交流、资源交换产生联系而进一步构建的各种关系的总和。在市域社会治理的行动者网络中，多元治理主体作为网络行动主体，其角色和责任必须得到其他网络行动主体的认可，被彼此"转译"，才能进一步构成稳定的行动者网络结构。而且市域社会治理的多元治理主体类型多样，因此市域社会治理的行动者网络是一个异质性网络，在作为行动者的多元治理主体进行责任划分和角色确定时这种异质性使这一过程不断变化。网络行动者必须不断地推动"转译"过程的展开，并不断地进行交流和联结，从而更好地确认彼此的责任和在网络中的角色、作用。只有在稳定的行动者网络结构下，多元社会治理主体才会具有行动的积极性，才会愿意调动资源进行社会治理。也就是说，在市域社会治理中，党组织的领导者角色和政权组织的责任主体角色需要在不断的联系和交流中得到多元社会治理主体的承认或"转译"，同时，其他行动主体的角色，也必须得到党组织和政权组织的承认或"转译"。

（三）资源依赖理论

1. 资源依赖理论的基本观点[2]

资源依赖理论强调组织之所以可以获得成功是因为组织可以通过与外部环境进行互动从而获取其发展和成功所需的必要资源，这一与外部环境的互动是组织成功的关键。[3] 该理论将组织隐喻为一个"开放系统"（opening system），强调组织要生存和发展就必须与其他组织进行相互交换，这与本书的"协同性"概念相似。20世纪60年代，伴随着跨国企业

---

[1] 刘柯：《论环境治理中区域行动者网络的建构》，《理论与改革》2019年第3期，第159~171页。
[2] 该部分内容详见本团队的《论市域社会治理现代化的资源整合能力——基于合作治理理论的分析视角》一文。
[3] 汪锦军：《走向合作治理》，浙江大学出版社，2012，第17页。

在全球的发展，人们逐步认识到组织与环境关系的重要价值。1978年，普费弗（J. Pfeffer）和萨兰西克（G. R. Salancik）提出资源依赖理论的关键在于强调组织发展过程中外部环境的重要价值，使得组织在行动和策划过程中更加重视外部环境因素。[1] 在组织合作过程中，资源是十分重要的关键性因素。Dries Faems 指出组织间协作的核心便在于资源的交换，两个或多个企业或组织通过合作以推动资金、技术等资源的交换，从而更好地做出决策并实施行动，进而在复杂的市场竞争中取得更多优势以获取利益。[2] 为应对客观环境变化带来的不确定影响，企业为改善"单打独斗"的局面，"通常通过与其他组织保持合作、交换资源、互益互补等方式，以增强自身应对风险的根基和获取市场的竞争优势"[3]。一方面，组织在面临不确定性时会积极寻求与外部环境进行互动以获取其发展所需的重要生产因素。[4] 这是企业或组织寻求合作的外生性需求，即组织因受到外来冲击，而自身资源又难以只身应对且无法生产出其所需要的所有资源，或是被另一方垄断了其必要资源时，就会对环境中的其他组织产生依赖，进而向外寻求合作，来取得维持生存的必要资源。另一方面，组织在实现更进一步的发展或者在市场中建立更大优势的时候，会积极地与拥有自己所需资源的外部组织进行合作，从而获取其必需的资源。[5] 这是企业或组织寻求合作的内生性需求，即为提升自身竞争力而向外寻求互补性资源，以合作性联盟提高组织竞争力和效率。

2. 资源依赖理论在本书中的实际应用

资源依赖理论的基本观点为分析市域社会治理现代化的资源整合提供

---

[1] 王浦劬、莱斯特·M. 萨拉蒙等：《政府向社会组织购买公共服务研究：中国与全球经验分析》，北京大学出版社，2010。

[2] Dries Faems, Bart Van Looy, and Koenraad Debackere, "Interorganizational Collaboration and Innovation: Toward a Portfolio Approach," *Journal of Product Innovation Management* 2005, 22 (3): 238-250.

[3] 李妮：《跨域的"校际合作"何以可能：一种组织学的视角——基于粤港澳大湾区职业院校的实践案例》，《中国职业技术教育》2020年第34期，第60~66页。

[4] 罗珉、何长见：《组织间关系：界面规则与治理机制》，《中国工业经济》2006年第5期，第87~95页。

[5] 黄春萍、赵晓静、陈冰：《国外组织间协作研究评述与展望》，《管理现代化》2019年第1期，第119~125页。

了实践依据。根据资源依赖理论的观点，市域社会治理现代化协同就是对不同来源的治理资源进行有机的整合，以形成社会治理协同效应。市域社会治理现代化进程中的各参与主体间，因其所处的位置不同，具有各类不同的治理资源，那么，如何对各类治理资源进行鉴别、选取、配置、汇整则为资源整合的关键内容。一方面，政府、市场组织和社会组织虽然具有其积极作用，且在一定程度上可以实现资源和服务的合理配置，但是因为信息不对称等现实问题，这些主体都存在一定的"失灵"现象。例如，市场组织强调利益最大化，因此其在公共物品供给时可能会更多地考虑组织利益，从而带来服务公平性问题；政府虽然以公共利益作为准绳，但是其仍然可能浪费公共资源，同时政府行为会对市场产生冲击，影响到经济效率，也可能会损害社会福利。[1] 社会组织同样可能存在失灵，一些学者认为志愿原则在一些特定情况下是不能有效配置社会资源的。[2] 可见，市域社会治理现代化的资源是多方面的，既包括政府内部各个部门之间的协同联动，也包括政府、市场、社会等多个社会治理主体之间的协同合作。另一方面，根据资源依赖理论将组织隐喻为一个"开放系统"的观点，市域社会治理现代化协同性的实现也是个开放系统，即在治理层级上，它不仅需要回应县域无法有效解决各种社会矛盾和纠纷，还承载着作为推进国家治理现代化奠基石的条件，这就意味着它所接收的外界信息是多样的，且必须与外界进行沟通交流。此外，经过多年城市化的发展，市域层面本身就成为多元要素集聚的地域，多样化和开放性已成为市域社会治理的本质属性。

（四）信息社会理论[3]

1. 信息社会理论的基本观点

信息社会理论最早可追溯到第二次世界大战期间。伴随着计算机的发展

---

[1] 杨小俊、陈成文、陈建平：《论市域社会治理现代化的资源整合能力——基于合作治理理论的分析视角》，《城市发展研究》2020年第6期，第98~103、112页。

[2] 倪永贵：《社会治理创新中的政府与社会组织合作路径探析——以温州市为例》，《北京交通大学学报》（社会科学版）2016年第4期，第43~48页。

[3] 详见本团队文章：陈静、陈成文、王勇《论市域社会治理现代化的"智慧治理"》，《城市发展研究》2021年第4期，第1~5页。

和信息技术的日益繁荣，信息的交流与数据分析变得更加容易，这使得经济产业结构出现巨大变动，生产过程和劳动力水平也发生剧烈的变化，如何对这种经济领域的变化及其发展趋势进行科学研究，成为学界讨论的热点。马克卢普、彼得·德鲁克、贝尔等学者较早就信息技术快速发展对经济社会的影响进行系统的分析，他们认为信息技术的发展会推进产业变革，这将推进社会结构的调整，使原有的工业社会出现变化。20世纪80年代以来，伴随信息技术的发展和互联网的普及，社会信息化水平不断提升。众多学者强调在信息技术的支撑下，人类社会正在从工业社会进入信息社会。

以社会学的视角来看，信息社会理论的主要论点包括以下三个方面。

一是信息与技术价值理论。信息社会理论高度重视信息价值和信息技术的重要意义，其认为信息是信息社会中的宝贵资源。无论是马克卢普的"知识产业"还是彼得·德鲁克的"知识经济"概念，抑或贝尔的"理论知识"中轴原理，都高度重视信息对社会发展的重要意义。在信息社会理论中，信息被认为是一种关键性的资源，是经济发展和社会进步的重要支撑，更是技术创新的重要基础。正如未来学家约翰·奈斯比特所认为的，资本是工业社会中最关键的生产要素，而在信息社会中，信息则是最重要的生产要素，是信息社会发展不可缺少的。信息作为一种宝贵资源，其作用既体现在信息及其技术在社会实践过程中的应用上，又体现在因信息资源而产生的社会观念更新和社会结构调整上。在实践中，信息既可以单独作为一种生产要素对社会生产产生作用，又可以赋能其他传统生产要素，以优化传统生产要素来促进经济社会的发展。例如，劳动力是社会的基本生产要素，信息可以通过提升劳动力的工作效率和技能水平，从而强化劳动力在社会生产中的作用。

二是信息技术重塑了社会（空间）结构。在信息技术的发展过程中，社会关系和社会结构发生剧烈变化，借助互联网便捷的沟通功能，社会主体间的交往日益密切，逐步形成了由多节点构成的网络状的社会形态。卡斯特尔指出，信息技术发展的重要成就便在于信息技术带来的网络促使了社会关系的变革，这极大地突破了人类交流的时空边界，促进人们相互连接，并推进信息等资源在全球范围的交流，进而形成了更为广阔的交流空间，使得人们的可活动范围不断扩大，社会活动的空间也得到极大拓展。[1]他还指出，伴随着互联网和信息技术的发展，这种趋势将继续延伸下去。网络是信息社会的核心，信息依靠网络进行传递进而塑造社会结构，引导社会主体行动，从而形成新的社会形态。卡斯特尔更是直接利用"网络社会"（network society）这一概念来取代信息社会，以此突出网络的重要价值。网络社会并非基于现代信息技术所实现的网络空间，而是一种由多个节点构成的依靠网络传递信息的存在于现实中的社会结构形态。因此，网络社会的"网络"并非专指互联网，而是相互连接的节点。这种网络状态的形成在互联网发展之前便已经出现，但是由于技术制约其只存在于部分地区，而伴随着互联网的发展和信息技术的日益繁荣，这种网络化的逻辑才逐步拓展到更为广阔的范围之中。[2]

三是信息社会的权力结构重组与民主进程加速推进。托夫勒认为，在传统的社会中，暴力和财富是统治阶级进行社会管理和控制的主要工具，从而实现对其他社会阶级的管控；而在信息社会中，支配性的关键从暴力和金钱转化为对信息的控制，谁掌握了信息，谁便拥有了更强的支配力。信息的拥有者可以通过对信息的支配来引导信息社会中其他要素的流动，也可以影响他人的决策和行动，进而实现对社会的管控。以信息和知识为核心的权力结构的形成与发展，最终将使得各个组织结构发生变化，以更好地适应这一新的社会形势，这也包括国家和国际权力组织的结构。[3]在信息社会中，权力结构将发生巨大的改变，原有的垂直式管理结构将成为效率提升的掣肘而被逐渐抛弃，扁平式的分权结构将获得更多人的认可。信息社会推动政治变革的另一个表现在于民主的实现。在信息社会中，等级制的管理方式已经难以有效地处置爆炸式增长的信息，从而制约了治理行动，而政府、市场、社会等多元主体间的协作将为

---

[1] 谢俊贵：《凝视网络社会——卡斯特尔信息社会理论述评》，《湖南师范大学社会科学学报》2001年第3期，第41～47页。
[2] 徐晓林、陈强、曾润喜：《中国虚拟社会治理研究中需要关注的几个问题》，《中国行政管理》2013年第11期，第7～11页。
[3] 徐丹丹：《近十年来我国学者对信息社会及其结构的研究述评》，《河南师范大学学报》（哲学社会科学版）2004年第3期，第38～42页。

信息社会的治理提供更为有效的支持。同时，信息技术极大地便利了社会公众参与社会治理，并为多元主体的合作提供了可靠的平台支持。依托互联网，社会公众可以充分地表达自己的意见和需求，同时各个治理主体也可在互联网平台上进行实时沟通，从而加快网络群体认同的形成，进而推进网络社会结构的形成，推动公民社会治理趋势的形成。

2. 信息社会理论在本书中的实际应用

信息社会理论指出，伴随着信息技术的快速进步，信息产业也将进一步成长，在此过程中，人类的生产、生活方式都将改变，同时思维方式也将与过去不同，进而实现整个社会的变化，最终进入信息社会。信息社会相较于过去而言，更为重视信息资源的重要作用，是一个强调动态、共享、联结的网络社会。在信息社会中，扁平化的治理将成为主流，社会交往日益开放，且治理主体也将更为多元，从而带动社会治理过程的民主化，推进社会治理范式发生变革，进而促进智能治理、智慧治理等治理方式逐步实施。信息社会理论视角中的"智慧治理"具有以下基本特征。

一是包容共享的治理理念。在信息社会中，信息是推动经济发展和实现生产的关键资源，信息的产生与传播都离不开具有能动性的主体的贡献，因此在信息社会中，主体价值将更被重视。在信息社会中，个体是存在差异的，每个个体都是重要的数据信息创造者。因此，每个个体都将成为信息社会的贡献者，都应当受到重视且获得足够的发展机会。为此，包容共享、协调合作等信息社会价值观得以逐步推广，并得到人民群众的认可。[1]"智慧治理"中的包容共享治理理念反映了治理过程中对个体价值的尊重。"智慧治理"强调充分尊重个体的地位和作用，通过采取有效方式来调动各个主体的治理积极性，使其主动地参与社会治理实践，从而凝聚社会治理合力。

二是扁平化治理结构。信息社会与传统社会的重要差别在于信息社会具有去中心化、开放性和动态性等特征。所谓"去中心化"是指在信息社会中，各个主体都是平等的，社会关系网络内并没有单一的绝对中心，而

---

[1] 王谦、何晓婷：《场域拓展、资源整合与平台实践：信息社会政府治理创新的认知维度》，《中国行政管理》2019年第12期，第41~46页。

是多中心的，因为在信息社会的社会关系网络中资源和要素的交流是便利的，因此其过程并非单一中心所能掌控的，在实践过程中，因为权力的分散和资源的流动，每一个节点都可能成为社会关系网络的新中心。开放性与动态性则体现了信息社会是高度开放、动态化的社会系统，系统中各类要素可以相互联结，进而推动系统中的子系统开展紧密的互动，强化子系统间的信息交流和沟通，如推进不同组织之间、不同层级政府之间、政府与非政府部门之间的合作与协调，且借助先进的信息技术，社会系统内的各个组织部门还可以实现实时交流，从而推进系统有序运行。为适应信息社会特征，"智慧治理"推进建构扁平化治理结构，减少治理层级过多而带来的信息偏差和决策失效，强化组织部门间的互动，推进多元治理主体之间的协调，从而提升决策的科学性，最终提高社会治理效率。相比等级严密的科层制治理模式，这种扁平化的治理结构不仅能够减少信息传递的过程，还能更好地保障信息的真实性，同时，在这一治理结构下，主体之间的控制与命令有所减少，便于各个主体在更为和谐的环境中展开合作，进而形成治理合力。

三是技术性治理。"智慧治理"高度重视现代信息技术的作用。一方面，依靠信息技术来构建统一的公共治理系统，从而更好地推进治理主体之间的协作，解决治理过程中因主体众多且过程分散而造成的治理碎片化、低效化的问题。信息技术为部门/组织的信息处置工作增加了核心支持，使得跨部门、跨组织的协同治理成为可能，有效地降低了部门合作的成本。另一方面，一般民众可以借助互联网快速地了解社会治理过程，并借助网络平台积极参与社会治理活动，反映自己的需求，为社会治理提供自己的建议，这有利于推进治理决策的科学化与民主化。此外，技术治理能够借助人工智能等现代技术，极大地提升社会治理的效率，还可以针对一些问题实现事前管理。例如，利用人工智能等现代技术可以结合大数据对一些可能的社区问题进行事前的信息收集，以推进预案设计，待问题发生时便能及时进行处置；此外，通过大数据的收集，可以更好地识别一些易发生冲突的苗头，以推进社会治理力量及时介入社会冲突，使其化解在初始阶段。总的来说，"智慧治理"表现为一种思维方式，体现了一种价值和理念的选择,也是一种治理方案,有利于提升治理效能。[①]

三 协同性的实践依据

"协同性"是由中国社会治理实践情境的特殊性决定的。市域社会治理现代化的"协同性",强调了多元化的治理主体在平等协商的基础上形成合作性关系,以及多元主体在治理过程中的协同共治。中国社会治理实践情境的特殊性在于"一核多元"的组织体系、"城乡二元分割结构"和固有的"行政等级"制度。具体而言,市域社会治理现代化是一个"不断地调整、变革和适应时代需要的动态过程"[②]。

(一)市域社会治理现代化是一个多元主体的协同运作过程

就市域社会治理的治理主体而言,其主要包括在市域范围内参与社会活动的党委、政府、群团组织、经济组织、社会组织、自治组织、公民等多元主体。这就包含两点内容:一是社会治理过程是一个多元治理主体共同参与的过程,在这一过程中主体之间的合作是必需的;[③] 二是社会治理主体的构成具有复杂性,即社会治理主体之间存在差异,其由于不同的经历和发展而有着不同的需求和利益,其主观意识世界也存在不同。[④] 同时,也就意味着多元主体不仅在行动逻辑上有着异质性特征,而且在治理需求上具有复杂性,难以直接形成有效的合作性关系。一方面,多元主体所处的位置不同,其所能使用的治理方式不同,其在社会中所达成的关系联结不同,因此其在市域社会治理过程中有着不同的行动逻辑。[⑤] 具体而言,作为国家党政机关的党委和政府遵循的是科层运行逻辑;具有非政府性质

[①] 本清松、彭小兵:《人工智能应用嵌入政府治理:实践、机制与风险架构——以杭州城市大脑为例》,《甘肃行政学院学报》2020年第3期,第29~42、125页。

[②] 张康之:《国家治理现代化的中国概念》,《党政研究》2021年第5期。

[③] 张康之:《论主体多元化条件下的社会治理》,《中国人民大学学报》2014年第2期。

[④] 孙柏瑛:《开放性、社会建构与基层政府社会治理创新》,《行政科学论坛》2014年第4期,第10~15页。

[⑤] 陈成文:《市域社会治理的行动逻辑与思维转向》,《甘肃社会科学》2020年第6期。

的群团组织和社会组织既逃脱不了公权力的控制,也被要求遵循"公益性"逻辑;经济组织和自治组织分别遵循的是市场竞争逻辑和自治逻辑。由于各主体有着不同的行动逻辑,集体行动的困境成为市域社会治理实践中客观存在的现象。另一方面,多元主体在市域社会治理中的身份并非单一的,其重叠的身份决定了治理需求的复杂多样,即多元主体可能兼具治理主体和治理客体、政府治理对象和公民监督治理对象、治理产品与服务的提供者和消费者等多重身份。[①] 同时,"各主体趋异的利益偏好与利益诉求往往会干扰其做出公共利益最大化的策略行为"[②]。合作并不是只发生在由利益关系联结的群体中,而是社会中的所有成员都能够参与的行动模式。[③] 这就表明,在异质性强、身份复杂和诉求各异的情况下,多元主体参与市域社会治理的价值理念、行为模式以及利益目标等,是存在一定差异的。但是这种差异并不意味着冲突,有时这种差异在一定的条件下同样可以达成合作,且这种差异可以为市域社会治理提供多样化的可能,其关键在于如何推进这种差异的协调,减少差异可能带来的冲突。因此,要推进市域社会治理现代化,就要关注如何"协同"多元主体,以引导主体间的"多而不乱"和发挥多元主体的功能优势。

(二)市域社会治理现代化是一个促进城乡融合发展的社会治理过程

从地方社会治理实践的需求来看,市域社会治理现代化是回应"城乡融合发展"需求的有效载体。目前,我国"城乡二元分割结构"并没有得到根本性的转变。[④] "城乡融合发展"概念的提出,既"纠正了'城市偏向性'的城乡发展观"[⑤],也表明中国的城乡结构形态已经发生转变。有学

[①] 周定财:《基层社会治理中的协同困境与对策研究》,中国社会科学出版社,2021,第139页。
[②] 张振波:《论协同治理的生成逻辑与建构路径》,《中国行政管理》2015年第1期。
[③] 张康之:《论社会治理重构中的个体与集体问题》,《内蒙古社会科学》(汉文版)2019年第4期。
[④] 陈文胜:《中国迎来了城乡融合发展的新时代》,《红旗文稿》2018年第8期。
[⑤] 邹心平:《论城乡统筹、城乡一体化、城乡融合概念的歧见及使用》,《老区建设》2019年第12期。

者将之解释为中国社会转型的一个重要范式——"城乡中国"。在城乡中国阶段，乡村的重要性进一步凸显，城镇化从单向转向城乡互动，各类生产要素不再单方面地向城市聚集，而是更合理地在城乡间分配，城市和乡村之间的联系进一步强化。① 然而，由于中国城乡发展的长期隔离，城市社会治理与基层社会治理在治理基础、治理对象和治理手段等方面存在较大差异，生硬地将两者整合在一起未必有效，甚至可能会进一步加大社会矛盾。此时，作为城市与农村融合体的"市域"，成为回应"城乡融合发展"需要的有效载体。也就是说，城乡关系的转变客观上要求社会治理实践场域也随之调整，即"社会治理的重点要从县一级向市一级转移"②。治理场域的转移既是现实所需，也是趋势所在。就城市与农村融合的城乡接合部而言，这是市域社会治理的重点地区。一方面，城乡接合部情况复杂，既有城市人口也有农村务工人员，各种问题相互交织，矛盾冲突多样且尖锐，使得治理工作难以有效推进，治理难度大，容易发生较大规模群体性事件，从而影响社会稳定。③ 城乡接合部是中国社会治理中的"金三角"领域，需要治理资源更丰富、治理能力更强的市域层级承担起社会治理任务。另一方面，第七次全国人口普查数据显示，2020年我国常住人口城镇化率达到63.89%。④ 日益庞大的人口基数，"催生出公民对共同维护公共利益和社会秩序的治理需求"⑤。当城镇人口增多时，相应的社会问题也会增多，此时需要更为丰富的资源和更强有力的力量进行干预。

（三）市域社会治理现代化是一个"承上启下"的社会治理过程

从"行政等级"的制度来看，各治理层级所具备的"治理规模、治理

---

① 刘守英、王一鸽：《从乡土中国到城乡中国——中国转型的乡村变迁视角》，《管理世界》2018年第10期。
② 姜方炳：《理解"市域社会治理现代化"的三个着力点》，《杭州》（周刊）2019年第19期。
③ 张文显：《新时代中国社会治理的理论、制度和实践创新》，《法商研究》2020年第2期。
④ 陈功：《我国人口发展呈现新特点与新趋势——第七次全国人口普查公报解读》，国家统计局，http://www.stats.gov.cn/xxgk/jd/sjjd2020/202105/t20210513_1817408.html。
⑤ 姜晓萍、董家鸣：《城市社会治理的三维理论认知：底色、特色与亮色》，《中国行政管理》2019年第5期。

资源、治理能力"① 都有所不同。因为在我国，资源是按照行政层级从中央到地方逐级分配的，这就使得不同的层级能够支配的资源存在较大的差异。② 根据行政层级的不同，社会治理也可以划分为省域、市域、县域、乡镇基层治理。"市域"所处的行政层级及其附着的治理资源，使其在推进国家治理现代化和基层社会治理现代化中发挥着承上启下的枢纽作用。一方面，与省域相比，市域社会治理虽然不如省域的治理资源丰富，但其"对基层情况更了解、指导更直接、管理更具体、行政更高效"，其可以更为有效地对基层社会问题进行处置。③ 随着"新时代的国家治理出现中等收入陷阱、塔西佗陷阱、福利陷阱、亨廷顿陷阱、修昔底德陷阱等诸多现代化陷阱"④，"党中央大政方针和决策部署的落实需要市域拿出实际操作方案和具体落实举措"⑤。这是我们加强和创新市域社会治理，加快推进市域社会治理现代化的内在要求。另一方面，与县域相比，市域社会治理的治理资源更丰富，治理能力更强，且具有立法与行政的相对独立性、权责完备性等优势。当前，由于资源不足和能力缺失，我国基层社会治理的组织化程度较低，治理较为分散，治理措施难以落地，这严重制约了基层社会治理体系的运作，不利于各种基层矛盾冲突的化解。⑥ 市域层面作为一个新的支撑点，可以统筹推进和指导基层政府有效化解基层社会的风险隐患和解决重大矛盾纠纷问题，且能为基层社会问题的破解提供更丰富的资源支持。由此可见，市域社会治理对于国家治理现代化和基层社会治理现代化都具有重要价值。⑦

---

① 陶希东：《市域社会治理：特征、内涵及体制创新路径》，《理论与现代化》2021年第2期。
② 江艇、孙鲲鹏、聂辉华：《城市级别、全要素生产率和资源错配》，《管理世界》2018年第3期。
③ 《陈一新：着眼把重大矛盾风险化解在市域 打造社会治理的"前线指挥部"》，https://www.chinapeace.gov.cn/chinapeace/c100007/2020-10/22/content_12406293.shtml。
④ 何立军：《新时代中国社会治理创新的理论与实践问题研讨——第五届中国社会治理50人论坛观点综述》，《社会政策研究》2019年第4期。
⑤ 《陈一新：着眼把重大矛盾风险化解在市域 打造社会治理的"前线指挥部"》，https://www.chinapeace.gov.cn/chinapeace/c100007/2020-10/22/content_12406293.shtml。
⑥ 杨磊、许晓东：《市域社会治理的问题导向、结构功能与路径选择》，《改革》2020年第6期。
⑦ 陈一新：《新时代市域社会治理理念体系能力现代化》，《社会治理》2018年第8期。

第五章 市域社会治理现代化协同性的运作逻辑

如上一章节所述，将协同性作为市域社会治理现代化的本质特征，是有其理论依据和实践依据的。因此，市域社会治理现代化协同性是理论属性、实务导向极强的研究议题。也可以认为，协同性可以作为市域社会治理现代化实践研究和理论研究的核心问题之一。那么，探寻市域社会治理现代化协同性在中观层面的运作逻辑，有可能搭建起社会治理领域的抽象宏大理论与现实实践经验之间的桥梁，以更好地、更全面地指导市域社会治理实践，推动市域社会治理现代化的实现。因此，市域社会治理现代化协同性的功能和价值均蕴含于具体的运作过程之中。

对市域社会治理现代化协同性的运作逻辑的研究，指的是基于市域社会治理过程中所积累的经验和市域社会发展现实情况，在现有理论和方法的指导下，结合实际就市域社会治理的行动逻辑及治理过程中各治理主体协同过程中的各要素组合及其关系进行讨论，形成一个能够指导具体实践的被逻辑结构验证的框架体系。基于已有的治理理论，我们有必要了解我国独具特色的行政土壤或行政环境，以进一步认清和建构适合我国实践经验的市域社会治理现代化协同性的运作逻辑。具体而言，我们至少有如下认识：第一，在我国社会治理领域，对治理政策的提出、制定与执行影响最大的仍是领导者。这里的领导包括党委领导，也包括上级对下级的领导以及权利掌握者的领导。第二，在推进市域社会治理现代化中，要重视思想库对社会治理的影响。建设"社会治理共同体"要求我们在推进社会治理的过程中既要尊重正式智库的建议和指导，同时也要积极听取非正式思想库的想法，集思广益，使得各种利益需求充分表达，并采取措施推动各种利益达到均衡状态。① 第三，在市域社会治理现代化协同性的运行过程中，要保证社会治理的合法性和有效性。基层社会治理中存在着诸多矛盾，一方面基层社会治理要求行政活动制度化、规范化，另一方面在执行过程中又存在许多地方性、差异性问题，无法采用正式制度进行处置，这是合法性与有效性之间关系失衡的具体表征。② 对于合法性的过度追求将会降低基层行政的灵活性，从而影响行政效率，降低治理效能，更会影响基层治理主体的工作积极性，造成治理悬浮化③，"使基层干部们陷入一种消极不作为的'不出事逻辑'之中"④。第四，多元利益主体大量涌现。在市域社会治理过程中，不断涌现出表达各自权益的利益阶层或利益集团，他们的影响和作用将在市域社会治理中显得越发突出，因此市域社会治理必须考虑多元主体的不同利益，推进协商合作。第五，推进市域社会治理现代化，必须重视多部门的协同合作。市域社会治理依靠的不是单一的政策导向或孤立部门，其常常与其他多种政策制度相联系，是一种渐进式的协商过程。正是这样一种互动的治理过程，才使得市域社会治理在政策执行方面更加具有连续性和执行力。

一 各主体参与协同性的理论逻辑

（一）个体参与协同行动

D. D'Amour 等人在未考虑将影响协同合作的各要素与产出联系起来的前提下，认为协同的核心思想包括共享、伙伴关系、相互依赖、权力、动态过程等五个方面。具体而言：共享是多方面的共享，包括共同承担责任、共同参与决策、形成共有的价值观念、信息共同拥有、计划和工作共

---

① 何华兵：《政策过程理论与中国经验》，中国行政管理学会 2010 年会暨"政府管理创新"研讨会会议论文，北京，2010 年 12 月。
② 徐娜：《合法性与有效性：现代化转型时期基层治理的双重目标导向》，《湖北民族大学学报》（哲学社会科学版）2021 年第 5 期，第 58~68 页。
③ 周飞舟：《从汲取型政权到"悬浮型"政权——税费改革对国家与农民关系之影响》，《社会学研究》2006 年第 3 期。
④ 贺雪峰、刘岳：《基层治理中的"不出事逻辑"》，《学术研究》2010 年第 6 期。

同执行；伙伴关系则是两个及以上参与者在共同的价值观念和共同目标的指引下形成的联系，为了达成联系，需要参与者们坦诚相待且相互信任，且都履行责任，为目标实现做出被他人承认的贡献；相互依赖则是参与者充分运用自己具有的独特知识以为目标实现做出贡献，这种依赖体现在参与者之间存在的能力或资源的互补上，各参与者通过这种互补形成依赖，而这种依赖会在不断的联系中进一步加深，进而推动参与主体形成信任，从而达成共同认可的行动方案；伙伴关系的特征表现为参与者的权力来源于群体中所有人的认可，当参与者失去了其他参与者的认同时，其无法在这一协同活动中具有权力；动态过程是指参与者之间协调合作的过程是一个不断的互动过程，是一个长期的交互过程。[1]

然而，社会治理现代化进程通常伴随着社会结构和功能的分化。在这种分化的情景下，异质性社会生成的概率随现代化进程的推进而增加。在异质性社会下，最为显著的特征就是利益主体及其需求的多元化，即由于人本身存在差异，人们对于物质、利益、理想社会等的认知都存在显著的不同，这会带来冲突和矛盾，进而使得社会结构更为混乱，社会选择也越发多样化。[2] 也就是说，共享、伙伴关系、相互依赖、权力、动态过程在实际协同行动中还受价值观差异、利益冲突等因素的影响。从行动主体或个人的角度看，其参与市域社会治理的行动逻辑受到理性主义、建构主义和实践主义三大理论的影响，即具有"'理性主义的结果性逻辑、建构主义的适当性逻辑'[3] 和实践理论的实践性逻辑"[4]。具体而言，第一，利益决定行动的"结果性逻辑"。奥尔森认为：当行动者是"理性人"的时候，

---

[1] D. D'Amour, M. Ferrada-Videla, L. San Martin Rodriguez, M. D. Beaulieu, "The Conceptual Basis for Interprofessional Collaboration: Core Concepts and Theoretical Frameworks," *Journal of Interprofessional Care* 2005, 19 (1): 116 – 131.

[2] 孙柏瑛：《开放性、社会建构与基层政府社会治理创新》，《行政科学论坛》2014 年第 4 期，第 10～15 页。

[3] James G. March and Johan P. Olsen, "The Institutional Dynamics of International Political Orders," *International Organization* 1998, 52 (4): 943 – 969; Robert Nalbandov, "Battle of Two Logics: Appropriateness and Consequentiality in Russian Interventions in Georgia," *Caucasian Review of International Affairs* 2009, 3 (1): 20 – 36.

[4] 秦亚青：《行动的逻辑：西方国际关系理论"知识转向"的意义》，《中国社会科学》2013 年第 12 期，第 181～198、208 页。

第五章　市域社会治理现代化协同性的运作逻辑

他们都会有意识地选取搭便车的行动，以小的代价换取大的收益。① 例如，埃莉诺·奥斯特罗姆（Elinor Ostrom）认为主体的行动需要考虑行动的成本及其可能的收益，成本收益分析是主体采取选择时的关键考虑因素，只有当收益大于成本时，主体才会采取行动。② 现有的治理理论以"经济人"假设为出发点，基于"经济人"具有自利和理性两个基本特点，认为治理主体在有限理性和绝对理性的条件下会根据成本收益计算行动，以实现自利。③ 但是，在有限理性的分析中，意识形态可能会使得成本收益分析的结果失去意义。部分主体可能由于意识形态的影响，即使知道某些行动的收益大于成本，也会拒绝行动。这在当前中国与美欧的国际交往中存在较为普遍。第二，规范塑造行动的"适当性逻辑"。1966年，皮特·伯格和托马斯·卢克曼提出"社会建构"这一概念及其四个基本理论假设，即人们的批判立场来源于自己已经拥有且作为常识的知识、历史和文化的差异和特殊性、知识是由社会过程所维系的、社会行动和知识具有紧密的关系。④ 从社会治理层面看，社会建构是社会中的个体共同参与的，个体通过与其他个体的相互交流和相互作用建构知识、建构自身、建构世界。⑤ 社会建构主义强调社会治理体系的建立并不是通过强制命令而实现的，社会治理体系是建立在交流、互动、协商谈判基础上的，这一理论与现代社会治理理论和实践具有契合性，与社会治理过程中所追求的多元治理、协同治理具有相似性。⑥ 当然，在实践过程中并不是所有的社会建构都是民主的，在一些强调强权统治的制度下，社会治理的社会建构依赖于官僚系统的决策，而民主的社会建构则基于多元主体之间的对话、交流、互动而

---

① Robert O. Keohane, *International Institutions and State Power* (Boulder, San Francisco and London: Westview Press, 1989).
② 埃莉诺·奥斯特罗姆：《公共事物的治理之道——集体行动制度的演进》，余逊达、陈旭东译，生活·读书·新知三联书店，2000，第62页。
③ 李齐、李松玉：《治理主体行动逻辑的"四维分析框架"——兼论乡村治理中乡镇政府行动逻辑演变及趋向》，《政治学研究》2020年第4期，第82~94、127~128页。
④ Vivien Burr, *An Introduction to Social Constructionism* (London: Routledge, 1995).
⑤ 刘保、肖峰：《社会建构主义——一种新的哲学范式》，中国社会科学出版社，2011。
⑥ 柯尊清：《城市基层社会治理的社会建构研究》，《学术探索》2016年第6期，第47~51页。

实现。① 即使在现代社会，官僚系统依然对社会治理有着重要影响，在一些国家中，官僚系统的决策对于社会治理行动具有决定性作用。民主的社会建构是一个持续的长期过程，各主体在这一过程中进行连续的对话和交流，同时也对其行动进行思考，并包容反对的主体，和这些反对者进行对话。② 由于民主社会需要重视所有参与者的意见，所以其通过对话、协商等方式做出决策，但是共识的形成需要不断磨合与交流，因此这一过程必然是长期的。第三，实践引导行动的"实践性逻辑"。实践理论的不同学派在具体观点上有所差异，但其核心观点基本包括以下几点。一是认为"日常活动及其构成的实践对社会现实的构建和重构起着决定性的作用"③，即社会现实的构建来源于具体的实践而非预先的思考，实践形成社会。二是强调个人的行为及其实践受到其周边的环境和周围其他个体的选择的影响④，这一点则突出社会环境对社会个体实践的作用，强调了环境的重要价值。三是突出个体的能动性，认为个体的行动具有重要的意义，社会的形成是每一个个体发挥能动性的结果。四是强调"实践与情境的共同进化"⑤，即实践会因社会环境的影响而发生改变，而实践的变化也将对社会环境产生影响，最终二者在不断互动中实现发展。根据实践理论的观点，市域社会治理现代化的推进不是强调现有社会结构和形态的固化，而是强调在实际的活动和实践之中不断地发展。例如，推进市域社会协同治理，不是单纯地依赖预先设计的行动方案和组织规划，也不是简单地依靠治理者的自我叙述，而是切实深入治理过程去考察治理过程全貌并积累相关经验和事实，同时记录那些治理过程中所发生的互动。同时，主体的行动来

---

① 全钟燮：《公共行政的社会建构：解释与批判》，孙柏瑛等译，北京大学出版社，2008，第8页。
② 全钟燮：《公共行政的社会建构：解释与批判》，孙柏瑛等译，北京大学出版社，2008，第185页。
③ 陈春花、马胜辉：《中国本土管理研究路径探索——基于实践理论的视角》，《管理世界》2017年第11期，第158~169页。
④ Philip Bromiley and Devaki Rau, "Towards a Practice-based View of Strategy," *Strategic Management Journal* 2014, 35 (8): 1249-1256.
⑤ 陈春花、马胜辉：《中国本土管理研究路径探索——基于实践理论的视角》，《管理世界》2017年第11期，第158~169页。

源于其所处的情境。场域和情境的共同进化告诉我们,在开展市域社会治理实践活动的过程中,需要适应具体的治理情境。组织或主体间的行动逻辑既受其所处的场域所盛行的特有模式的影响,也建立在与其他社会现象的关系之上,如在农村治理中需要考虑到"人情味""面子文化"等。在分析过程中孤立地分析个别实践,或者将和实践相关的环境或其他活动作为静态的因素,将无法真实地了解实践的现实情况,更难以分析其实际的发展和演化。[1]

(二)组织间的协同行动

如上所述,本书认为市域社会治理实质是使由多元主体构成的组织来治理社会。将协同性作为市域社会治理现代化的本质特征,强调的是在特定的时间和环境中,社会治理的多元主体在复杂的制度约束下根据其自身的特质,为实现公共利益最大化等社会治理目标而进行集体行动的组织间互动行为过程。[2] 在中国治理实践情景下,市域社会治理现代化协同性的分析框架应被置于中国自身具有特色的制度环境背景下,也应当包含组织内部影响组织协同行动选择的各种条件因素及影响组织间关系的环境条件。张舜禹等人认为组织是一种安排,其目的在于推进活动协调开展以实现目标,应包括三方面的内容:一是组织目标的具体化与组织结构的正式化;二是合作组织中的多数个体围绕其共同的目标在其有限的知识支持下共享信息并采取行动,这也是达成合作治理的先决条件;三是处于共同合作关系中的组织对合作中其他组织产生重要的影响,其是对方的外部环境构件,会作用于对方的决策选择。[3]

组织间协同行动具有重要价值,就现有实践和理论发展而言,组织间协同行动应当达到以下条件。第一,组织目标应该具体化,且治理组织结

---

[1] 陈春花、马胜辉:《中国本土管理研究路径探索——基于实践理论的视角》,《管理世界》2017年第11期,第158~169页。

[2] 张舜禹、郁建兴、朱心怡:《政府与社会组织合作治理的形成机制——一个组织间构建共识性认知的分析框架》,《浙江大学学报》(人文社会科学版)2022年第1期,第67~81页。

[3] 张舜禹、郁建兴、朱心怡:《政府与社会组织合作治理的形成机制——一个组织间构建共识性认知的分析框架》,《浙江大学学报》(人文社会科学版)2022年第1期,第67~81页。

构也需要正式化。协同治理的过程就是以达成治理目标为目的的组织间互动的过程。这里蕴含着两方面的内容，一是市域社会的协同治理必然涉及组织间的各类资源和信息的交换，且同时产生交互影响。这也就意味着，具体化程度不同的治理目标，所需的治理资源也有所不同。所以，组织间协同行动首先需要明确的组织目标，在此基础上，还要求组织在一定程度上打破自身边界，清醒地认识到其自身运转必然要依赖环境要素这一事实。二是不同组织的规范结构和行为结构存在着差异，为了实现协同治理，组织之间需要调整其原有结构以更好地配合整体行动。[①] 这也需要不同组织对其所执行的任务进行回应，即在充分发挥自身内在优势的前提下，审慎对待其他组织的目标和行动，进而形成较为正式化的组织机构，以更好地适应市域社会治理活动。第二，达成共识是组织之间进行协同行动的前提和基础。人的认识的本质在于对各种信息的识别、分析、归类、处置[②]，认知是组织中的个体对各种信息进行加工并基于此进行决策的过程[③]。信息来源是多样的，既来自组织内部，也来自组织在协同行动时所处的环境，组织所获得的信息有时过于庞杂，不能直接用于指导决策，因此需要对其进行分析和加工，从而为决策提供具有可识别性和价值的信息数据。共识性认知的形成受到三个方面的影响，一是基于现有信息和不确定性的知觉判断；二是如果现有信息与组织中多数个体的实际认知存在差异，组织中个体将无法产生共识并采取共同行动[④]；三是信息知觉和行为意向的结果可以借助组织中各种官方或非官方的渠道的交流和沟通得到调整和改变[⑤]。第三，协同行动会进一步改变组织所处的环境，使其变得更

[①] 张舜禹、郁建兴、朱心怡：《政府与社会组织合作治理的形成机制——一个组织间构建共识性认知的分析框架》，《浙江大学学报》（人文社会科学版）2022年第1期，第67~81页。
[②] 赫伯特·西蒙：《认知：人行为背后的思维与智能》，荆其诚、张厚粲译，中国人民大学出版社，2020，第246页。
[③] 詹姆斯·G. 马奇：《决策是如何产生的》，王元歌、章爱民译，机械工业出版社，2013，第161~187页。
[④] 斯蒂芬·罗宾斯、蒂莫西·贾奇：《组织行为学》（第16版），孙健敏、王震、李原译，中国人民大学出版社，2016，第172页。
[⑤] 张舜禹、郁建兴、朱心怡：《政府与社会组织合作治理的形成机制——一个组织间构建共识性认知的分析框架》，《浙江大学学报》（人文社会科学版）2022年第1期，第67~81页。

为复杂，进而影响到目标的实现。环境并不是一成不变的，个体的行动会对环境产生影响，协同行动的开展会使构成环境的要素发生改变，这也让环境变得更为复杂，为了达成目标，需要对这种环境的变化进行进一步的识别。行动中的组织需要重视动态环境信息，并对此做出反应，尤其是当组织发现无法精确判断行动的结果对于组织的作用时，其会积极采取措施以分辨信息情况，使得议题知觉更为清晰。①

（三）党建引领社会治理

制度视角的相关理论成果表明良好的制度是协同行动的重要条件，协同行动能否取得良好成果，关键在于制度。党的领导是当代中国社会治理的显著特征与最大优势。党领导社会治理的实践探索可划分为四个阶段。第一阶段是1949~1978年，这一时期社会处于严格管控状态，此时的社会管理属于高度集中领导体制，城市主要以单位作为体制管控单元，乡村则以人民公社作为主要体制载体，此时党的领导是包含一切的，社会缺乏自治活力，社会自治力量尚未发展，整个社会形成了以党组织为核心的严密管理体系。第二阶段是1979~2002年，传统社会管控模式向现代社会管理模式过渡，改革开放给中国经济社会带来了巨大的冲击和影响，社会主义市场经济体制的逐步建立更是使得中国社会发生了巨大的改变，社会流动性增强，传统的单位管理和公社管理失去了作用，社会治理过程中市场的力量逐渐成长起来，成为社会治理的组成部分。第三阶段是2003~2012年，这一阶段现代社会管理模式逐步建立，此时社会力量逐步觉醒，社会管理从高度管控向以人为本发展，社会活力进一步得到释放。第四阶段是2013年至今，现代化社会治理模式得到发展，社会管理逐步过渡到社会治理，党组织成为社会治理的领导者，引导着多元化社会治理主体共同参与社会治理活动，社会活力进一步激发，社会治理共同体逐步形成。②

党的领导在市域社会治理现代化进程中的运作逻辑又是怎样的呢？葛

---

① 张舜禹：《不确定情境中地方政府绩效保持的任务型组织路径研究》，《中国行政管理》2021年第7期，第103~111页。
② 沈筱芳：《党的领导与基层社会治理研究》，博士学位论文，中共中央党校，2017。

兰西的"领导权"概念可以为这一问题的分析提供可靠的指导。

葛兰西提出了"领导权"概念。其提出的框架中有三个关键命题：一是领导权的实现是基于主体的同意和强制的组合与平衡的；二是国家是社会的摇篮，社会是从国家中衍生的；三是需要用一定方法将社会中广泛存在的民众融入统治结构中。[①] 所谓同意，可以认为是民众所形成的一种基本的信念，即在现有的社会秩序中其可以实现自己的权利。但是在资本主义社会，由于集体意愿的社会可能性受到限制，民众难以采取有效措施改善自己所处的境地。[②] 葛兰西原创性的贡献在于对阶级统治的同意、文化和道德组合因素的系统考察，其将原本具有反封建反资产阶级而维护工人阶级利益的立场的领导权转化为了帮助资产阶级统治工人阶级的工具。[③] 领导权要实现便必须得到同意，而后将自身转化为具体的制度措施，并成为国家垄断的合法暴力。在资本主义民主国家，政治权力是受到文化、价值观念等事物的支配的，其形成过程存在强制性特征。[④]

如果说改革之前的中国是一个动员政体，在周期性的政治运动中暴力反复出现，那么，改革时期的领导人则初步认识到了同意和强制之间均衡的重要价值。[⑤] 在市域社会治理领域中，稳定是社会治理的核心，只有稳定才能谈发展，因此社会治理过程中警察等暴力机构依然存在，这些机构是维护社会稳定的重要力量。然而，当面对数量巨大的社会矛盾时，警察力量显然是不足的，且相对日常纠纷而言，警察力量也是过于强大且不适宜的，因此当前社会治理过程中必须慎用警力，所以在具体的实践中，各个地方通过成立各类矛盾纠纷调解协会等安抚不满的群众，以维持社会稳定。但是，即使在这种情况下，暴力机构所代表的强制力量依然是十分重要的，其在社会治理中依然扮演着重要的角色，是社会稳定的重要后盾。

---

① 张永宏、李静君：《制造同意：基层政府怎样吸纳民众的抗争》，《开放时代》2012 年第 7 期，第 5~25 页。
② Perry Anderson, "The Antinomies of Antonio Gramsci," *New Left Review* 1976, (100): 30.
③ 张永宏、李静君：《制造同意：基层政府怎样吸纳民众的抗争》，《开放时代》2012 年第 7 期，第 5~25 页。
④ Perry Anderson, "The Antinomies of Antonio Gramsci," *New Left Review* 1976, (100): 42.
⑤ 张永宏、李静君：《制造同意：基层政府怎样吸纳民众的抗争》，《开放时代》2012 年第 7 期，第 5~25 页。

同意与强制之间这种微妙的、不确定的、有伸缩性的平衡是维稳政治的要点。[①] 例如，非政府组织在中国仍然会受到政府的影响和干预，其并不是完全脱离政府影响的。正如下文将要讨论的那样，群团组织和社会组织都在一定程度上依附国家官方组织。

除了识别领导权的场所，葛兰西还分析了获得一般民众同意的机制。在中国的实践中，社会和精英的入党已经得到了广泛的关注，不过，领导权的概念可以更好地指导组织对一般民众的吸纳，从而更好地取得广泛的同意。在下文中，笔者将用"共建共治共享的社会治理共同体"揭示实现领导权的这些一般性的方法在市域社会治理这一特定领域中的表现。

（四）基层社区自治条件

在西方，强调社区自治的目的是在法律层面强大社会的自治力量，从而避免国家权力的滥用，以更好地维护社会稳定。正如现有研究所指出的，社群自治的原因有两点：一是有效地实现权力的分割，避免国家权力的过度扩张，进而更好地实现对权力的监督，避免滥用；二是划定国家与社会关系，从而保留一个社会行动的空间。[②] 正如博登海默所言，政府的权力划分为立法权、行政权，可以在一定程度上实现制衡，从而避免专制统治，但是这种分权却无法有效地避免国家权力对于私人的侵犯。[③] 社群意义上的自治权是国家权力和个人权利的缓冲地带，是保护个人权利的一道屏障，其主要的作用体现为减少国家权力的过度扩张及其对社会发展的过度影响。[④]

社区自治组织是在社区范围内按照相关的规章制度，通过协商合作的方式联结社区居民，以更好地管理涉及社区居民利益的各种公共事务和公

---

① 张永宏、李静君：《制造同意：基层政府怎样吸纳民众的抗争》，《开放时代》2012年第7期，第5~25页。
② 汪仲启、陈奇星：《我国城市社区自治困境的成因和破解之道——以一个居民小区的物业纠纷演化过程为例》，《上海行政学院学报》2019年第2期，第53~61页。
③ E.博登海默：《法理学：法律哲学与法律方法》，邓正来译，中国政法大学出版社，2004。
④ 周安平：《社会自治与国家公权》，《法学》2002年第10期，第15~22页。

益事业，同时对社区内居民行为进行合理的约束的存在地域限制的自治组织。在中国的社区治理实践中，这类社区自治组织主要包括居民委员会、业主委员会和其他社区中介组织或非营利组织如各种志愿性团体、行业协会和兴趣小组等。[①] 社区自治组织是受到党组织的领导的，在社区治理过程中党组织是社区领导核心，社区自治组织是社区治理的核心主体，中介组织则是其中的重要参与者。社区自治组织一方面具备自治特征，即组织是自我管理、自我教育、自我服务的，另一方面则强调民间性，即参与者主要是社区内的居民，这样该组织能够较好地团结社区的居民个体，使得社区内分散的力量凝聚起来，为居民的利益表达提供一个具有影响力的平台，为居民参与社区公共事务的管理提供组织支持。从这一视角来看，自治主体建设是实现社区自治的"关键因素"。社区是一个综合性的治理空间，其间利益主体多种多样，行动主体的选择也因其利益不同而存在差异。因此，社区自治不是单一的组织建构，其必然需要结合社区特点构建多元化的体系，正如现有研究指出的，在社区治理的过程中如果仅仅强调行为主体的自主权，而不关注权利关系之间的协调机制，那么，主体之间的利益纠纷会演化为尖锐的矛盾冲突。[②]

此外，居民自治真正要实现关键在于调动居民的积极性，首先需要加强社区文化建设。在社区中，个人之所以会积极参与公共事务的管理或者接受管理，主要是因为其共同的社区文化的指导。[③] 建设这种社区自治的文化的途径之一，就是社区文化建设与传播。在社区治理的过程中，应当高度重视社区文化建设的重要价值。要以文化为纽带，通过联合社区内一些如象棋社、戏剧小组、老年文艺团等群众性组织开展社区文娱活动，促进社区居民交流，推动居民之间相互熟悉，培养其友谊，从而增强居民的社区认同感，这有助于在一种和谐、友爱的环境中增强社区成员之间的互

[①] 徐金燕、陆自荣：《城市社区自治组织在社区管理发展中的困境及其破解》，《湖南科技大学学报》（社会科学版）2011年第4期，第81~84页。

[②] 陈伟东、李雪萍：《"社区自治"概念的缺陷与修正》，《广东社会科学》2004年第2期，第127~130页。

[③] 费孝通：《居民自治：中国城市社区建设的新目标》，《江海学刊》2002年第3期，第15~18、206页。

动关系，使社区成员更为团结。[1] 其次要构建一定的奖励机制，鼓励人们参与到自治活动中，为社区治理建言献策。例如，对积极参与社区治理的居民给予一些小的物质奖励，或者在社区的一些大型活动中为其颁发奖章、证书等，使其获得实在的物质或精神收获，激发社区居民关注公共事务的热情，推进社区居民形成竞相参与治理的氛围，激发其内生动力。

二 市域社会治理现代化协同性的运作框架

依循个体行动逻辑、组织的内在性质，结合中国党委领导的特色制度，我们可以进一步构建市域社会治理现代化协同性的运作框架。但是，现有协同治理组织结构与运作模式来源于单个案例的采访和总结，没有形成一个系统的理论体系，也就难以为相关实践提供可靠的运作模式并揭示协同治理的运作逻辑。[2] 如何通过合理的路径实现多样化利益的整合从而减少市域中的矛盾冲突，是市域社会治理现代化需要解决的难题，也是推进市域协同治理过程中需要重点关注的问题，其中涉及利益目标、行为规范、实践情景等多种关于协同治理的运作环境、结构与过程的要素。在理论层面明确行动者采取行动的基本动因，并通过借鉴已有关于协同治理分析框架[3]、运作模型、过程结构的文献[4]和实践案例，本书以起始条件—制度设计—协同过程—协同增效四个维度构建协同治理运作逻辑的结构链条。

（一）起始条件：协同治理的抉择依据

决定所处环境下是否需要或适合通过多主体参与、多资源调配来提高

---

[1] 徐金燕、陆自荣：《城市社区自治组织在社区管理发展中的困境及其破解》，《湖南科技大学学报》（社会科学版）2011年第4期，第81~84页。
[2] 田玉麒：《协同治理的运作逻辑与实践路径研究——基于中美案例的比较》，博士学位论文，吉林大学，2017。
[3] 田玉麒：《协同治理的运作逻辑与实践路径研究——基于中美案例的比较》，博士学位论文，吉林大学，2017。
[4] C. Ansell and A. Gash, "Collaborative Governance in Theory and Practice," *Journal of Public Administration Research and Theory* 2008, 18 (4): 543–571.

效率的，是协同治理的起始条件，即可能促进或阻碍利益相关的个体或组织之间选择合作的条件。本书参考经典文献[①]，将关键的起始条件缩小到三个广泛存在的变量：不同利益相关者权利的不平衡、利益相关者参与合作的动机及其过去的冲突或合作。

1. 权利不平衡

这里的权利指的是特定需求和资源。利益相关者之间的权利不平衡是协同治理中一个受到普遍关注的问题[②]。在实践中各种资源都可以转化为影响他人发展的条件，既包括资金、技术、物质等客观的可识别的有形资源，也包括知识、经验等无法观测的无形资源。例如，组织可以通过在协同治理过程中使用更多更高质量的人力资源提升其地位和影响力，进而对协同治理过程产生更强的控制。参与者还可以调动资金等资源以获取物质资源支持，并利用自己专业的知识或者独有的信息来对问题进行分析并提出有效的解决方案，从而增强对治理过程中其他主体的影响。[③] 如果一些利益相关者不具备参与协同治理的能力、组织、地位或资源，或者不具备与其他主体或组织平等参与的能力，那么协同治理过程将容易被更强大的参与者操纵，而那些相对缺乏资源和能力的主体则可能成为从属。同时，"如果没有强有力的对策来代表不那么强大的声音，如果没有'中立'的机构领导，协作过程就会对团体不利"[④]。例如，安大略省政府打算利用合作方式推进职业培训，但是由于这一方式可能会加强公司与高级官员的联系从而增大腐败的可能，其无法实施。[⑤] 最终，这种失衡会产生不信任或

[①] C. Ansell and A. Gash, "Collaborative Governance in Theory and Practice," *Journal of Public Administration Research and Theory* 2008, 18 (4): 543-571.

[②] Barbara Gray, *Collaborating: Finding Common Ground for Multi-party Problems* (San Francisco, CA: Jossey-Bass, 1989); Lynn Tett, Jim Crowther, and Paul O'Hara, "Collaborative Partnerships in Community Education," *Journal of Education Policy* 2003, 18: 37-51.

[③] 田玉麒：《协同治理的运行逻辑与实践路径研究——基于中美案例的比较》，博士学位论文，吉林大学，2017。

[④] Matthew Schuckman, "Making Hard Choices: A Collaborative Governance Model for the Biodiversity Context," *Washington University Law Quarterly* 2001, 79: 343.

[⑤] Neil Bradford, "Prospects for Associative Governance: Lessons from Ontario, Canada," *Politics & Society* 1998, 26: 539-573.

第五章　市域社会治理现代化协同性的运作逻辑

软弱的承诺。[1]

在市域社会治理现代化的实践中，为了提升治理过程的协同性，治理资源需要得到合理的配置和分享，治理资源的科学合理分配是参与主体有序参与治理并发表自己观点与影响其他主体的前提和基础。约翰·多纳休和理查德·泽克豪泽认为协同治理的积极作用在于裁量权分享得越多，就有越多的裁量权可供分享。[2] 受影响的利益相关者越分散，在协同治理过程中代表利益相关者就越困难。[3] 然而，在实际治理过程中，由于社会治理可用的总资源是有限的，资源的平均分配有时难以实现，尤其是权利结构不平衡背景下的资源结构难以达到均衡。[4] 在这种情境下，协同推进市域社会治理现代化将面临以下几个普遍性问题。第一，"在许多情况下，代表单个利益相关者的利益相关者组织并不存在"[5]。第二，一些治理过程中的利益相关者由于技术和知识的限制而无法参与一些复杂的专业化的治理工作，也无法讨论相关的专业化问题。[6] 第三，社会治理的利益相关者在社会中或家庭中还有其他角色，因此其可能没有足够的时间或者精力来参与协作。[7] 因此，如果利益相关者的资源不能实现合理配置，那么利益相关者参与社会治理的积极性便会降低，其会认为参与治理的意义是不足的，所以有效的协同治理需要推进致力于弱者或弱势利益相关者的赋权和

---

[1] Barbara Gray, *Collaborating: Finding Common Ground for Multi-party Problems* (San Francisco, CA: Jossey-Bass, 1989), p. 199; Jeroen F. Warner, "More Sustainable Participation? Multi-stakeholder Platforms for Integrated Catchment Management," *Water Resources Development* 2006, 22 (1): 15–35.

[2] John D. Donahue and Richard J. Zeckhauser, *Collaborative Governance: Private Roles for Public Goals in Turbulent Times* (New Jersey: Princeton University Press, 2011), p. 45.

[3] Mary English, "Who Are the Stakeholders in Environmental Risk Decisions?" *Risk: Health, Safety & Environment* 2000, 11: 243–254.

[4] 田玉麒：《协同治理的运行逻辑与实践路径研究——基于中美案例的比较》，博士学位论文，吉林大学，2017。

[5] Arild Buanes, Svein Jentoft, Geir Runar Karlsen, Anita Maurstad, and Siri Søreng, "In Whose Interest? An Exploratory Analysis of Stakeholders in Norwegian Coastal Zone Planning," *Ocean & Coastal Management* 2004, 47: 207–223.

[6] Thomas I. Gunton and J. C. Day, "The Theory and Practice of Collaborative Planning in Resource and Environmental Management," *Environments* 2003, 31 (2): 5–19.

[7] Steven L. Yaffee and Julia Wondolleck, "Collaborative Ecosystem Planning Processes in the United States: Evolution and Challenges," *Environments* 2003, 31 (2): 59–72.

代表的积极战略。

2. 参与动机

社会治理主体参与社会治理应当是其自愿行为，因此这些参与者的动机和形成这些动机的因素是至关重要的。[①] 一方面，当利益相关者能够通过其自己的努力实现需求时，其便不需要参与协作，因为此时利益相关者可以凭借自己的力量达成目标，并享有所有的成果。相反，当协同治理是利益相关者实现其目标的单一路径时，其便有巨大的参与动机。即"如果利益相关者认为其目标的实现取决于其他利益相关者的合作，参与合作治理的动力大大增加"[②]。另一方面，参与的动机在一定程度上受到利益相关者对于协作是否会产生有意义的结果的期望[③]，特别是在社会治理的协同治理过程中利益相关者所需的时间和精力的平衡方面[④]。如果利益相关者发现他们的行动切实地取得了较好的成果，而且这些成果将为其带来利益，那么其参与的积极性也会随之增加。[⑤] 但是，如果利益相关者认为他们自己的投入仅仅是咨询性的或基本上是礼仪性的，不会产生任何效果或得到反馈，他们就会拒绝。[⑥] 因此，利益相关者是否拥有必须参与协作的动机将成为解释协同治理能否成功的一个重要因素。在实践中，为了促使利益相关者较好地保持参与的积极性，定期的成果反馈是必需的，这将使其认识到所做贡献的重要价值。

市域社会治理现代化的协同性可以从公共性和个体性两个角度加以理

---

① Greg Andranovich, "Achieving Consensus in Public Decision Making: Applying Interest Based Problem-solving to the Challenges of Intergovernmental Collaboration," *Journal of Applied Behavioral Research* 1995, 31: 429–445.

② Jeanne Logsdon, "Interests and Interdependence in the Formation of Social Problem-solving Collaborations," *Journal of Applied Behavioral Science* 1991, 27: 23–37.

③ Neil Bradford, "Prospects for Associative Governance: Lessons from Ontario, Canada," *Politics & Society* 1998, 26: 539–573.

④ Jeroen F. Warner, "More Sustainable Participation? Multi-stakeholder Platforms for Integrated Catchment Management," *Water Resources Development* 2006, 22 (1): 15–35.

⑤ A. J. Brown "Collaborative Governance Versus Constitutional Politics: Decision Rules for Sustainability from Australia's South East Queensland Forest Agreement," *Environmental Science and Policy* 2002, 5: 19–32.

⑥ Robert Futrell, "Technical Adversarialism and Participatory Collaboration in the U. S. Chemical Weapons Disposal Program," *Science, Technology & Human Values* 2003, 28: 451–482.

解。其一，在公共性层面，协同治理所具备的功能优势使其能够更有效率地解决复杂公共问题，这样也能够更好地整合治理主体的资源和力量以处置这些问题。其二，在个体性层面，行动者参与协同行动能够带来结果激励和道德认同。[1] 具体而言，从公共性角度看，市域社会治理现代化的目的是满足市域范围内民众的公共需求。市域中民众的公共需求是多种多样的，不同的群体有着不同的公共需求，这也使得市域社会治理具有复杂性特征。与官僚制、市场制等其他治理方式相比，协同治理的积极作用表现在其可以将多元化治理主体作为利益相关方纳入治理体系之中，从而更好地统筹考虑各方利益并整合各方资源以更有效地处置市域公共问题。从个体性角度看，基于结果激励的相互依赖和基于道德或伦理的行动自觉是协同治理的动因。资源依赖理论强调的是一个主体的获得必然以另一主体的损失为代价的零和博弈关系转化为多方共赢的互利关系。同时，张康之认为："在一切结构性的合作体系中，基于道德的合作是最理想的形态。"[2] 利益相关者在主观价值层面对于协同治理理念的接受可以更好地使其积极主动地参与到社会治理工作中。可见，基于共同的价值理念所形成的协同与合作是具有重要意义的。

3. 冲突和合作历史

现有研究成果指出利益相关者过去的行动对于其未来的合作会产生正向或负向的影响。[3] 一方面，利益相关者前期的行为对于其后续的认知会产生作用，成为其后续判断的参考依据，进而对行动者的思考产生影响，虽然有时这一影响是不明显的，但是在多数情况下，这一影响都是十分重

---

[1] 田玉麒：《协同治理的运行逻辑与实践路径研究——基于中美案例的比较》，博士学位论文，吉林大学，2017。

[2] 张康之：《论合作治理中的制度设计和制度安排》，《齐鲁学刊》2004年第1期，第115~120页。

[3] Greg Andranovich, "Achieving Consensus in Public Decision Making: Applying Interest based Problem-solving to the Challenges of Intergovernmental Collaboration," *Journal of Applied Behavioral Research* 1995, 31: 429 – 445; Barbara Gray, *Collaborating: Finding Common Ground for Multi-party Problems* (San Francisco, CA: Jossey-Bass, 1989); Richard D. Margerum, "Collaborative Planning: Building Consensus and Building a Distinct Model for Practice," *Journal of Planning Education and Research* 2002, 21: 237 – 253.

要的,甚至会直接决定行动者的决策。另一方面,前期已有相关实践经历会在一定程度上留下经验,从而塑造行动者的能力,影响其后续行动的效率与质量。一般来说,对市域社会治理现代化的协同性而言,如果利益相关者,即相关治理主体,曾拥有成功的合作经历并产生良好的社会效果,那么这将为双方的再次合作奠定共同的身份认知和信任的基础,进而创造社会资本和高度信任,产生协同治理的良性循环,他们将在过去经验的支持下更积极更有序地展开联合行动。相反,如果利益相关者之间存在对立的历史,除非利益相关者之间存在高度相互依存的关系,或采取积极措施增强和增加利益相关者之间的信任和社会资本,否则协同治理不太可能成功。[1] 因此,在推进协同治理时,也需要预先考虑利益相关者过去的历史。

然而,也有学者研究指出当利益相关者之间存在十分密切的联系时,巨大的冲突可能使得利益相关者之间具有更强意愿实施协同治理。[2] 在许多场景中都是如此,如资源管理环境理论的提出者韦伯对此类情景的描述如下:布朗和斯文森(两个对立组织的领导人)由于在自然资源配置和土地管理方法上的不断争斗而筋疲力尽、灰心丧气,打算进一步分析其他可能的方式以缓和冲突。[3] 因此,剧烈的冲突在一定情况下并非主体间合作的阻碍,有时也可以带来合作。冲突与合作历史对协同治理的影响具有两面性。因此,如果利益相关者高度相互依赖(竞争也包含依赖),高度冲突的局势与低度信任之下仍然可以实现协同治理。

(二)制度设计:协同治理的制度背景

协同治理是一场集体行动,必然要求权威的存在。德国著名政治社会学家马克斯·韦伯曾把权威分为三种基本类型,第一种是传统意义上的权威,它是建立在历史习惯和传统要求基础上的,在这种权威下,下级要绝

---

[1] C. Ansell and A. Gash, "Collaborative Governance in Theory and Practice," *Journal of Public Administration Research and Theory* 2008, 18 (4): 543 – 571.

[2] C. Ansell and A. Gash, "Collaborative Governance in Theory and Practice," *Journal of Public Administration Research and Theory* 2008, 18 (4): 543 – 571.

[3] Edward P. Weber, *Bringing Society Back in: Grassroots Ecosystem Management, Accountability, and Sustainable Communities* (Cambridge, MA: MIT Press, 2003).

对服从上级，并对上级忠诚；第二种是基于个人魅力所形成的权威，这种权威的建立依赖于领导者自己所具有的特殊品质或者卓越能力以及由此产生的广泛的影响力和感染力，直接体现在民众对领导者的崇拜和迷信上，他们相信领导者会带领他们取得成功；第三种是法理型权威，是建立在对于正式制定的规则和法令的信赖基础上的。① 在新时代，推进市域社会治理现代化需要法理型权威和个人魅力型权威。同时，"协同治理需要更好的制度嵌入性，以防止协同过程在正式决策中变得毫无意义和无用"②。从国家视角来审视我国的政治过程，科层制度和观念制度是两个核心组织机制：第一，科层制组织制度是我国政治领域制度中重要的一类，在这一制度下，中央政府具有绝对的权力，在政策传导、资源分配和人事安排方面地方要听从中央；第二，在具体的政治价值观念上，政府内部官员和社会各阶层高度认可和支持中央的权威性。③ 前者更多地体现为官僚系统内部不同层级政府之间的等级结构，后者则反映了个人在主观意识方面对于中央政府的认可。④ 上述法理型权威和个人魅力型权威以及两种制度投射至中国实践情境下的市域社会治理领域，即表现为社会治理的制度环境和"一核多元"的领导系统。在实践中，虽然科层制饱受诟病，但是在一些情况下能实现高度动员的科层制组织制度有利于引导具有不同利益、资源、知识和信息的参与者互动，从而为一些问题的处置提供可能。

1. 制度环境⑤

习近平总书记强调，一个国家的制度和治理体系的选择取决于这个国家的历史文化、社会性质、经济发展水平。⑥ 党的十九届六中全会通过的

---

① 佟玉华：《中国社会转型期政府权威与政治民主关系之辨析》，《党政干部学刊》2005年第5期，第27~29页。
② Jurian Edelenbos, "Institutional Implications of Interactive Governance: Insights from Dutch Practice," *Governance* 2005, 18 (1): 111–134.
③ 董辅礽等：《集权与分权——中央与地方关系的构建》，经济科学出版社，1996。
④ 周雪光：《权威体制与有效治理：当代中国国家治理的制度逻辑》，《开放时代》2011年第10期，第67~85页。
⑤ 有关制度环境的详细介绍可参考本团队文章：陈成文、黄诚《论优化制度环境与激发社会组织活力》，《贵州师范大学学报》（社会科学版）2016年第1期，第50~56页。
⑥ 《习近平著作选读》（第2卷），人民出版社，2023，第277页。

《中共中央关于党的百年奋斗重大成就和历史经验的决议》(以下简称《决议》)强调坚持和完善中国特色社会主义制度、推进国家治理体系和治理能力现代化。因此，治理结构的正规化应该被视为市域社会治理现代化协同性的重要特征，本书将之解释为制度环境特征，并把影响市域社会治理现代化协同性推进的制度环境分为宏观制度环境、微观制度环境和制度执行环境三类。

（1）宏观制度环境

市域社会治理现代化协同性的宏观制度环境是指中国治理体系中根本制度、基本制度和重要制度对市域社会治理的保障，本质上反映了制度基础与治理效能的关系，体现了"中国之治"。其中，根本制度是那些对社会发展起着决定性作用的制度，在中国这一制度体现为人民代表大会制度。基本制度就是对国家经济社会发展等有重大影响的制度，如中国共产党领导的多党合作和政治协商制度、民族区域自治制度、基层群众自治制度这三大基本政治制度。重要制度就是由根本制度和基本制度派生而来的、国家治理各领域各方面各环节具体的主体性制度。《决议》也明确了实现"中国之治"的行动路线。具体而言，一是保持和增强"引领性"，要加强党的建设，发挥党的领导力，强化党在社会治理等工作中的领导地位。二是保持和增强"人民性"，这要求我们在推进市域社会治理过程中重视人民群众的需求和利益，坚持将为人民服务理念贯穿市域社会治理工作的全过程，积极听取人民群众的建议，重视人民群众的现实困难，与人民群众共享治理成果。三是坚持和推进"法治化"，在社会治理场域，我们要思考谁来治理、如何治理、治理什么以及治理如何等问题。社会治理过程应当坚持法治，通过加强法律规范设计，提升执法队伍能力，完善法治监管机制，扎实推进法律法规建设，用法治思维和法治方式推进社会治理，从而保障民众权利。[①]

（2）微观制度环境

市域社会治理现代化的微观制度环境是指直接规范市域社会治理工作

---

① 陈振明、郁建兴、姜晓萍、薛澜、丁煌、燕继荣、肖滨、杨开峰：《党的百年奋斗：治理经验与历史成就高端圆桌对话》，《公共管理与政策评论》2022年第1期，第3~18页。

和活动的具体制度规范的集合体。2018年6月4日，时任中央政法委秘书长陈一新在延安干部学院首次正式提出"市域社会治理现代化"概念，其指出市域社会治理是以设区的城市作为治理单位，在社会治理过程中发挥市级的治理资源作用以实现治理目标。[①] 2019年10月31日，党的十九届四中全会审议通过的《中共中央关于坚持和完善中国特色社会主义制度 推进国家治理体系和治理能力现代化若干重大问题的决定》提出了"构建基层社会治理新格局"的战略目标，并提出了"加快推进市域社会治理现代化"的行动目标，标志着市域社会治理进入新阶段。党的十九届五中全会审议通过的《中共中央关于制定国民经济和社会发展第十四个五年规划和二〇三五年远景目标的建议》再次明确要求"加强和创新市域社会治理，推进市域社会治理现代化"。2020年11月，习近平总书记对平安中国建设做出重要指示，强调"紧紧围绕坚持和完善中国特色社会主义制度、推进国家治理体系和治理能力现代化总目标，落实总体国家安全观，以共建共治共享为导向，以防范化解影响安全稳定的突出风险为重点，以市域社会治理现代化、基层社会治理创新、平安创建活动为抓手，建设更高水平的平安中国"[②]。党的十九届六中全会强调全力推进市域社会治理现代化。由此可见，国家层面对于推进市域社会治理现代化的重要作用价值判断日益肯定，所持态度日益积极。2022年，中央政法委印发《全国市域社会治理现代化试点工作指引（第二版）》，从制度层面明确了市域社会治理现代化具体的任务目标。有学者认为，如果市域社会治理现代化的宏观制度环境以鼓励为主的话，其微观制度环境则以约束为主，其中政治制度更具有根本性，其约束力和强制性也更大。[③]

（3）制度执行环境

市域社会治理现代化的制度执行环境是指在市域社会治理过程中不同层级政府与政府不同部门的政策制定、实施、反馈等活动所形成的制度环

[①] 陈一新：《推进新时代市域社会治理现代化》，《人民日报》2018年7月17日，第7版。
[②] 《习近平对平安中国建设作出重要指示》，中华人民共和国中央人民政府网站，2020年11月11日，https://www.gov.cn/xinwen/2020-11/11/content_5560493.htm。
[③] 俞可平：《中国公民社会：概念、分类与制度环境》，《中国社会科学》2006年第1期，第109~122、207~208页。

境，本质上是推进市域社会治理现代化所面对的政治生态环境，其中既包括从中央到地方的垂直式层级管理体制，也包括不同部门之间的条块分割状况。所谓"条"，是以中央部委为核心的层层下达命令以实施治理的方式，如农业农村部对各省农业农村厅进行管理，各省农业农村厅对各地级市的农业农村局进行管理。"块"体现的则是以地方政府为主实施政府治理的分权方式。当前，国家治理过程中中央集权与向地方放权的纷争和过去的"条块之争"存在一些相同的特质。[①] 制度执行环境分为两部分。一是市域社会治理现代化制度执行的层级治理环境。如前所述，自2018年陈一新提出"市域社会治理现代化"的概念以来，市域社会治理逐渐受到各界的重视，这一概念在党的多个会议的多份报告文本中都被提及。这表明当前市域社会治理得到了党和政府的关注，其作为一项关乎社会治理的新工作，对于新时代社会治理转型具有重要价值。二是市域社会治理现代化制度执行的条块治理环境。从中央到地方业务内容相同部门被称为"条"，不同职能部门组合而成的地方政府被称为"块"。市域社会治理现代化的制度执行过程中，"条""块"倾向于采取不同的策略。

2. 党的领导[②]

协同治理强调各主体通过民主协商对社会事务进行讨论，通过协商确定行动方案。协同治理过程的重要基础在于治理主体的平等，但是这种平等并不强调绝对的平等，而是一种相对的平等，也就是说，不同的主体由于其所拥有的资源与能力存在区别，因此在社会治理过程中的作用和地位存在一定的差异。有效的领导对于推进协同治理而言是必要的。[③] 领导力在实践中能够减少团队中的摩擦，更好地促进团队信任建立，同时推进参与者对话和交流，并使得他们更有效地围绕共同利益达成合作。[④] 人们普

[①] 蔡禾：《国家治理的有效性与合法性——对周雪光、冯仕政二文的再思考》，《开放时代》2012年第2期，第135~143页。

[②] 有关制度背景的详细介绍可参考本团队类似文章：陈成文、黄诚《论优化制度环境与激发社会组织活力》，《贵州师范大学学报》（社会科学版）2016年第1期，第50~56页。

[③] 鹿斌、金太军：《协同惰性：集体行动困境分析的新视角》，《社会科学研究》2015年第4期，第72~78页。

[④] C. Ansell and A. Gash, "Collaborative Governance in Theory and Practice," *Journal of Public Administration Research and Theory* 2008, 18 (4): 543–571.

遍认为，领导力是促使各方参与谈判并引导他们度过合作进程艰难阶段的关键因素。[1] 现有研究就领导力进行了深入分析，并构建了领导力分层模型，将领导力分为事务型领导力、变革型领导力和精神领导力。[2] 学者们断言，协同治理需要特定类型的领导力。例如，Ryan[3]就如何构建有效的领导力进行了分析，指出有效的领导力需要对合作过程进行一定的管理，同时保障管理技术是可靠的，并确保协同工作能够"做出可信和令人信服的决定，这些决定是所有人都能接受的"。伯恩斯以毛泽东和中国共产党作为主要代表和具体论证的典型依据，阐述了中国的变革型领导力，并认为中国共产党可以实现有效领导，得益于中国共产党所具有的高尚道德。[4] 中国政府的目标是实现社会的稳定和保障人民的安全，因此在实践中其高度重视信息化管理，不断提升服务质量，实施以人民群众利益为核心的道德领导。[5] 而"认同和顺从中央权威的观念制度正是提供了这样一个机制，即意在建立、维系或强化一个以党为中心的共享观念制度"[6]。从权威体制的组织形式来看，中央权威处于核心地位，其通过对权利、资源的配置对社会进行管理，且这一权威在中央政府政策指令传递到地方政府的过程中逐步得到强化。[7] 应用于市域社会治理时，"党的领导"制度能够产生巨大

---

[1] David Chrislip and Carl E. Larson, *Collaborative Leadership: How Citizens and Civic Leaders Can Make a Difference* (San Francisco, CA: Jossey-Bass, 1994); Tanya Heikkila and Andrea K. Gerlak, "The Formation of Large-scale Collaborative Resource Management Institutions: Clarifying the Roles of Stakeholders, Science, and Institutions," *Policy Studies Journal* 2005, 33: 583 – 612; Mark Imperial, "Using Collaboration as a Governance Strategy: Lessons from Six Watershed Management Programs," *Administration & Society* 2005, 37: 281 – 320.

[2] 曾建国、王迦南：《西方公共部门领导力研究述评》，《领导科学》2019年第2期，第46~50页。

[3] Claire Ryan, "Leadership in Collaborative Policy-making: An Analysis of Agency Roles in Regulatory Negotiations," *Policy Sciences* 2001, 34: 221 – 245.

[4] 詹姆斯·麦格雷戈·伯恩斯：《领导论》，常健等译，中国人民大学出版社，2006，第22页。

[5] 张永宏、李静君：《制造同意：基层政府怎样吸纳民众的抗争》，《开放时代》2012年第7期。第5~25页。

[6] 周雪光：《权威体制与有效治理：当代中国国家治理的制度逻辑》，《开放时代》2011年第10期，第67~85页。

[7] 周雪光：《权威体制与有效治理：当代中国国家治理的制度逻辑》，《开放时代》2011年第10期，第67~85页。

的治理效能。具体而言，主要体现在以下三方面：集中统一领导，发挥举国体制优势，形成治理集成效应，对于有限的社会治理资源来说，这有利于其进行合理的优化配置，实现资源的最大效用；协调权力主体，减少权力梗阻掣肘，形成治理协同效应，推进治理共同体建设；整合社会力量，抑制各种负面效应，形成治理合作效应。[1]

(1) 集中统一领导

恩格斯强调，集权的存在具有一定的合理性，集权是一个国家的本质，集权对于一个国家而言具有重要的意义。[2] 在中国市域社会治理体系中，党中央是绝对的领导核心，是最高权威，在社会治理这种关乎国家整体利益和国家长期发展的重要工作中，必须实施党中央的集中统一领导，只有如此，才能充分调动各方的积极性，合理运用各种资源，齐心协力地实现社会治理目标。[3] 党的全面领导要体现在社会治理总体规划中，也要体现在各种社会资源的统筹配置中，更要体现在社会治理的具体实践中。同时，要在党的领导下就社会治理过程存在的不足和短板进行治理体系完善，在党的领导下不断激发各方治理积极性，以有效提升社会治理力量，加快推进社会治理共同体建设。社会治理是以资源动员调配为基础的，市域社会治理处于国家治理和基层社会治理之间"承上启下"的关键位置，有利于利用大型国家广阔的治理空间，对有限的社会治理资源进行合理的统筹规划，以更为有效地对其进行整合和利用，从而发挥有限社会资源的最大治理效能，实现治理集成效应。[4] 这种制度优越性正如邓小平所指出的那样：社会主义的最大优势在于社会主义可以集中全国力量以保障重点工作的开展，这是资本主义所没有的。[5] 因此，在市域社会治理实施初期，存在利益相关者无法在调解的帮助下达成共识的情况，这时候就需要领导

---

[1] 陈文泽：《治理的中国语境："党的领导"是中国特色社会主义制度的最大优势》，《河南社会科学》2020 年第 12 期。

[2] 《马克思恩格斯全集》（第 41 卷），人民出版社，1982，第 396 页。

[3] 《中共中央关于坚持和完善中国特色社会主义制度 推进国家治理体系和治理能力现代化若干重大问题的决定》，《人民日报》2019 年 11 月 6 日，第 1 版。

[4] 陈文泽：《治理的中国语境："党的领导"是中国特色社会主义制度的最大优势》，《河南社会科学》2020 年第 12 期。

[5] 《邓小平文选》（第 3 卷），人民出版社，1993，第 16~17 页。

者以更直接的方式进行干预，促使利益相关者之间形成认同、达成共识，从而采取治理行动。

(2) 协调权力主体

在利益相关者之间探索互利共赢的可能性是协调权力主体的目标。按照协同论原理，市域社会治理体系是由党委、政府等多元社会治理主体相互协作，对各种治理权力和治理资源进行合理统筹利用的制度化网络系统。在横向权力关系上，由于党中央领导权的统合，中国政治体制是分工体制而不是分立体制。在纵向权力关系上，市域包括市、县、乡，上下级政府间存在领导服从关系。处于整个治理体系"核心""中枢"位置的党的领导权，不仅使市域社会的治理权力体系分工不分家，消减了各类权力之间由互相掣肘带来的能量耗散，而且避免了治理实践过程中的权力碎片化、分散化问题，进而促使权力协调配合、运转流畅、良性互动。邓小平同志高度重视中央权威，他认为没有党中央、国务院这个权威，很多事情是难以办成的，正是因为有了中央权威，我们在困难的时候也可以凝聚各方力量办大事。① 对此，习近平总书记也指出社会主义政治制度的优势便体现在党的领导核心作用上，如果在中国出现了各自为政、一盘散沙的局面，这不仅仅不利于实现我们的目标，更将为国家和社会带来灾难性的后果。②

(3) 整合社会力量

在权力分配不对称或参与动机较弱的情况下，如果有一个强有力的"领导人"在过程一开始就使各利益相关者得到尊重和信任，那么协同治理就更有可能成功。③ 市域社会治理的发展是由各种主体的作用所驱动的，这些主体是存在差异的，且具有不同的利益需求，它们在社会治理过程中通过一定的治理制度而凝聚在一起，进而形成社会治理合力，不同的治理制度和组织安排决定了这种合力的形成方式、成本和效能。④ 党领导下的

---

① 《邓小平文选》（第3卷），人民出版社，1993，第319页。
② 《习近平关于社会主义政治建设论述摘编》，中央文献出版社，2017，第31页。
③ C. Ansell and A. Gash, "Collaborative Governance in Theory and Practice," *Journal of Public Administration Research and Theory* 2008, 18 (4): 543–571.
④ 陈文泽：《治理的中国语境："党的领导"是中国特色社会主义制度的最大优势》，《河南社会科学》2020年第12期。

中国特色的市域社会治理过程中，各个治理主体之间的关系不是斗争，而是一种合作和协调，它们在党的领导下通过民主协商方式达成共识之后开展共同行动。具体而言，在党际关系方面，我国实施的政党制度是中国共产党领导的多党合作和政治协商制度，各个民主党派在中国共产党的领导下与中国共产党一同治理国家。在政党与社会关系方面，党委领导、政府负责、民主协商、社会协同、公众参与、法治保障、科技支撑是中国的社会治理模式。在政党与市场关系方面，党的领导的作用便在于充分发挥市场经济积极作用，通过市场机制合理配置资源，以促进经济社会的发展。如恩格斯在阐述历史怎样创造时强调的那样，最终的结果是各种力量相互冲突所产生的，无数交错的力量相互作用进而形成合力，即历史结果。[①]

（三）协同过程：协同治理的运转系统

组织学理论普遍强调，组织间有关合作议题信息知觉的清晰性以及行为意向的一致性共同构成的"共识性认知"是实现合作目标的前提。协同过程就是各主体间就社会公共问题及其相关的利益预期分配情况进行讨论，在形成共识的基础上做出相互认可的有信任支持的承诺，并设计行动计划和制定相关的规范要求，最后按照相互协商确定的计划展开协同行动。本书将协同过程设置为"运转系统"，而非市域社会治理的全部。因为在中国市域社会治理情境下，治理行为是可以通过自上而下的政策加以引导的，协同过程的开端是形成能够为主体集聚提供动机的起始条件和制度设计。也就是说，协同过程背后有一个默认的假设，即治理主体是在场的。多主体在形成协同关系时，往往需要特定的资源共享、沟通交流、建立信任、权利责任、共同理解和目标承诺等关系运行基础。毫无疑问，这个过程必须是开放、包容和民主的。正如 Ansell 和 Gash 所解释的，只有当一个团体认为自己在现有法律允许的范围内可以参与其中时，其才会对这一过程做出承诺，协同过程必须广泛包容所有受该问题影响或关心该问题

---

① 《马克思恩格斯选集》（第 4 卷），人民出版社，2012，第 605 页。

第五章　市域社会治理现代化协同性的运作逻辑

的利益相关者。[1] 这其中也包括潜在的"麻烦"的利益相关者，即不乐于配合的群体，虽然这些群体可能会给团体的工作带来一定的阻碍，但若是忽视他们，也可能带来更多的麻烦。Gray[2]和Reilly[3]同样明确提出：关于纳入特定利益相关者的合法性的争议肯定会出现，但是成功的协同治理有赖于纳入足够广泛的利益相关者来反映问题。成功的合作关系会让与该事情有关联的所有利益相关者参与进来，当个别利益相关者因为一些原因无法参与时，可能会造成失败。然而，正如我们所了解到的，利益相关者可能没有参与的动机，特别是"当存在解决问题的其他途径或交易成本过高时，理论上协同治理的解决方法并不是最佳的"[4]。这就意味着，"明确和一致地应用基本规则，让利益相关者确信这个过程是公平、公正和开放的"[5]，保证内部合法性，才能促进集体行动。概言之，本书将协同过程设计为"集体协商—建立信任—共同理解—内部合法性—承诺协定—协同行动"循环结构。

1. 集体协商

集体协商又称平等协商、集体谈判，是一种多应用于调整劳动关系的方式，指用人单位（包括企业或企业法人授权委托的分支机构、雇主或雇主团体、区域或行业性企业联合组织）与相应的工会组织或职工民主推选的代表，为确定劳动标准和解决与劳动关系相关的问题，依据法律有关规定而进行平等商谈的行为。[6] 其被应用到市域社会治理现代化的协同过程中时，指的是各主体形成合作关系后，对各种信息、观点和想法进行综合

---

[1] C. Ansell and A. Gash, "Collaborative Governance in Theory and Practice," *Journal of Public Administration Research and Theory* 2008, 18 (4): 543 – 571.

[2] Barbara Gray, *Collaborating: Finding Common Ground for Multi-party Problems* (San Francisco, CA: Jossey-Bass, 1989).

[3] Thom Reilly, "Collaboration in Action: An Uncertain Process," *Administration in Social Work* 2001, 25 (1): 53 – 73.

[4] Thom Reilly, "Collaboration in Action: An Uncertain Process," *Administration in Social Work* 2001, 25 (1): 53 – 73.

[5] Barbara Murdock, Carol Wiessner, and Ken Sexton, "Stakeholder Participation in Voluntary Environmental Agreements: Analysis of 10 Project XL Case Studies," *Science, Technology & Human Values* 2005, 30: 223 – 250.

[6] 苑茜、周冰、沈士仓等主编《现代劳动关系辞典》，中国劳动社会保障出版社，2000。

性审视，并通过对话、讨论等方式来做出决策，而后根据决策决定具体行动的过程。

伴随着社会民主意识的觉醒和实践的逐步深入，集体协商渐渐成为社会公共事务决策的主要方式。在协商民主理论者看来，协商具有三种价值：第一，协商是一种产生良好结果的工具；第二，协商体现了公民之间的尊重和认可，其中的交流和沟通可以使生活更为和谐，避免暴力冲突对社会的破坏；第三，协商是法律支持的行为，其结果具有正当性和合法性。[1] 整体而言，协商可以更好地整合各方面的意见和建议，从而更好地改善公共决策。在协同治理环境下，集体协商具有"参与主体平等性、协商内容广泛性、实践形式多样性和公民参与的直接性等特点"[2]，协商是一个平等的交流过程，在这个过程中人们可以公开表达自己的想法，并对公共事务进行监督和管理，同时可以通过和他人的沟通改善自己的思考，从而更为理性地做出行动。这样的协商过程，有助于为群众提供意见表达的路径，从而更好地整合群众的意见，使其维护自己的合法权益，并推动民主意识深入社会治理实践。[3] 整体来看，借助集体协商这一平台，参与者们可以平等进行交流，并实现信息、知识、看法的沟通，进而从不同的视角来对公共问题进行思考，以形成对公共问题的更科学的认知并做出更可靠的行动计划。[4] 依靠协商，不同的利益主体可以更好地理解其他主体的利益诉求，从而更好地达成一致。虽然在实践过程中集体协商的方式存在明显的差异，但是其本质在于以沟通的方式来实现意见的交流从而达成共识，进而对社会公共事务进行治理。接下来根据经典文献[5]的脉络对集体

---

[1] 托马斯·克里斯蒂亚诺：《公共协商的意义》，载詹姆斯博曼、威廉·甫吉主编《协商民主：论理性与政治》，陈家刚等译，中央编译出版社，2006，第85~186页。

[2] 李旭臣：《基于中国特色视域的基层协商民主研究》，博士学位论文，中共中央党校，2014。

[3] 李旭臣：《基于中国特色视域的基层协商民主研究》，博士学位论文，中共中央党校，2014。

[4] 田玉麒：《协同治理的运作逻辑与实践路径研究——基于中美案例的比较》，博士学位论文，吉林大学，2017。

[5] C. Ansell and A. Gash, "Collaborative Governance in Theory and Practice," *Journal of Public Administration Research and Theory* 2008, 18 (4): 543–571.

协商的基本程序进行梳理。

（1）表达诉求

"了解各主体需要什么"是以协商推动协同行动的前提，即充分地了解各主体在想些什么，掌握各主体的困难，清楚各主体诉求。只有在各行动主体较准确地表达其需求之后，后续的协商才能够顺利地推进。在相关研究中，掌握各主体诉求的方式是参与者之间的对话。对话是参与者在平等的基础上为了实现相互理解而展开的信息交流，是一种交谈和倾听。[①]例如，Ansell 和 Gash[②]主张当面（face to face）交谈，他们认为协同治理开展的前提在于参与者之间通过面对面对话建立共识。直接对话的目的在于使参与者达成共识，其允许参与方开展"深度沟通"，从而使得参与方更好地了解彼此的利益关切，并准确地识别互利机会。他们进一步指出，面对面对话能够更好地实现双方的交流，以实现相互的信任，从而减少利益冲突对于合作的阻碍，进而达成相互理解。

当然，面对面的对话是必要的，但其不是合作的充分条件。例如，面对面的对话有可能强化陈规与定型观念或地位差异，或者增加对抗和相互不尊重。此外在大卫·布赫和朱迪思·英尼斯[③]看来，在一个以快速变化、社会和政治分裂、大量信息快速流动、全球相互依存和价值观冲突为特征的时代，对话应是真实的，真实对话（DIAD）网络作为一个整体，在面对信息的碎片化和快速变化时，比一组断开连接的行动者更有能力学习和适应。依据协商民主的观点，参与对话的主体是平等的，在协商的过程中主体不应该受到其他力量的影响，并且应都有获取更多信息以支持其决策的机会，同时参与对话的主体应当具有相同的表达意见的机会。他们认为有效的对话应该满足四项条件，即发起者设定方向、旁观者提供视角、反

[①] 田玉麒：《协同治理的运作逻辑与实践路径研究——基于中美案例的比较》，博士学位论文，吉林大学，2017。

[②] C. Ansell and A. Gash, "Collaborative Governance in Theory and Practice," *Journal of Public Administration Research and Theory* 2008, 18 (4): 543–571.

[③] D. E. Booher and J. E. Innes, "Network Power in Collaborative Planning," *Journal of Planning Education and Research* 2002, 21 (3): 221–236.

对者发现缺点并推动缜密思考、跟随者协助完成程序。[1] 此外，由于语言表达能力的差异，对话的结果还会受到对话参与者的交流技巧的影响，尤其是参与对话的主体之间存在冲突时，巧妙的表达技巧和谈判技术可以较好地化解矛盾从而在参与主体之间建立共识。[2]

（2）确定议题

在中国市域社会治理情境下，会议，尤其是由领导者主持的会议往往是传达和部署治理内容的必要形式。一个有效的议题能够提高会议的质量，也能够精练地概括出市域社会治理需要解决的实际问题。在充分征求民意和倾听群众诉求的基础上，确定议题的核心在于对现实存在的问题进行确定。问题的确定即通过一系列特定的概念对社会治理过程中所遇到的公共问题进行描述和说明从而使与公共问题相关的群体对其达成共同理解。[3] 确定现实的问题是集体协商的最基础工作，也是最困难的工作，因为如果问题确定不当，那么后续的协商便会向着错误的方向前进，例如，如果问题的界定只反映出一部分人的需求，那么需求没有被反映的那部分人便可能降低参与协同治理的积极性。[4] 问题的确定需要通过仔细的调查、资料整合与架构设立等步骤实现。[5] 具体来看，调查是问题确定的首要步骤，即参与者通过谈话或者其他方式获取关于公共问题的信息和数据，为后续的分析提供基础资料支持。资料整合则是对调查所获取的资料按照一定的规律进行分类，而后对其进行总结和梳理，划分出类别以便讨论进行，当相关问题较多时，应当首先处置那些具有重要影响的紧急问题。架构设立则是利用参与主体都认同且熟悉的话语体系对问题进行解释，或者

---

[1] D. E. Booher and J. E. Innes, "Network Power in Collaborative Planning," *Journal of Planning Education and Research* 2002, 21 (3): 221-236.
[2] 田玉麒:《协同治理的运作逻辑与实践路径研究——基于中美案例的比较》，博士学位论文，吉林大学，2017。
[3] 田玉麒:《协同治理的运作逻辑与实践路径研究——基于中美案例的比较》，博士学位论文，吉林大学，2017。
[4] Barbara Gray, *Collaborating: Finding Common Ground for Multiparty Problems* (San Francisco, MA: Josssey-Bass, 1989), p. 57.
[5] 田玉麒:《协同治理的运作逻辑与实践路径研究——基于中美案例的比较》，博士学位论文，吉林大学，2017。

将其转化为更便于理解的术语。

(3) 协商讨论

一个主题确立了,就相当于有一个问题界定完成了,就可以召开会议商讨相应的解决方案了。由于个体的决策受到其本身经验、知识、能力的限制,其提出的针对某一问题的解决方案总是会存在漏洞,哪怕是具有丰富经验和资源的领导人物也是如此。因此,在协同过程中,不应再使用领导拍板决策的方式,而应在民主协商会议上将社会治理过程中遇到的公共问题作为讨论的议题让相关利益群体即社会治理的多元主体共同协商解决。这是因为,问题的解决和问题界定具有密切的联系,多元化的治理主体在对问题进行明确和分析的过程中,往往会产生多样化的解决思路,从而为问题解决提供更多的参考方案,这将有效提升问题解决的可能性。[①]此时的协商讨论也可以参考社区论坛的形式,让各主体对市域范围内与社会治理密切相关的公共事务进行分析,在讨论的过程中各个主体具有平等地表达自己意见的权利,通过相互的沟通和交流建立共识。论坛的设立对于正式会议能起到重要的补充作用,因为正式的座谈会往往召开的时间间隔较长,而且由于各方面成本的限制,座谈会的人数也不能过多,这就在一定程度上影响到了座谈会讨论的丰富性和深度。相对地,论坛形式的协商会议则为其他利益相关者提供了参与市域社会治理的机会,使社会治理的热点问题和紧急问题可以迅速得到探讨,进而促进了社会群体提升对公共事务的关注度并建言献策。此外,在实践过程中,基层结合其实践不断丰富民主协商的形式,出现了民主评议会、党群议事会、民主沟通会等诸多符合基层实际且具有积极成效的协商方式,为基层民众的意见表达和需求反馈提供了反映平台。[②] 因此,协商讨论的主要任务是分析问题的解决思路,通过对各种解决思路进行讨论和研究,来对比各种思路的正负效用,从而为科学的决策提供支持和参考。因为各主体参与协同治理过程时

[①] 田玉麒:《协同治理的运作逻辑与实践路径研究——基于中美案例的比较》,博士学位论文,吉林大学,2017。

[②] 康镇:《一致的达成——基层社会治理下的协商空间》,决策论坛——如何制定科学决策学术研讨会会议论文,北京,2015。

的价值观念、利益目标、自身素质、知识结构是不同的，所以在对公共问题进行自由讨论的过程中必然存在多样化的意见和建议，此时，会议的负责人便可以通过对各种意见进行分析和对比并组织利益相关者加以评估，筛选出最合理的方案。

集体协商过程不仅可以增进治理主体对于公共问题的了解，而且能基于其对话和交流的过程产生一系列额外的积极效应。大致而言，集体协商的积极效应表现为增强参与讨论者的相互理解、强化参与讨论者的相互信任与进一步提升参与讨论者之间的内部合法性。[①] 这三重功效是依次促进的螺旋式上升关系，它们的相互作用能够进一步强化参与者对协同治理的认可，从而在主观层面上达成协同的共识，进而使得治理主体在治理实践过程中更主动地采用协同治理思路，推进协同过程的有序进行。

2. 建立信任

组织内部或者组织之间的合作和协同都需要建立信任，信任是协同的重要前提。协同过程不仅仅是谈判，更需要在利益相关者之间建立信任。信任是指一个团体中团体成员对彼此之间采取合作行为的一种期待，信任产生的基础是团体所共有的规范，以及个体在团体之中所承担的责任与扮演的角色。[②]

在推进市域社会治理现代化中，信任被认为是协同治理不可缺少的条件。[③] 但在市域社会治理的实践中，信任是十分稀少的，而怀疑却在社会运作过程中经常产生。为何信任如此稀少呢？现有研究认为信任难以建立的原因包括以下几点：首先，参与主体的需求往往在于获取更多的权力或者实现对某些资源的控制，而这可能会影响到其他人的利益，从而破坏信任；其次，信任可能使得自己的利益受损，使得自己处于危险之中，因此在实践中信任是需要用自己的利益作为代价的，这一过程也存在风险；最后，信任需要经过长期的交流和合作才能建立，因为信任的风险性使得其

[①] C. Ansell and A. Gash, "Collaborative Governance in Theory and Practice," *Journal of Public Administration Research and Theory* 2008, 18 (4): 543 – 571.

[②] 弗朗西斯·福山:《信任：社会美德与创造经济繁荣》，彭志华译，海南出版社，2001，第12页。

[③] 张康之:《走向合作的社会》，中国人民大学出版社，2015，第 207～232、208～209 页。

建立需要经过多次反复的合作与交流才能实现，而有时协同过程是短暂的，因此缺乏足够的时间使参与主体建立信任。[1]

具体而言，当参与主体在过去存在矛盾和冲突时，信任关系的建立往往十分困难，此时协同也难以实现。如果此前是高度冲突的，那么政策制定者或利益相关者应该为有效的补救性信任建设安排时间。如果他们不能证明必要的时间和成本是合理的，那么他们就不应该采取合作策略。[2] 信任关系一方面是协同治理得以实施的重要基础和促进剂，另一方面也是协同治理过程的重要保障。首先，信任关系可以使参与主体能够根据对他人的积极预测决定自己的行动，能够降低协同治理过程的复杂性，并进一步减少不必要的成本，在关系确立的过程中，信任意味着对他人的行为产生积极预期[3]，当参与者之间建立了良好的信任时，其认为对方会按照事前做出的承诺展开行动，并会在讨论和合作过程中保持诚实，而且不会过度地利用他人[4]。其次，信任可以维护稳定的伙伴关系，反之，伙伴关系又通过秩序巩固信任关系。伯纳德·巴伯认为，"信任是创立和维护团结的综合性机制"[5]，各治理主体间由共同的价值理念和目标维系着伙伴关系，继而构成协同的行动秩序。此外，信任的建立基础在于未来发展的确定性和较低的风险，而秩序则意味着未来发展的稳定性和确定性。[6]秩序的建立对于信任具有重要的意义，能够极大地减少合作过程中的成本损耗。当秩序成为发展的主流时，人们可以确定地了解未来的走向，进而更容易与其

---

[1] 鹿斌、金太军：《协同惰性：集体行动困境分析的新视角》，《社会科学研究》2015年第4期，第72~78页。

[2] C. Ansell and A. Gash, "Collaborative Governance in Theory and Practice," *Journal of Public Administration Research and Theory* 2008, 18 (4): 543-571.

[3] Denise M. Rousseau, Sim B. Sitkin, Ronald S. Burt, and Colin Camerer, "Not So Different after All: A Cross-Discipline View of Trust," *Academy of Management Review* 1998, 23: 393-404.

[4] L. L. Cummings and P. Bromiley, "The Organizational Trust Inventory (OTI): Development and Validation," in R. M. Kramer and T. R. Tyler, eds., *Trust in Organizations: Frontiers of Theory and Research* (Sage Publications, Inc., 1996), pp. 302-330.

[5] 伯纳德·巴伯：《信任：信任的逻辑和局限》，牟斌、李红、范瑞平译，福建人民出版社，1989，第22页。

[6] 上官酒瑞：《现代社会的政治信任逻辑》，上海人民出版社，2012，第108页。

他人展开协作,也就有更强的积极性从事创新性工作。[1] 因此,信任与秩序是一种"彼此促生、亲和一体"的关系。

3. 共同理解

共同理解是使行为者顺从制度的基础,是协同的重要条件。[2] 共同理解体现在集体协商过程中,是参与者们通过讨论与对话相互交流信息后,对社会治理过程中的公共问题形成共同认可的意见并就解决思路达成共识。换言之,参与者们在集体协商中对关于公共事务的问题确定、目标任务、价值追求等的支离破碎的各种资料进行整合和梳理使其成为体系化的内容,从而形成参与主体的共同理解。[3] 在协同治理过程中,共同理解有利于促进各治理主体对公共问题与共同目标的认同,进而促进集体行动。因为,在实践中,各治理主体实现一致行动是很难的,个体诉求或许存在较大差异甚至冲突,这也是为什么需要共同理解。共同理解意味着对差异性的尊重,当这种尊重实现时,参与主体之间的合作将会更加紧密。在集体协商的过程中,讨论的参与者以平等的地位表达自己的看法和需求,同时也可以进一步了解其他参与者的想法,进而在相互讨论过程中实现理解。这种理解建立之后,参与者之间的冲突将会减少,协同治理的过程将会更加顺利。

4. 内部合法性

共同理解和相互信任将使得参与协商的主体之间形成对彼此的认同,而这种认同又将构成参与者之间的内部合法性。"合法性"(legitimacy)是一种"能够帮助组织获得其他资源的重要战略资源"[4],它有助于增强组织在员工承诺、顾客忠诚、投资者吸引力、公共关系等方面的竞争优势。当讨论组织的合法性时,其往往强调的是组织的行为及其开展的活动是否得到了组织成员和外部相关各方的承认,即博得社会认同和获得社会影响。

---

[1] 柯武刚、史漫飞:《制度经济学:社会秩序与公共政策》,韩朝华译,商务印书馆,2000,第33页。

[2] W. 理查德·斯科特:《制度与组织——思想观念与物质利益》(第3版),姚伟、王黎芳译,中国人民大学出版社,2010,第59页。

[3] 田玉麒:《协同治理的运作逻辑与实践路径研究——基于中美案例的比较》,博士学位论文,吉林大学,2017。

[4] Oliver E. Williamson, "Strategy Research: Governance and Competence Perspectives," *Strategic Management Journal* 1999, 20 (12): 1087–1108.

本书之所以高度重视内部合法性问题，是因为通过协商而达成理解和信任的参与者在推进协同治理时需要付出资源和代价，只有当其认同组织行为即存在内部合法性时，这种资源的付出才是合理的。[1] 在合法性研究领域中，"制度学派强调'合法性机制'（用于解释组织趋同）所体现出的制度力量对于社会治理的作用，合法性的实现是为了更好地对制度环境要求做出有效反馈"[2]。与外部合法性相比，组织的内部合法性更为重要且具有更大的影响，因为内部合法性能够提升组织内部的稳定性，可以更好地建立组织内部共识，内部合法性不仅影响组织内部人们的行动，还会影响人们的主观意识。[3] 强大的外部合法性需要内部合法性支撑。组织的内部合法性实现后，组织成员能够更为紧密地进行合作，更充分地发挥组织资源的效用，这将使得组织在外部环境中具备更强的竞争实力和更可靠的基础，使其更可能得到外部的认可，进而实现外部合法性。

5. 过程承诺

已有案例研究表明，利益相关者在协同治理过程中所做出承诺的程度对于协同治理的成败具有重要影响。[4] 随着开放性、包容性集体协商活动的开展，参与主体之间逐步形成信任关系，参与者会形成一种关于协商议题的契约型观念，即承诺。[5] 在一项对美国和澳大利亚合作团体的调查中，Margerum认为成员承诺对于协同治理的实施具有关键性的影响。[6] 公共机构往往较少对协同过程做出较强的承诺，尤其是在高一级部门，这通常被视为一个

---

[1] 田玉麒：《协同治理的运作逻辑与实践路径研究——基于中美案例的比较》，博士学位论文，吉林大学，2017。

[2] 田志龙、程鹏瑶、杨文、柳娟：《企业社区参与过程中的合法性形成与演化：百步亭与万科案例》，《管理世界》2014年第12期，第134~151、188页。

[3] M. C. Suchman, "Managing Legitimacy: Strategic and Institutional Approaches," in R. Greenwood, C. Oliver, and K. Sahlin, eds., *Institutional Theory in Organization Studies* (Vol. 5) (SAGE Publications Ltd, 2012), pp. II 2 – II 3.

[4] Jeffery A. Alexander, Maureen E. Comfort, Bryan J. Weiner, "Governance in Public-private Community Health Partnerships: A Survey of the Community Care Network: SM Demonstration Sites," *Nonprofit Management & Leadership* 1998, 8: 231 – 332.

[5] 田玉麒：《协同治理的运作逻辑与实践路径研究——基于中美案例的比较》，博士学位论文，吉林大学，2017。

[6] Richard D. Margerum, "Collaborative Planning: Building Consensus and Building a Distinct Model for Practice," *Journal of Planning Education and Research* 2002, 21: 237 – 253.

特殊的问题。① 在商业联盟中也发现,领导者的兴趣、承诺和尊重的迹象尤其重要。在中国以及整个亚洲以中国为主导的企业中,公司追求者应该通过投入领导者的个人时间,为潜在合作伙伴的决策者提供"面子"(荣誉和尊重)。②

(1) 各主体之间的承诺

承诺与各主体参与协同治理的原始动机密切相关。各主体之间的承诺是一种契约关系,也是对彼此权利与义务的确认。也就是说,做出协同过程中的承诺需要非常显著的心理转变,特别是在那些以绝对观点看待自己立场的人中间。③ 这种转变有时被称为"相互承认"④ 或"共同欣赏"⑤。这就意味着,各治理主体需要在事先保证认可审议可能造成的结果,无论审议的结果是否与自己的需求一致。当然,协同治理的共识基础大大降低了利益相关者的风险。然而,讨价还价的动力可能会导致事情向意想不到的方向发展,利益相关者在谈判过程中可能会面临压力,要求他们接受自己没有完全接受的立场。⑥ 这就是为什么信任是协同过程的重要元素。承诺依赖对其他利益相关者会尊重你的观点和利益的信任。此外,很容易看出清晰、公平和透明的程序对于承诺是多么重要。在投入一个可能走向不可预测方向的过程中之前,利益相关者必须对审议和谈判程序的完整性充满信心。在具体实践中,治理主体之间承诺的具体表现是共享与互惠,在参与协同治理时,参与者可以就其所拥有的资源和信息进行沟通与交流,以更好地推动参与各方的利益实现。利益相关者出于维护自身利益的考虑,会希望参与其中以更好地向其他参与者表达他们的诉求或者保障他们立场的合法性。相比之下,对这一进程的承诺意味着形成一种信念,即真

---

① Steven L. Yaffee and Julia Wondolleck, "Collaborative Ecosystem Planning Processes in the United States: Evolution and Challenges," *Environments* 2003, 31 (2): 59 – 72.
② Rosabeth Moss Kanter, "Collaborative Advantage: The Art of Alliances," *Magazine* 1994.
③ Linda L. Putnam, "Transformations and Critical Moments in Negotiations," *Negotiations Journal* 2004, 20: 275 – 295.
④ Heli Saarikoski, "Environmental Impact Assessment (EIA) as Collaborative Learning Process," *Environmental Impact Assessment Review* 2000, 20: 681 – 700.
⑤ Ryan Plummer and John Fitzgibbon, "Co-management of Natural Resources: A Proposed Framework," *Environmental Management* 2004, 33: 876 – 885.
⑥ Heli Saarikoski, "Environmental Impact Assessment (EIA) as Collaborative Learning Process," *Environmental Impact Assessment Review* 2000, 20: 681 – 700.

诚的互利谈判是实现理想政策结果的最佳方式。[1]

(2) 各主体对协同过程的承诺

对协同过程的承诺有时被称为"过程的所有权"[2]。在存在争斗时，非利益相关者往往是决策的外部人员，其目的在于通过所具有的渠道对公共机构的决策者进行影响，使公共机构的决策符合特定的需求，但是最终的责任仍然由做出决策的机构承担。例如，在美国，政治实践中存在着大量的游说人，这些游说人在企业的资助下对政客进行游说，使其做出有利于企业的决策，但是最终的结果仍然由做出决策的政治组织和政客承担。协同治理过程中决策并不是由公共机构做出的，而是由所有与公共问题存在利益联系者做出的。此时利益相关者不再是单纯的决策接受者，其将成为决策过程的参与者，成为决策的发起人，与其他那些意见不同的主体一同参与到决策之中，并为决策的结果负责。[3] 各治理主体对协同过程的承诺的核心内容是共同责任。这种责任要求利益相关者从新的角度看待他们与其他利益相关者的关系，即他们与对手分担责任。信任至关重要，因为你没有理由和你不信任的人分担责任。如果你对这个过程采取"负责任"的观点，什么能保证你的对手不会利用你善意行动的意愿？权力不平衡或对谁应该采取主动的不同看法可能会阻碍共同所有权的形成。例如，华纳在采访参与海胆捕捞的利益相关者时发现，渔业工作人员和潜水员对他们在合作过程中的所有权程度有不同的看法。潜水员认为自己是在协助渔业工作人员，而渔业工作人员则期望潜水员在某些领域领导决策过程。[4]

---

[1] Joanna Burger, Michael Gochfeld, Charles W. Powers, Lynn Waishwell, Camilla Warren, and Bernard D. Goldstein, "Science, Policy, Stakeholders, and Fish Consumption Advisories: Developing a Fish Fact Sheet for Savannah River," *Environmental Management* 2001, 27: 501–514.

[2] C. Ansell and A. Gash, "Collaborative Governance in Theory and Practice," *Journal of Public Administration Research and Theory* 2008, 18 (4): 543–571.

[3] Walid el Ansari, "Educational Partnerships for Public Health: Do Stakeholders Perceive Similar Outcomes?" *Journal of Public Health Management Practice* 2003, 9: 136–156; Tighe Geoghegan and Yves Renard, "Beyond Community Involvement: Lessons from the Insular Caribbean," *Parks* 2002, 12 (2): 16–26.

[4] Gary Warner, "Participatory Management, Popular Knowledge, and Community Empowerment: The Case of Sea Urchin Harvesting in the Vieux-Fort Area of St. Lucia," *Human Ecology* 1997, 25: 29–46.

需要关注的是，承诺是一种由道德等精神力量约束的非正式契约。因此，在实践过程中，当无法确保参与者都具有较高道德水平时，承诺的履行便会受到影响，此时则需要具有更强的威慑和惩罚的强制性力量参与，从而提升违背承诺的成本，削弱违背承诺的动机，即为了保障承诺行为的实施，需要通过制度化设置提供必要的保障。[1] 在现实中，这种惩罚的力量可以较好地避免协商过程中的不正当行为。同时，当参与缺乏足够吸引人的激励时，授权形式的协同过程可能至关重要，但授权合作也可能掩盖利益相关者缺乏真正承诺的情况。因此，各利益相关者的高度相互依存可能会增强协同过程承诺，但也可能会增强主体操纵协同行为的动机。当协同治理不是一次性的，而是依赖于持续的集体行动时，这些情况可能会被抑制，因为这时就需要考虑现在行为对于未来协同的影响。

6. 协同行动

协同行动，是指社会治理主体在预先设定的协同机制框架内按照协商形成的规则和计划展开行动从而达成预定的目标。主体聚集、展开协商与讨论和确定决策规划是协同的前期准备阶段，协同行动则是协同的具体执行，是其落地的环节。[2] 无论是从一般意义上的线性发展路径理解协同的过程还是从循环路径进行分析，协同行动都表现为执行和实施环节，在这个环节中参与者在协商过程中做出的承诺和确定的准则开始发挥作用指导具体的行动，治理主体将通过具体的行动将规划变为实际的活动。当然，这一过程与最终的结果是紧密联系的，二者难以分开[3]，这也使得协同行动经常被忽视。而实际上，协同行动是十分重要的，其应当是仔细进行的、过程公开的，应当经过仔细的规划和设计并具有战略层次的考虑，而并不应当只是被动的反应。[4] 此外，协同行动也可作为中间结果环节，即

---

[1] 张康之：《走向合作的社会》，中国人民大学出版社，2015，第2017页。
[2] 田玉麒：《协同治理的运作逻辑与实践路径研究——基于中美案例的比较》，博士学位论文，吉林大学，2017。
[3] Judith E. Innes and David E. Booher, "Consensus Building and Complex Adaptive Systems," *Journal of the American Planning Association* 1999, 65 (4): 412–423.
[4] Matthew J. McKinney and Shawn Johnson, *Working Across Boundaries: People, Nature, and Regions* (Lincoln Institute of Land Policy, 2009).

协同行动过程中的反馈——"小赢"。[1] 已有一些成果表明，当协同治理基于明确的目的而展开时，协同是可能取得较好的结果的，协同治理更有可能发生。[2] 虽然这些中间结果本身可能代表有形的产出，但我们在此将其视为关键的过程结果，对于形成可带来成功协同治理的势头至关重要。这些在协同过程中出现的较好结果可以进一步激励协同过程的参与者，使这些参与者具有更强的信心，愿意继续努力，从而进一步建立信任、做出承诺，实现协同过程的良性循环。[3] 所以，中间结果的反馈会加强信任和相互依赖对潜在协同过程的互动影响。中间结果的反馈就相当于在整个协同过程中的一针强心剂。

（四）协同增效：协同治理的绩效评估

绩效是对市域社会治理的"实施过程和效果的评价"[4]。协同治理的绩效评估可以认为是"根据统一的评估指标和标准，按照一定的程序，对评估对象（社会治理主体）在协同过程中的业绩做出客观、公正和准确的综合评判"[5]。

1. 绩效评估的必要性

协同治理是一种强调实际执行的集体活动，其实践过程与参与协同者的活动将对社会治理中的公共问题产生影响，并进一步对社会环境产生冲击，这种影响和冲击便是协同的效果。一方面，对协同绩效进行合理的评定是十分必要的。首先，协同治理的绩效评估不仅可以反映协同过程的合

---

[1] Stergios Tsai Roussos and Stephen B. Fawcett, "A Review of Collaborative Partnerships as a Strategy for Improving Community Health," *Annual Review of Public Health* 2000, 21: 269 - 402.
[2] Jeroen F. Warner, "More Sustainable Participation? Multi-stakeholder Platforms for Integrated Catchment Management," *Water Resources Development* 2006, 22 (1): 15 - 35.
[3] Todd Rogers, Beth Howard-Pitney, Ellen C. Feighery, David G. Altman, Jerry M. Endres, April G. Roeseler, "Characteristics and Participant Perceptions of Tobacco Control Coalitions in California," *Health Education Research*, Theory & Practice 1993, 8: 345 - 357; Chris Huxham, "Theorizing Collaboration Practice," *Public Management Review* 2003, 5: 401 - 423.
[4] 王锡锌：《公众参与、专业知识与政府绩效评估的模式》，《法制与社会发展》2008年第6期；田玉麒：《协同治理的运作逻辑与实践路径研究——基于中美案例的比较》，博士学位论文，吉林大学，2017。
[5] 范柏乃：《政府绩效评估与管理》，复旦大学出版社，2007，第20页。

法性、相关思路的可靠性以及各类资源的成本收益合理性，还可以帮助人们进一步结合环境的变化及时调整方案从而更好地解决问题。了解治理是否有效对于治理行动而言具有重要价值，从广义上看，治理有效性是一种科学的评价指标，其指向国家治理系统是否能够较好地解决社会问题、推进经济社会发展。① 从狭义上看，治理有效性是指治理行动是否有效地处置了社会治理过程中的公共问题，是否增加了公共价值。其次，合理地评价协同治理效果有助于考量协同行动是否符合建设"社会治理共同体"的必然要求。亚里士多德深刻地指出每一个城市都是一种社会团体，这些团体的目的是做出一些好的事情。②

另一方面，协同增效的切入点除了客观的起始条件与制度设计之外，还有与评估相伴而生的问责，即对参与者的行为进行监管，对那些行为不合适的参与者进行处罚。因为，从公共选择理论的视角来看，协同治理本质上是一项集体行动，在实践过程中不可避免地要遇到"搭便车"问题。为了避免私人利益借助协同的过程损害公共利益，以确保公共资源不被出于私人利益目的而使用，就需要建立一系列约束和监督机制以更好地规范参与者的行为，使其行为符合协商形成的要求且切实履行其责任，不然就要对其进行合理的处罚和问责。③ 问责对于现代民主而言具有重要的作用，是公共管理过程中的核心内容之一④，"公共问责制是现代民主施政的标志。如果当权者不能被公开追究其作为和不作为，他们的决定、政策和支出的责任，那么民主仍然是一个纸面程序。因此，公共问责制作为一个机构，是公共管理的补充"⑤。它的基本功能除了"民主控制""催人向善"之外，还包括提升绩效，即问责制可以通过事前的预防和事中的控制与监管使人们将外部规则转化为内心的认识，从而提升治理的效果，进而使得协同治理过程更加高

---

① 陈亮：《治理有效性视域下国家治理的复合结构与功能定位》，《求实》2015年第11期，第24页。
② 亚里士多德：《政治学》，吴寿彭译，商务印书馆，1983年。
③ 田玉麒：《协同治理的运作逻辑与实践路径研究——基于中美案例的比较》，博士学位论文，吉林大学，2017。
④ 谷志军：《政府决策问责：理论与现实》，浙江大学出版社，2016，第3页。
⑤ Mark Bovens, "Public Accountability," in Ewan Ferlie, Laurence E. Lynn, and Christopher Pollitt, eds., *The Oxford Handbook of Public Management* (Oxford University Press, 2007).

效且具备治理的合法性。[①] 此外，通过问责，还可以将那些不适合参与治理的主体剔除出治理过程，以避免这些参与者继续损害治理活动。

2. 协同增效的评价标准

作为一种治理工具，绩效评估对于增强各治理主体，尤其是行政部门的责任意识，促使各部门提升组织绩效、改进资源配置和提升市域社会治理回应性与服务效率具有重要作用。绩效评估可以为行政部门的工作提供参考，并为其接下来的改进提供支持。具体来说，基于绩效评估的治理增效是否成功可以通过是否存在以下四种要素来评价。

第一，统一的价值理念和治理目标。为市域社会治理资源整合应用搭建互动交流的基础，第一步应是使具有不同价值理念、治理技术、方法和资源的多元主体聚集在一起，并通过协同行动这一中间结果的反馈，进一步增强各主体协同治理的信心，为下一阶段的融合奠定信任的基础以及拓展协同空间和渠道。第二，能够组织多元主体协同应对治理难题的结构机制。在打破部门界限和条块分割的基础上，要在市域范围内形成社会稳定、协同治理的格局，必须将协同理念贯穿到市域范围的各个实践活动之中，调动社会力量参与市域社会治理的积极性，妥善安排社会治理资源，以社会治理资源的整合协同应对市域范围内的治理难题。第三，资源共享机制。可以说，资源共享也是资源互惠的一种形式，即一种每个参与者都能够为其他参与者做出有用的贡献，且其都愿意在彼此需要的时候主动地为需要者提供这些东西的一种较积极的合作关系，这些共享将促进治理过程中主体信任的建立，对于协同治理而言是十分必要且重要的。[②] 第四，优化协同环境，实现治理效益最大化。市域层面的社会矛盾和纠纷在类型上是多样复杂的，在时间尺度上也是常态化的。这就意味着需要将运动式、临时性市域社会治理转变为常态化、日常性协同治理，要构建长期治理规划。同时，如上所述，文化环境也是治理环境的重要影响因素，形成

[①] Mark Bovens, "Public Accountability", in Ewan Ferlie, Laurence E. Lynn, and Christopher Pollitt, eds., *The Oxford Handbook of Public Management* (Oxford University Press, 2007).

[②] 段飞、杨玉娟：《科普工作信息资源共享对策研究》，《电脑与信息技术》2018年第1期，第65~69页。

市域范围内的平等、互信、开放、共享的协同文化是营造协同环境的必备因素。为此，需要加强文化宣传教育，积极推进良好协同文化在治理主体中的传播。经过阶段性目标及任务的完成，最终实现"人人共享"的协同治理目标，也即以多元主体协同为牵引力，以协同治理过程为基础，推进市域范围内长治久安而实现市域社会治理效益最大化，最终实现共同富裕。

第六章 市域社会治理现代化协同性的基本要求

协同成为市域社会治理现代化研究的新视角和核心议题之一。以往研究具有共识性地指出,"市域社会治理现代化"的本质是协同共治。这就意味着市域社会治理现代化必须坚持协同治理。协同治理的根本属性是对治理过程中各种涉及治理活动的复杂因素的识别和总结,在这一过程中治理主体的多元化和多样性特征十分典型。[①] 然而,在实践中,我们至少需要进一步明确以下问题。一是"谁在协同"。一般认为,"市域社会治理"的主体包括党委、政府、群团组织、经济组织、社会组织、自治组织、公民等,"人人参与"的主旨虽已明确,但不清晰。这就涉及"主体协同"的基本要求。二是"为何协同",即促使市域社会治理现代化坚持协同性的驱动力是什么。这里涉及市域社会治理体系和治理理念两个问题,前者是外在驱动力,后者是内在驱动力,要讨论的包括"体系协同"和"理念协同"的基本要求。

一 理念协同

"价值认同是制度执行、治理优化的重要基础。"[②] 市域社会治理现代化的协同,首先就需要核心价值体系的导航定向。中国式现代化的逻辑起

[①] C. Ansell and A. Gash, "Collaborative Governance in Theory and Practice," *Journal of Public Administration Research and Theory* 2008, 18 (4): 543-571.

[②] 《大力弘扬社会主义核心价值观》,国家发展和改革委员会网站,2014年2月24日,https://www.ndrc.gov.cn/fggz/fgjh/djzc/201402/t20140224_1273638.html。

点是"人",因此在推进市域社会治理过程中必须坚持以人为本,社会治理的各项实践都必须贯彻落实"以人民为中心"的治理理念。[①]"以人民为中心"的发展思想作为社会治理的共同价值,是衡量社会群体凝聚力的重要尺度之一,也是实现市域社会治理现代化的实践活动的思想价值支撑。但是,治理理念只有转化为具体实践才有意义。理念能否产生良好的绩效,即治理效果,不仅取决于价值理念本身,还取决于对价值理念的管理。也就是说,在已明确"以人民为中心"的理念的基础上,还应对理念进行管理。本书认为理念管理实质就是理念协同。理念协同是促进多元主体集体行动的必备条件之一,在增强市域社会治理凝聚力上具有重大影响。那么,理念协同要如何转化为行动和结果呢?答案可从管理理论的发展历程中找到。具体而言,管理理论经历的"经济人—社会人—复杂人—文化人"的演变,以及德鲁克的"知识员工",都是"人本思想"的体现。治理和管理的核心理念是相似的,即都是基于"人"的,以"人"为目的,以"人"为依靠,以"人"为目标。因此,协同推进市域社会治理现代化,必然也要坚持"人本思想",即"以人民为中心"的价值理念。

(一)"以人民为中心"的价值理念

市域社会治理现代化协同性的实现,需要价值、道德、民主协商等柔性力量。相较于其他元素,价值观处于文化的核心位置,它承载着人们的价值信仰、凝聚着人们的价值追求,对于社会信任的构建具有重要影响,且能增强人们对政治的认同,进而更好地维护社会的和谐稳定。[②]"以人民为中心"的社会治理是"以人民为中心"的发展理念在社会领域的体现,其根本意义在于把人民对美好生活的期待和需要放在最高位置。"以人民为中心"的价值理念可具体化为共识、共建、共享。首先,共识被视为促进个人观点的表达和鼓励更多的合作。[③] 其次,共建,顾名思义,就是人

[①] 张文显:《新时代中国社会治理的理论、制度和实践创新》,《法商研究》2020年第2期。
[②] 刘占祥、闪月:《论国家治理现代化的价值动力——基于社会主义核心价值观的考察》,《中国行政管理》2019年第10期,第152~153页。
[③] Richard D. Margerum, "Collaborative Planning: Building Consensus and Building a Distinct Model for Practice," *Journal of Planning Education and Research* 2002, 21: 237-253.

人出力、共同建设。共建强调的是共同的参与,是对社会治理过程中存在的不合理分配现象的批判。① 尽管市域社会在一定程度上仍存在分配不公、贫富差距较大、发展不平衡不充分等问题,如各省、各县域资源以及各参与主体掌握的资源不同,但是,在考虑现实差异的基础上,只有推进社会治理主体共同参与建设,才能够更为有效地处置现实的矛盾冲突,推进公平正义实现,从而维护社会和谐,使得民众共同分享治理成果。最后,共享并不意味着绝对平均主义,也不是差距巨大的不合理分配,而是一种存在差别但合理的配置,是根据一定规则和规范进行的分享。② 共享的本质是社会治理成果的分配。社会全体人民是社会的建设主体,人民群众的努力奋斗是幸福生活的来源,因此其作为实践主体也应该是受益主体,应当享受社会治理的积极成果。马克思在《资本论》中分析资本主义社会时指出在资本主义社会中存在建设、分享异化的现象,并批判了以剥削为核心的分配制度,指出其会导致那些进行生产的工人陷入贫困,由于不合理的分配制度的存在,工人生产的价值无法被自己享有,其生产得越多被剥削得就越多。③ 成果共享作为市域社会治理现代化协同性的目标,既是"马克思主义分配正义思想的时代表达"④,也是"以人民为中心"理念在社会治理过程中的现实体现。在共享的内容上,习近平总书记提出共享的内容包括国家经济、政治、文化、社会、生态各方面建设成果,要全面保障人民在各方面的合法权益。⑤ 从狭义上来看,能够实实在在让人民群众感受到的治理成果,集中于治安和环境建设方面。

(二)理念协同的具体路径

关于"以人民为中心"的社会治理理念,习近平总书记做过多次阐

---

① 董振华:《"以人民为中心"的理论逻辑和政治价值》,《中共中央党校学报》2017年第6期,第27~33页。
② 李实:《共同富裕的目标和实现路径选择》,《经济研究》2021年第11期,第4~13页。
③ 《马克思恩格斯选集》(第1卷),人民出版社,2012。
④ 杨文圣、李旭东:《共有、共建、共享:共同富裕的本质内涵》,《西安交通大学学报》(社会科学版)2022年第1期,第10~16页。
⑤ 《习近平谈治国理政》(第2卷),外文出版社,2017,第215页。

释，其强调创新社会治理必须坚持人民利益为上，要从人民群众利益出发，解决人民群众的困难，处理人民群众最关心最直接最现实的利益问题。[1] 习近平总书记还指出社会治理创新的核心是人，关键在于推进社会治理体制的创新。[2] 习近平总书记进一步强调社会治理活动必须尊重人民主体地位，尊重人民首创精神，向人民学习。[3] 以上这些论述，可划分为三个方面的内容，即社会治理应当为了人民、依靠人民、成果共享。

1. 为了人民——体现市域社会治理的根本目的

市域社会治理本质上是为人民服务。在市域社会治理的过程中，"以人为本"是贯穿全过程的准则，强调社会治理必须将人民群众的利益作为最优先考虑的问题。习近平总书记明确指出社会治理过程中必须坚持群众路线，坚持社会治理为了人民。[4] 习近平总书记还强调在社会治理过程中必须着力解决那些人民群众最关心的与其利益高度相关的社会问题。[5] 这也要求市域社会治理的设计及实践活动都必须为人民着想，根据人民群众的需求进行规划，从而有效满足人民群众的需要，使其获得幸福感。具体而言，第一，在民生问题上，为人民提供他们所需要的教育、工作、收入、社会保障、居住环境、医疗条件，使人民可以活在更好的条件下，并在更优越的环境中工作和发展。[6] "以人民为中心"的价值理念要求为人民服务贯穿于实践过程中。正如习近平所言："我们的重大工作和重大决策必须识民情、接地气。要以人民群众利益为重、以人民群众期盼为念，真诚倾听群众呼声，真实反映群众愿望，真情关心群众疾苦。要坚持工作重心下移，深入实际、深入基层、深入群众，做到知民情、解民忧、纾民

---

[1] 《习近平关于社会主义社会建设论述摘编》，中央文献出版社，2017，第129页。

[2] 《推进中国上海自由贸易试验区建设 加强和创新特大城市社会治理》，《人民日报》2014年3月6日，第1版。

[3] 习近平：《在庆祝中国人民政治协商会议成立65周年大会上的讲话》，《人民日报》2014年9月22日，第2版。

[4] 《坚持社会治理为了人民——二论学习贯彻习近平总书记中央政法工作会议重要讲话》，人民网，2019年1月18日，http://theory.people.cn/GB/n1/2019/0118/c40531-30575236.html。

[5] 张文显：《新时代中国社会治理的理论、制度和实践创新》，《法商研究》2020年第2期，第3~17页。

[6] 《十八大以来重要文献选编》（上），中央文献出版社，2014，第70页。

怨、暖民心，多干让人民满意的好事实事。"① 因此，加快推进市域社会治理现代化，必须始终坚持"以人民为中心"的发展思想。

2. 依靠人民——体现市域社会治理的根本动力

就社会治理实践而言，人民是不可缺少的核心主体。人民群众源于现实生活的明智建议是推进市域社会治理现代化的不竭动力。长期以来关于发展的事实证明人民群众的实践是我们发展的动力来源，理论的创新和实践的突破都离不开人民群众。② 这就要求市域社会治理现代化的协同必须要关注人民群众的治理诉求和意见建议。习近平总书记认为必须充分尊重人民所表达的意愿、所创造的经验、所拥有的权利、所发挥的作用。③ 要落实"以人民为中心"的价值理念，就要把市域社会治理置于人民切切实实生活在其中和关注的社会发展背景下，把市域社会治理现代化与人民群众的发展和成长结合起来，以建设社会治理共同体。"只有在共同体中，个人才能获得全面发展其才能的手段，也就是说，只有在共同体中才可能有个人自由。"④ 尽管现代资本主义文明减少了人和人之间的交流，使人与人之间的相互关系逐渐被人和物之间的互动所代替，而且，按照滕尼斯的说法，事实上所谓"共同体"在现代社会中是难以存在的，其只存在于过去的传统村落中，伴随着现代化的进程，"共同体"正在消失⑤；但不可否认的是，即使在现代社会中，公共关系依然具有重要意义，人与人之间的关系和互动依然是人们生存和发展的必要基础，因此"共同体"仍然在形式上得以延续。社会治理共同体这一名词正是在对现代社会进行深入剖析之后所提出的，是传统的共同体思想与当代社会发展实际情况结合基础上的创新，也是对我国多层次社会治理经验的一个总结和提炼。因为，即使在充满"陌生人"的现代社会，人与人之间仍然会形成基于各类关系的共

---

① 《十八大以来重要文献选编》（中），中央文献出版社，2016，第77页。
② 姜淑萍：《"以人民为中心的发展思想"的深刻内涵和重大意义》，《党的文献》2016年第6期，第20~26页。
③ 《十八大以来重要文献选编》（上），中央文献出版社，2014，第697页。
④ 《马克思恩格斯选集》（第1卷），人民出版社，2012，第422页。
⑤ 斐迪南·滕尼斯：《共同体与社会——纯粹社会学的基本概念》，林荣远译，商务印书馆，1999，第333页。

同体，关系的核心包括利益和风险。这也就意味着，市域社会治理现代化协同的推进，仍然需要依靠人民的共同参与。因此，要鼓励人民共同担负起推进市域社会治理现代化的责任，其关键在于不断增强人民对市域社会治理的责任感和使命感。同时，在互联网时代，也要积极将党的优良做法与现代信息技术进行有机结合，为人民群众参与社会治理提供有效的协商平台，从而更好地广泛凝聚社会治理合力，保障人民群众在社会治理过程中的主体地位，并使其公平分享治理的成果。

3. 成果共享——体现市域社会治理的根本价值

成果共享，既是构建社会主义和谐社会的出发点，也是构建社会主义和谐社会的落脚点。[①] 坚持"以人民为中心"的价值理念，其本质在于使人民群众共同享有社会治理的各项成果。习近平总书记提出，在推进发展时必须坚持以人民为中心，坚持人民群众共享发展成果[②]；工作是否取得了成功关键在于人民群众是否真正得到了实惠，人民的生活是否真正得到了改善，人民群众的权益是否真正得到了保障。[③] 但是，成果共享不等于成果均等，其在内涵和要求上与"共同富裕"高度一致。需要注意的是，共同富裕并非人人一样的绝对平均主义，也并非个人的富裕。[④] "国家建设是全体人民共同的事业，国家发展过程也是全体人民共享成果的过程。"[⑤] 作为国家建设的重要内容和中国实践情境下的现代化进程，市域社会治理现代化中，"以人民为中心"的价值理念强调治理成果人人享有，体现的是促进共同富裕、维护公平正义。因此，其着力点应为人民密切关注的领域，对此，党的十九届四中全会通过的《决定》中有非常具体的论述，即完善正确处理新形势下人民内部矛盾有效机制，完善社会治安防控体系，健全公共安全体制机制，构建基层社会治理新格局，完善国家安全体系。

---

① 潘玲霞：《"共同富裕"与"成果共享"——中国特色社会主义理论体系中的民生思想》，《社会主义研究》2009年第1期，第40~43页。
② 《十八大以来重要文献选编》（上），中央文献出版社，2014，第698页。
③ 《十八大以来重要文献选编》（上），中央文献出版社，2014，第698页。
④ 习近平：《扎实推动共同富裕》，《求是》2021年第20期。
⑤ 《习近平关于协调推进"四个全面"战略布局论述摘编》，中央文献出版社，2015，第44页。

二 主体协同[1]

多元化的主体参与治理是市域社会协同治理格局形成的重要基础,是促进市域社会和谐稳定的必然要求。社会治理时代的多元参与意味着行动主体自觉性的增强,也意味着行动主体变成了真正的行动者,他们通过自己的行动构建"共建共治共享"的社会形态,也即"人人有责、人人尽责、人人享有"的社会治理共同体。市域社会治理过程强调公共性的重要价值,但是这并不是说所有的社会治理主体都是同质的,实际上各个主体是平等的,只是其所承担的任务存在区别,其所发挥的功能因为其能力和资源的不同而不同,其中发挥领导作用的部分更是不可缺少的。[2] 因此,主体协同就是在一系列行动的、流动的、变化的治理过程中,构建一个相对稳定的行动者网络。

(一) 社会治理共同体

市域社会治理的主体包括党委、政府、经济组织、自治组织、群团组织、社会组织、公民。党委即中国共产党,既包括党中央,也包括其他各级别党的组织;政府则是中国人民政府,即国务院及省、市、县、乡(街道)等各层级政府部门;经济组织是指以利润为主要行动原动力的从事经营活动的组织;自治组织在市域范围内更多地指社区居民委员会;群团组织指那些拥有一定行政级别的群团部门;社会组织指那些不追求盈利且提供公共服务的社会团体。不同主体在党的领导下,通过协商的方式凝聚在一起,从而在市域社会治理过程中相互作用,形成一个高异质性的网络。依照行动者网络理论,行动网络中的行动者既是实践主体又是认识主体,即党委等多元社会治理主体既是市域社会治理的行动者,同时也是认识者,这些主体在协商后,按照共同确定的规划指导社会治理行动,

---

[1] 该部分内容来源于本团队文章:陈成文《市域社会治理的行动逻辑与思维转向》,《甘肃社会科学》2020年第6期,第56~63页。

[2] 成伯清:《市域社会治理:取向与路径》,《南京社会科学》2019年第11期。

从而对社会产生作用，进而形成"人人有责、人人尽责、人人享有"的社会治理共同体。社会治理共同体至少包括以下内涵。一是共同体是由存在身份认同的个体组成的，其并非单纯依赖于利益勾连。在共同体中，虽然强调个体的价值和作用，但更多的是对整体和集体的认同与重视，当个体认为自己是共同体一员时，其必然会对这个共同体存在认同，并发展出与共同体相似的一定特质。因此，当个体认为自己是共同体一员时，其不仅追求共同体所产生的效益，还会通过自己的努力为共同体带来新的价值。二是共同体的成员在共同意识的驱动下会更为积极主动地展开行动，从而为共同体的发展创造新的动力。这反映了一般意义上社会治理过程中所强调的责任意识，当个体存在这种责任意识时，其能够将自己的利益与共同体利益结合，从而为共同体目标而努力奋斗。结合市域社会治理过程，多元社会治理主体作为社会治理共同体中的一员会为了提升社会治理效能这一共同目的而积极地参与到社会治理工作中，贡献自己的知识和资源，并成为治理的具体实践者。三是共同体内部存在复杂的关系网络，这种关系既包括社会关系，也包括组织关系，通过共同体这一体系框架，可以形成关于具体事务的关系链接，使得各个主体联合起来，为相关事务的处置提供必要的资源和主体支持，为社会治理活动提供充足动力。在社会治理工作中，以党组织为核心的多元社会治理主体之间存在着复杂的社会关系，而不同的组织之间同样存在着紧密的联系。这些关系和联系在社会治理共同体这一体系内部进一步交织，从而实现社会治理主体之间的联合，进而为其合力处置社会公共事务提供支撑。四是共同体有集体行动的倾向。共同体存在共同的身份认同和共同的目标与利益，因此可以更好地联合起来成为一个整体。在社会治理实践过程中，多元社会治理主体之间通过协商、合作成为治理共同体，并基于共识达成治理决策，形成社会治理的强大合力，通过集体行动的方式有效地处置社会治理问题。[①]

[①] 王天夫：《构建社会治理体系 建设社会治理共同体》，《社会治理》2020年第1期。

（二）主体协同的具体路径

在市域社会治理行动中，主体之间的活动并不是单独的，各个主体之间都存在依赖关系，相互之间存在关联和影响，而其所处的行动者网络本就是一个复杂的系统。在这个系统中，各种要素和资源相互交流、协同共生，为社会治理活动提供必要的要素支持和资源保障。党的十九届四中全会正式提出了"党委领导、政府负责、民主协商、社会协同、公众参与、法治保障、科技支撑"的社会治理体系，对我国长期发展所形成的"一核多元"的社会治理体系进行了概括。"一核"即"党委领导"，"多元"即政府、群团组织、经济组织、社会组织、自治组织等多元主体，"共治"既具有多元社会由各个主体共同治理的内涵又体现着民主治理、依法治理、科学治理等多种治理方式的并举。"一核多元共治"回答了主体协同的具体路径问题。但是，如果将市域社会治理视为一种动态的社会运行机制，则各主体的运作逻辑决定了其在主体协同中所扮演的角色及其所发挥的作用。

1. 党组织：意识形态机制

党组织是国家政治意识的落实者，是社会治理的核心，掌握着社会治理过程中的最重要权力，更是人民群众利益的代表者，可以代表人民群众根据实际发展情况采取合理的社会治理行动。党组织还是社会治理过程中各种规范和制度的设计者与整个治理行动的领导者。在市域社会治理工作中，党组织更为重视社会治理所产生的政治影响，其进行社会治理的行动逻辑在于推进意识形态"转译链接"。这种逻辑表现在社会治理过程中所强调的"讲政治，顾大局"上，因为执政党具备很强的权威，是社会治理的核心领导者，其必须考虑治理全局，坚定政治方向。在市域社会治理中，"党委领导"意味着党组织要组织和联系其他社会治理主体，以实现多元社会治理主体的有序合作、协同治理。然而，尽管党组织是市域社会治理过程中的领导者，对其他主体起着引领作用，但是其并非单纯地依靠组织权威而通过命令等强力手段直接进行管控。党组织的领导更多地表现为柔性化的政治领导、思想领导和组织领导。党组织通过政治领导等方式引导治理在合理的政策规划和战略策划下有序开展，从而使得社会治理过程有计划、有方向。在实践过程中，基层党委是社会治理的重要基石，其一方面是党和国家各种治理思路、政策、要求的传达者，可以使基层社会与国家治理共同发展，保障相关方向的正确性、措施的合理性，避免治理过程脱离国家要求和规划；另一方面与民众建立良好的联系，成为人民群众意见反馈的重要渠道，从而使市域社会治理可以及时获取一线信息反馈，为市域社会治理的改善和优化提供民众支持。

2. 政府：权力机制

权力逻辑的组织形态表现为科层制，其行动模式强调自上而下，并通过组织下沉将治理延伸至基层。权力控制下的支配实际上是一种"自上而下型治理"，表现为：在治理实践过程中，上级行政机关的命令和要求具有权威性，下级行政机关必须服从上级的要求，并采取合理的方式调动相关的资源以完成上级行政机关所安排的工作。就实际而言，其体现在模糊发包、绩效评估、制度建设等多种治理方式中。这些方式都是通过各种途径激发社会治理过程中各行动主体的积极性，使其为社会治理活动投入更多资源，以实现治理目标。这些活动的开展都是以一整套权力机制作为运行基础来调动各方的。在许多市域社会治理实践中，政府利用自身的权力资源，在合理的制度体系内发挥着"引领者"作用，通过其所拥有的政治权威和各界的认可，激活社会治理多元主体的治理积极性，并带动这些主体将其所拥有的治理资源投入社会治理行动中，推动多元主体协同共治。

政府在市域社会治理主体结构关系中占据责任主体地位，一方面是因为其是党组织的执行机构，另一方面也是由市域社会治理实际情况和政府所具备的特征所决定的。市域社会治理是一个覆盖范围广、涉及主体多的复杂系统工程，其治理过程虽然强调协商民主，但也需要一个强有力的政府提供行政和法律支持以及必要的强制力量，同时还需要一个拥有一定资源的组织来沟通各方面需求并为治理活动提供所需的公共服务。然而，当前我国市域社会治理体系中所表现出来的权力逻辑仍然在一定程度上受到传统"全能型政府"思维的影响和科层制组织的阻碍。传统政府认为自己是全能的，应当管理社会的各个方面，经济组织和社会组织应当在政府的管理下展开活动。而在具体的管理实践中，政府积极推行严格的管理体制，主要依靠行政命令等方式实现严密的层级管理。但是，在协同治理语境下，政权组织将权力机制运用于市域社会治理之中，并非要构建一个具有绝对控制力的政府，而是要使其在社会治理过程中可以发挥重要的作用，为治理过程提供必要的资源和服务，从而充分调动各个治理主体的积极性。在这种情况下，政府不再是全能的，也不负责社会治理的所有工作，而是和其他组织一同参与社会治理，作为责任主体，为治理共同体所认同的规划提供必要的资源。

3. 群团组织：协商机制

群团组织长期以来作为党的外围组织而存在，与党一样来源于社会，有鲜明的社会属性。在党缔造了新的国家政权之后，党的组织体系便与国家机器融为一体，生成了一种独特的政党-国家体制。与此同时，群团组织作为党组织的关联者也成为国家机器的重要组成部分，从而产生了群团组织"国家化"的现象。改革开放以后，传统的单位体制发生了解体，社会结构日益扁平化，群团组织"国家化"的现象使得群团组织在联系和服务群众上出现了效能的降低，甚至一些组织只是悬浮于社会而没有发挥其功能。党的十八大以来，中国特色社会主义进入新时代，面对群团组织"国家化"的问题，党以自我革命的精神推动了群团组织改革。新时代群团组织改革要求群团组织扎根社会实践，立足社会需求而增强能力，强调群团组织重新"找回社会"的逻辑，这使得"群社协同"成为新时代群团组织参与市域社会治理的重要路径。以多元渠道参与协商的行动逻辑，是由中国的群团组织具有极为显著的国家/政府属性决定的。虽然群团组织具有国家/政府属性，存在一定的行政功能，但是在市域社会治理过程中，其更多的是利用协商、对话等方式与群众建立联结，从而服务群众。受协商逻辑支配的治理并非由纯行政权力支持，其本质在于重新建构社会治理过程中各治理主体之间的功能关系和组织结构。群团组织在实践中一直是内嵌于社区民主协商之中的重要主体，是联系群众、开展民主协商的重要组织平台，是满足人民群众需求的重要主体，是群众反映意见的重要途径。在市域社会治理行动中，群团组织经常利用其具有的准行政性特点与群众进行联结，以实现对群众的教育和引导，并化解基层矛盾、解决群众困难。群团组织也注重通过集体协商、对话协商等方式协调各方利益，为相关群体（如青年、妇女、工人等）提供关系调适平台。正是由于我国群团组织具有一定的国家/政府属性，其相比其他国家的群团组织而言具备更为严密的组织体系和更强的组织能力，可以更有效地和特定群体建立深厚联系，从而为市域社会治理提供支持，但是这一特征也使得其在市域社会治理实践的过程中，难以把握协商机制与权力机制的平衡，增加了群团组织协商中的困境。在实践中，我国大部分群团组织仍然更多地体现其行政功能，其运行也更多地通过行政命令方式推进，协商、对话和讨论等手段的应用仍然不足。在一些地区，群团组织更是直接成为政府的外派机构，为地方政府从事一些行政类的事务，这极大地削弱了群团组织的社会属性和服务功能。

  针对上述问题，本书在此提出以下几种对策。一是突出群团组织的中间群体性质。法国社会学家埃米尔·涂尔干（Émile Durkheim）提出社会团结有两种形式：一种是源于社会成员在意识上的相似性的"机械团结"（mechanical solidarity）；另一种是基于共同体成员自愿、自由、主动地与其他成员发生正面联系的"有机团结"（organic solidarity）。涂尔干认为法人团体能够切合个体利益的、心理的、职业的和情感的需求，可视为现实中有机团结的承载者。他提出法人团体作为中间群体的作用在于能够把原子化的个人纳入社会生活主流之中，并把原先的个人与社会的结构改成个人、组织团体与国家的结构。[1] 回顾历史可以发现，随着国家与社会的发展，由罗马工匠组成的法人团体逐渐成为政府管理机构的一部分，扮演了各种行政角色。然而，由于对国家过于依赖，最终在帝国崩溃之后法人团体也就消逝了。[2] 因此，法人团体只有回归社会性才能发挥维护社会团结与稳定的本质作用。作为中国特有的组织形态，群团组织是在政党－国家

---

[1] 埃米尔·涂尔干：《社会分工论》，渠东译，生活·读书·新知三联书店，2000，第25页。
[2] 王庆明：《社会团结的转型与基础秩序的重建——基于对涂尔干"社会团结"的解读》，《福建论坛》（人文社会科学版）2010年第3期。

所赋予的政治合法性基础上服务群众的组织载体，同时亦是党和政府联系群众的社会渠道。这种特殊的"官民二重属性"的定位正好符合涂尔干的上述论述。群团组织恰好处于国家与社会的中间位置，属于当代中国特殊的"第三领域"[1]，有利于连接国家意志与社会需求，因而"对于执政的中国共产党来说，这些组织实际上是联系和整合其社会基础和阶级基础的中介性的力量"[2]。然而，由于群团组织的"国家化"现象弱化了群团组织作为中间群体的属性，因而需要推动"找回社会"的改革。在新时代的背景下，群团组织改革的旨向之一就是激活群团组织的社会功能，推动群团组织与社会组织之间的协同共生，构造社会共同体的结构形态，以构建本土情境下的社会有机团结模式。综而观之，群团组织协同社会组织能够有序畅通原子化个体与公共体制之间的利益表达渠道，形成政治功能与社会功能的耦合，使其在国家权威与社会需求的交互中找到最优契合点，以充分体现其作为中间群体所具备的代表、协调、吸纳、聚合等多重应然功能。

二是呈现群团组织原本的社会属性。群团组织自成立之初就是党和政府联系群众的桥梁和纽带。随着抗战胜利，为进一步与社会各界保持密切联系，不同品类的群团组织陆续成立。群团组织从社会中来，具有天然的"亲社会"的组织特征，与社会组织联系密切。迈入新时代以来，党和国家进行了创新社会治理体制、完善共建共治共享的社会治理制度、构建社会治理共同体等一系列战略部署，这显示出当前国家治理思路逐渐强调社会性。2015年7月，中共中央召开了党的群团工作会议，这是党的历史上第一次由党中央召开的党的群团工作会议，群团组织改革开始全面推进。改革的核心主旨即立足群团组织的社会属性，为其政治属性功能的发挥提供基础支撑。在具体改革内容中，如何实现"群社协同"成为深化改革的重要议题。习近平总书记强调："联系和引导相关社会组织，是群团组织发挥桥梁和纽带作用的一项重要任务。"[3] 这进一步引导着群团组织在行使

---

[1] 黄宗智：《中国的"公共领域"与"市民社会"？——国家与社会间的第三领域》，载邓正来、J. C. 亚历山大编《国家与市民社会》，中央编译出版社，2005，第420~443页。
[2] 林尚立：《轴心与外围：共产党的组织网络与中国社会整合》，《复旦政治学评论》2008年第1期。
[3] 《习近平关于社会主义政治建设论述摘编》，中央文献出版社，2017，第201页。

政治功能的同时，有效地联结社会团体，从而构建"群社协同"的互动格局，并利用社会组织网络实现互动，进而形成社会治理共同体。

三是彰显"群社协同"的治理价值。在推进国家治理体系和治理能力现代化的背景下，群团组织需要进行功能重塑，以发挥有机联结国家与社会的应然作用。换言之，群团组织需要重建社会中间层网络，以完成其回归社会这一功能重塑的根本任务。当前群团组织改革的重要取向之一就是力图通过让群团组织参与社会治理，使群团组织更好地把工作重心放在基层，进而做好政治吸纳和政治整合工作，服务于国家发展战略。其中，"群社协同"是群团组织参与社会治理现实可行的行动选择。协同的本质便是多个主体共同参与某项活动，通过协商、交流等手段传递意见、分配资源、展开行动，最终实现目标。在社会治理过程中，协同治理便体现在多元治理主体之间通过协商就治理工作达成一致，最终实现公共利益最大化上。而"群社协同"为群团组织参与社会治理提供了重要的实践路径。从社会角度看，群团组织与社会组织在优势资源与功能的互补中，通过协同共治的方式能够有效破解各自发展的现实困境。因而，向体制外寻找资源以延长服务手臂，增强自身服务能力，是群团组织寻求协同共治的内生动力，也是群团组织发挥其联系社会功能的内在要求。群团组织需要进一步强化其社会属性，通过与社会中的市场组织等其他组织开展合作而获取更多的社会资源，进而提升其自我发展能力，并更好地为社会提供服务。从政治角度看，国家政权的建立是因为精英与非精英出于不同的目的在国家制度之下产生联合。[①] 在实践中，依托政党-国家赋予的政治合法性，群团组织应当积极嵌入国家治理的社会领域，在与社会组织的协作中强化政治引领作用，提升社会的政治整合度，进而有效促进国家对社会的统合。

总而言之，通过资源整合与功能整合，协商机制能够有效激活群团组织内生的社会功能，同时也能促进群团组织有效地发挥政治功能，最终形成市域社会治理中协同共治的新的联合体。

---

① 理查德·拉赫曼：《历史社会学概论》，赵莉妍译，商务印书馆，2017，第77页。

4. 经济组织：交换机制

经济组织同样是市域社会治理不可缺少的重要组成部分，其所代表的市场力量，是社会力量和政府力量的重要补充。市场主体参与市域社会治理，一方面是其社会责任和企业道德的要求，社会的发展同样是企业的重要目标之一，因为企业根植于社会之中，只有社会稳定发展，企业才能够实现更好的发展；另一方面则是受企业利益导向的影响，即经济组织可以通过参与市域社会治理获取一定收益，因此在利益的引导下经济组织也愿意参与到市域社会治理活动中。市场环境下的交换逻辑是克服政府失灵、提高资源配置效率的一种有效方式。在市域社会治理中，经济组织的逻辑在于在利益引导下发挥其所具备的资源优势和市场灵活性，从而助力社会治理、推进开放共治。中国的社会实践清楚地说明市场机制在资源配置领域具备显著的优势，这一优势是政府和社会所无法比拟的，依靠市场机制中看不见的手，市场在无形中助推经济的发展，并实现资源的优化配置。虽然社会治理资源与市场中的经济资源并不一致，但是市场机制对资源配置的重要作用依然有利于改善社会治理资源的配置，从而更好地提升资源的使用效率，提高社会治理效能。

各类经济组织是交换逻辑的主体，其运行模式是在市场机制背景下通过市场手段为社会治理提供技术支持或者服务保障。在实践中，一些地方将经济组织引入社会治理过程中，发挥了经济组织所具备的独特优势，极大地提升了社会治理的效能。如广东省茂名市茂南区采用PPP模式，在立体化打防管控体系建设过程中，按照群众自愿参加、市场运营的原则推进体系建设。还有一些地方积极推动保险嵌入市域社会治理活动之中，为治理工作提供保障，充分发挥保险促进公共服务创新、维护社会和谐稳定的作用。

5. 社会组织：自组织机制

组织进化可以划分为他组织和自组织两种形式，他组织的运行主要依靠外部力量支撑，而自组织则依赖于系统内部组成部分的协调配合。协同学创始人哈肯对自组织过程进行了分析，指出组织成员在工作过程中如果依赖其内部的规则进行协调运作，并不受外部影响，那么这种过程就称为自组织。社会组织参与市域社会治理的过程，表现为在各组织所约定的规则指导下所进行的协调合作，这种合作的基础是社会成员所共同遵守和信奉的某些公认规范和规则，其来源于社会成员内部，而非外部赋予的。在社会网络中，相互关联的个体基于对某些共同价值与规范的遵守会认为其有责任参与相关行动。在市域社会治理中，这种基于对某些共同价值与规范的遵守而表现出来的社会组织治理形式，本质是社会在共同规则的影响下自发地组织起来以展开行动从而破解问题，这一过程是没有受外部影响的，因此其本身是一个典型的自组织过程。

基于自组织行动逻辑的社会组织在社会治理中具有志愿性、自主性、信息保真性等特征，可以破解治理过程中权力机制的垄断性、低效益、供给取向刚性和寻租可能性问题，同时减少交换机制的私人理性、碎片性、投机性所带来的缺陷。但是在一些情况下，自组织机制会受到抑制，尤其是在权力机制十分强大或者市场机制占主导的地方，因为此时外部的干扰和影响过于强大，会对系统内部的组织过程产生巨大的冲击，进而造成自组织过程的紊乱。而且，这种由社会自发组织形成的行动逻辑有时无法为社会组织提供充足的资源、科学的管理和先进的技术等支持，从而使公共服务中出现"志愿失灵"。因此，现代社会治理体系是追求使政府的权力机制、经济组织的交换机制和社会组织的自组织机制三者相互协调、共同作用的产物。在将社会组织引入市域社会治理的实践中，诸多地方重视使社会组织增强能力和作用，以为社会治理活动提供社会组织支持，从而弥补权力机制和市场机制存在的不足。

社会治理协同参与的核心体现为社会治理主体之间所构建的横向多元交流网络以及从国家到群众的纵向协作网络。伴随着社会经济的发展，当前我国社会主要矛盾发生了改变，各种社会力量对于满足人民群众对美好生活的需要而言具有重要的价值，其具备行政组织所无法比拟的灵活性、多样性、群众性等，是当前社会治理过程不可缺少的组成部分。在实践过程中，社会组织的发展呈现区域性延伸态势。比如，一些社区的组织不仅为本社区提供民众所需要的产品和服务，而且在社区建设、邻里协商等方面发挥着积极的作用，有效地减少了基层社区的冲突，避免了矛盾的扩大，促进了社区和谐稳定。在上海、广州、深圳等一线城市，社会组织参与社会治理成效显著，初步形成多元共治的示范性模式，可供其他城市借鉴。

治理过程的协同合作、治理成果的公益共享是现代社会治理的价值目标。社会组织的产生离不开社会经济的发展，其生存和发展的各种资源也需要社会供给，因此其需要回应社会需求、解决社会问题以促进社会福利水平提升，并优化社会保障，进一步维护社会公平正义。在推进社会治理的过程中，社会组织要强调公益性和民主性，同时还要推进共享精神落地，要在"以人为本"的原则下，推进人际关系和人与社会关系的和谐化，降低政府成本，维护社会稳定。然而，当前政府和市场在社会加速转型过程中出现的管理和配置失灵，使得基础性公共物品由政府负责提供、个性化公共物品由营利组织利用市场机制提供、公益性公共物品提供责任由社会组织承担[1]的格局难以形成，为弥补这些缺陷与不足，积极吸纳社会力量参与社会治理已经成为完善社会治理现代化体系的必然选择。社会组织是非营利的，相关活动多是志愿服务，且其治理过程也是自我管理。相比于政府等组织，社会组织虽然缺乏足够的权威性，但是更为灵活，且与一般民众的联系更为紧密，更能够就近解决群众需求，这些特征彰显了社会组织在处理社会问题时的独特优势。社会组织参与社会治理为增强基层自治功能、有效衔接政府的行政管理与群众的自治提供了组织平台，实现了基层公共服务和社会良性治理的目标，这与社会治理现代化的目标具有很强的契合性。

市域社会治理过程强调治理主体的多元化，也重视治理过程的柔性化、民主化、灵活化，主张在治理过程中各个治理主体间采取讨论、协商、沟通、规范和约束等柔性施策的行动方式。在实践过程中，相对于政府"刚性"施策的方式而言，社会组织"柔性"介入的方式更容易被群众所接受。社会组织参与治理过程中更多地通过对话等方式与群众建立联系，而不是命令和管理，因此其能够更好地得到群众的认可，进而更有效地掌握基层社会发展的动向，为基层矛盾化解提供支持。社会组织嵌入社

---

[1] 贾霄锋编著《社会转型加速时期社会组织介入社会问题治理研究》，西南交通大学出版社，2016，第55页。

会治理过程，不仅能够缓解政府和公众之间的矛盾与危机，而且可以将治理力量嵌入治理一线，并引导民众采用理性的组织化诉求表达方式，进而为政府决策提供现实依据，充分体现了"以人为本"的理念。

根据党的十九大报告关于"加强和创新社会治理"的重要精神，《民政部关于大力培育发展社区社会组织的意见》出台，明确提出要充分发挥社区社会组织提供服务、反映诉求、规范行为的积极作用，使其成为创新基层社会治理的有力支撑。根据过去的社会治理经验，社会治理过程需要强化社会力量参与，要加强社会合作，从而为社会主要矛盾化解提供更多解决思路、更多治理力量。社会合作是指社会组织依据共同设定的基本原则，通过合作行动的方式促进人的全面发展、实现社会全面进步的一种行动方式和社会状态。为加快社会合作，需要更多地培育社会组织，增强社会组织力量，激发社会组织活力，提升社会组织的治理能力并丰富其资源，使其可以有效解决群众困难。因此，社会组织协同治理成为创新社会治理体系的重要力量，符合社会治理创新的现实要求。

6. 自治组织：认同机制

社区是市域社会治理的基本单元，在社区治理中，最重要的行动者是自治组织。自治组织在社区治理的过程中以认同机制为核心发挥着主体性作用。这是因为，自治组织社区治理功能的发挥依赖于社区成员的社区参与。社区成员长期生活于社区中，对社区具有较高的认同感，二者利益具有一致性，社区成员具有为社区做贡献的内生动力。社区的稳定和发展是社区成员发展的重要前提，社区秩序紊乱，社区成员的生活和工作也都将受到影响，为此，出于自身利益考虑，社区成员也具有参与社区治理的内在动因。社区成员能通过社区自治组织等平台反映自己的建议和需求并贡献自己的智慧，更能通过自治组织与政府、群团组织、经济组织、社会组织等行动主体一同协商合作参与社会治理，实现社会整合。

在市域社会治理行动者网络中，社区居民是重要参与者，掌握着网络中宝贵的认同资源（无论是意识形态、行政权力，还是经济交换等，都离不开作为个体性行动者的社区居民的承认），因此其成为所有组织化行动者所共同"征召"的对象，在行动者网络中具有关键的作用。但是，就实践而言，自治组织是与社区居民直接对接的，是社区居民最主要的合作者和联结者。自治组织是政府和社会进行交流与互动的中介，在行动者网络中是关键节点。在社区治理中，社区成员对治理结果具有重要影响，如果社区成员积极参与社区治理活动，为社区治理提供智慧、经验、技能支持，便可极大地提升社区治理效能，将社区治理不断推向前进。但如果社区成员缺乏主体意识，不愿意投身到社区治理中，那么社区治理便失去了最重要的根基，无法进行深度治理，其最终也必然走向失败。社区成员的参与意识取决于他们对社区的认同感和归属感，当社区成员与社区利益一致时，社区成员才更可能投身于治理活动。

三　体系协同

党的十九届四中全会通过的《决定》对社会治理体系提出了新的要求——"完善党委领导、政府负责、民主协商、社会协同、公民参与、法治保障、科技支撑的社会治理体系"。其中新增了民主协商和科技支撑两个内容，分别强调了基层社区具体社会事务的治理方式和将现代科技成果运用到市域社会治理过程中。[①] 本书认为，使用民主协商的形式，需要德治和心治的"打底"；科技支撑对应的是"智治"。

（一）"一建五治"[②]

从历史进程来看，社会治理组织体系的演进逻辑有三种：一是政治逻辑，二是市场逻辑，三是社会逻辑。所谓政治逻辑，即在党和政府引导下推进社会治理组织体系的形成；所谓市场逻辑，即市场组织在社会治理组织体系形成过程中发挥主要作用；所谓社会逻辑，是指社会治理组织体系的演进主要依靠社会组织的推动。

---

① 王天夫：《构建社会治理体系 建设社会治理共同体》，《社会治理》2020年第1期，第17~19页。

② 本部分内容源于本团队文章：陈成文、陈宇舟、陈静《建设"一核多元"的新时代乡村治理组织体系》，《学海》2022年第1期，第127~138页。

第一，从政治逻辑来看，市域社会治理组织体系的形成依赖于整体的宏观政治设计。自党的十八届三中全会首次提出"创新社会治理体制"的新要求以来，我国新时代社会治理组织体系经历了一个思想认识上不断斗争、不断深化的演变过程。2013年11月，党的十八届三中全会通过的《中共中央关于全面深化改革若干重大问题的决定》提出："坚持系统治理，加强党委领导，发挥政府主导作用，鼓励和支持社会各方面参与，实现政府治理和社会自我调节、居民自治良性互动。"这份文件还强调要"激发社会组织活力""正确处理政府和社会关系，加快实施政社分开，推进社会组织明确权责、依法自治、发挥作用"。2016年3月，《中华人民共和国国民经济和社会发展第十三个五年规划纲要》指出，要"完善党委领导、政府主导、社会协同、公众参与、法治保障的社会治理体制，实现政府治理和社会调节、居民自治良性互动"，并强调要"完善城乡社区治理体制，依法厘清基层政府和社区组织权责边界，建立社区、社会组织、社会工作者联动机制"。2017年10月，党的十九大报告要求"加强社会治理制度建设，完善党委领导、政府负责、社会协同、公众参与、法治保障的社会治理体制"，并强调要"加强社区治理体系建设，推动社会治理重心向基层下移，发挥社会组织作用，实现政府治理和社会调节、居民自治良性互动"。2019年10月，党的十九届四中全会通过的《中共中央关于坚持和完善中国特色社会主义制度 推进国家治理体系和治理能力现代化若干重大问题的决定》指出："社会治理是国家治理的重要方面。必须加强和创新社会治理，完善党委领导、政府负责、民主协商、社会协同、公众参与、法治保障、科技支撑的社会治理体系，建设人人有责、人人尽责、人人享有的社会治理共同体，确保人民安居乐业、社会安定有序，建设更高水平的平安中国。"这份文件还强调要"发挥群团组织、社会组织作用""推动社会治理和服务重心向基层下移，把更多资源下沉到基层，更好提供精准化、精细化服务"。纵观我们党对新时代社会治理组织体系认识的演变过程，我们发现以下"三大变化"：一是党政关系变化；二是参与主体变化；三是治理重心变化。我们党在新时代社会治理组织体系认识上的"三大变化"，对于加强市域社会治理组织体系建设具有十分重要的启示。

第六章 市域社会治理现代化协同性的基本要求

第二，从市场逻辑来看，市域社会治理组织体系演进依赖于由乡村向市域发展的市场化渗透。在市场机制蓬勃发展的背景下，市民社会逐渐成形，且农村也逐步出现了适应当前形势的新型农民合作经济组织。在这种情况下，市域范围内出现的新型社会风险和存在已久的"城市病"等问题，促使市场内的各种组织利用其与经济社会发展相契合的优势及所拥有的独特资源，承担起市域社会治理的重任，并改变市域的"生态"环境。经济组织是市域社会治理过程的重要支撑，其具备其他组织所缺乏的市场治理逻辑，更拥有丰富的资源和管理经验，能为社会治理提供有效的支持，其能从主体构成、参与目的、参与动力、参与内容、参与媒介、参与方式、参与效果等方面构建一个紧密的逻辑关系链，形成一个关于市域社会治理的完整的运行系统和机制。

第三，从社会逻辑来看，市域社会治理组织体系演进依赖于社会活力的激发。就现实而言，社会组织发展水平不断提升，其涉及领域多样，包括科技、社会、经济、文化、工业、社会保障等诸多行业，对于稳定社会秩序、提升经济实力、强大科技力量具备重要价值。同时，社会组织能够进一步释放社会活力，提供更为丰富的产品和服务，从而满足人民日益增长的物质文化需求。另外，社会组织可以更好地与群众进行联结，从而推动群众、社会和国家三者进行协调联动，推动社会治理共同体的形成，进而凝聚各方力量，提升治理效果。

市域社会治理是一个复杂的涉及多元主体的系统性工程，需要就其主体、对象及手段等多个方面进行系统化的建构，即需要明确"谁来治理""治理什么""如何治理"三个结构性问题。① 从治理主体看，其中关键在于正确地界定党委、政府与其他治理主体之间的关系；从治理对象看，需要划分社会矛盾和风险类型；从治理手段看，要对各种手段的作用和优势进行明确，并推动依法治理，更要重视多手段结合的综合治理。时任中央政法委秘书长陈一新在延安干部学院开班仪式上提出要"发挥'五治'作用，以政治强引领、以法治强保障、以德治强教化、以自治强活力、以智

---

① 陈成文、赵杏梓：《社会治理：一个概念的社会学考评及其意义》，《湖南师范大学社会科学学报》2014年第5期。

183

治强支撑,加快推进市域社会治理现代化"①。在推进市域社会治理现代化过程中,必须坚持以人为本,注重完善党委领导、政府负责、民主协商、社会协同、公众参与、法治保障、科技支撑的社会治理体系。

(二)体系协同的具体路径②

1. 坚持党建引领

坚持党建引领,就是在市域社会治理现代化的实践中必须发挥党组织的领导作用,以党建指引方向,以党建凝聚力量。党建引领是社会治理的方向保证。坚持党建引领,必须要把党建作为社会治理的重要工作,使社会治理方向不偏移、本质不变色。要坚持把党建引领作为社会治理的根本遵循,将党的政治优势和组织优势转化为社会治理的强大力量,发挥党组织和党员作用,为社会治理凝聚各方力量,不断壮大社会治理合力。现代政治制度由政党和政党制度、国家和政治制度、政治团体及其运行规则组成,是国家的制度保障。党的十九大报告明确指出:"党政军民学,东西南北中,党是领导一切的。"党的十九届四中全会审议通过的《决定》再次强调:"中国共产党领导是中国特色社会主义最本质的特征,是中国特色社会主义制度的最大优势,党是最高政治领导力量。"

党组织之所以处于整个市域社会治理体系的中心环节并在其中发挥领导作用,是由其基本功能决定的。党组织的基本功能包括利益表达、利益综合和政治社会化等。在具体的治理行动中,党组织作为最广大人民利益的代表者,其能够更好地反映人民群众的利益诉求,充分表达人民群众的需要,可以更好地综合各方利益,还能进一步推进政治社会化,以调动各方力量。此外,在市域社会治理行动中,党组织可以指导政府工作,进一步整合各方利益,并更广泛地调动群众参与治理积极性以为治理工作提供主体支持。党组织的这些基本功能和原则表明,必须推进基层党建与社会

---

① 《"五治"是推进市域社会治理现代化的有效方式》,中国法院网,2019年7月27日,https://www.chinacourt.org/article/detail/2019/07/id/4208361.shtml。

② 本部分内容源于本团队文章:陈成文、陈静、陈建平《市域社会治理现代化:理论建构与实践路径》,《江苏社会科学》2020年第1期,第8、41~50页。

治理的深度融合，以发挥党组织在社会治理中的政治功能与服务功能。一方面，要加强宏观制度设计，构建党组织与其他社会治理行动主体良性互动的正式制度环境。另一方面，要重视基层党组织在具体社会治理实践过程中的作用发挥，将基层党组织打造为社会治理的主力军，使其带领其他社会力量参与社会治理活动。

2. 坚持"五治"并举

所谓坚持"五治"并举，是指推进市域社会治理现代化必须坚持法治、自治、德治、心治与智治相结合。

第一，法治是市域社会治理现代化的核心手段之一，也是社会治理现代化的基本特征。法治要求在市域社会治理过程中将法治思维和方式贯穿全局，坚持优化社会治理法治体系、推进法治宣传教育、将规范执法行为与社会治理相结合，进而在全社会营造尊法守法的良好氛围。党的十八届三中全会提出"坚持依法治理，加强法治保障，运用法治思维和法治方式化解社会矛盾"。习近平总书记也强调，在城市治理中，要强化依法治理，善于运用法治思维和法治方式解决城市治理顽疾难题。[1] 我们要充分发挥法治固根本、稳预期、利长远的重要作用，善于运用法治精神审视市域社会治理、运用法治思维谋划市域社会治理、运用法治方式破解市域社会治理难题，将法治贯穿市域社会治理全过程，利用法律的力量维护社会秩序并激发社会活力。法治是现代社会稳定的重要保证，其能够保障市域社会治理过程的规范性，使治理过程有法可依。社会治理的法治水平是决定其现代化水平的关键变量。缺乏法治，市域社会治理过程将变得混乱，相关治理目标也就无法实现。为了发挥法治在市域社会治理现代化过程中的重要作用，需要加快推进市域社会治理相关法律制定工作，组织法学专家、社会学家、政府工作人员等多方人员就市域社会治理相关问题可能涉及的法律法规进行讨论，对现有法律未完善之处进行总结归纳，并加快针对相关空白之处的立法工作。此外，还需要强化法律的宣传教育，积极利用人民群众喜闻乐见的现代传播方式，宣传相关法律法规，推进社会形成良好

---

[1] 《习近平关于社会主义社会建设论述摘编》，中央文献出版社，2017，第136页。

法治氛围。同时，高度重视法律执行和监管，提升执法队伍工作能力和执法水平，并强化执法过程监督。

第二，自治是市域社会治理现代化的基础。自治的核心在于激发城乡社区居民的治理积极性，增强其主体意识，使其主动地关心社会公共事务，参与到社会治理活动中来。自治需要以基层群众自治制度为根本，借助村规民约和市民公约等工具、手段，推进社会治理合力形成。同时，自治是市域社会治理现代化的社会基础，是调动社会力量的重要方式，应采取措施增强城乡社区居民参与治理的积极性，充分发挥城乡社区居民的主体性作用。社会自治发展越好，市域社会治理所能汇集的资源就越多，其治理结果也就越好。自治体现着民主精神，自治的产生依赖于现代基层自治制度建立，以村民委员会、居民委员会为代表的基层群众性自治组织是基层社会治理的重要基础。[1] 党的十九大报告提出："发挥社会组织作用，实现政府治理和社会调节、居民自治良性互动。"[2] 深化市域社会治理，必须重视调动群众参与积极性，要充分激发群众、社会组织等社会力量的治理主动性，全面发展社会主义民主。要从社会治理现实出发，激发各界参与社会治理的积极性，构建社会治理共同体，加快构建开放、包容、民主的城市自治体系，提升市域社会治理的社会化水平。自治的基础在于自治组织的完善和优化，在社会治理实践中，群众以自治组织为载体，与其他社会治理主体一同通过协商合作等方式为市域社会治理贡献力量。为此必须重视自治组织的建设，一方面，要为村委会、居委会等自治组织提供更多支持，如资金支持、人才帮扶等，以解决现阶段基层自治组织能力不足的问题；另一方面，要进一步增强自治组织的作用，拓展自治组织在基层活动中的功能，推进其进一步深入群众日常生活中，使其成为社会治理的重要基点。

第三，德治是市域社会治理现代化的伦理根基，它强调道德的先导性作用，认为道德可以指引人们的行为。要重视社会治理过程中道德的重要

---

[1] 郁建兴、任杰：《中国基层社会治理中的自治、法治与德治》，《学术月刊》2018年第12期。

[2] 《习近平谈治国理政》（第3卷），外文出版社，2020，第38页。

作用，必须通过加强社会公德教育、家庭美德建设、职业道德建设等途径，完善新时代道德体系建设，进而形成良好的社会道德风尚。德治以一种非强制的方式规范人们的日常行为，使其遵守社会秩序，进而减少矛盾冲突。德治能够树立社会行动的善恶标杆，引导人们形成正确的情感态度，从而促使人们在日常生活中恪守行为准则，避免各种违法乱纪行为。德治强调以社会公德、职业道德、家庭美德、个人品德等塑造公序良俗，注重用社会主义核心价值观涵养大众文化、维护公序良俗、促进社会文明进步。[①] 德治是法治的重要补充，与法治一同成为市域社会治理的重要基础，二者相辅相成、相互补充。应优化市域社会治理的德治体系。坚持以社会主义核心价值观为统领，完善社会、学校、家庭"三位一体"的德育网络，加快构建具有中国特色、彰显时代精神、体现地方文化的市域德治体系。要重视德治的重要价值，结合中华民族传统美德和社会主义核心道德以形成符合时代发展的道德体系，坚持宣传美德，强化道德教育，不断提升社会治理的道德底蕴，提高人民群众的道德修养，从而为市域社会治理创造精神内核，进一步激活治理主体的内生动力。

第四，心治要着力于建设社会心理服务体系，对城乡社区居民的心理情况进行科学的引导和干预，使其保持良好心态，减少心理问题，化解因心理因素而产生的冲突。党的十九大报告指出，要"加强社会心理服务体系建设，培育自尊自信、理性平和、积极向上的社会心态"。在社会迅速发展的过程中，社会环境日益严峻，而社会联结逐渐减少，人们的心理压力不断增强，孤独感也逐步提升，各种心理问题不断滋生。而心理问题又是隐蔽且很难被察觉的，一旦引发社会问题就会令人措手不及。这就要求必须加强社会心理服务体系建设，增强心治的社会治理作用。在推进市域社会治理现代化的过程中，心治建设必须着眼于当前社会现实情况，在目标上实现由关注个体心理健康到关注国民社会心态的转变，在内容上实现由聚焦于心理障碍与疾患到多元化心治的转变，在手段上实现由传统经验主义工作方式到现代智能化大数据治理手段的

---

① 张文显：《"三治融合"之理》，《治理研究》2020年第6期。

转变，在主体上实现由零散的个体化服务到规范的组织化服务的转变。在推进心治建设的过程中，要通过现有传播媒介推进心理知识的广泛传播，提升民众对心理学的了解程度，以缓解可能出现的心理问题；同时，要采取措施推进社区心理诊所、心理咨询室等的建设，以及时介入心理问题，避免其造成巨大的社会冲突；另外，要积极利用现代信息技术，推进远程心理咨询等方式嵌入心治建设实践，以为边远社区、乡村等提供可能的心理医疗力量支持。

第五，智治强调的是将最新的科技成果、科学思想和技术方法应用于市域社会治理。在社会治理现代化的过程中，科学技术发挥着重要作用。科学技术是人类社会发展的重要动力，也是社会管理向社会治理转变的重要现实条件。当前，以信息技术为代表的先进技术正深度嵌入社会，推动我国逐步进入信息社会。信息社会呼唤市域社会治理借助以信息技术为代表的科技手段提升社会治理效率。在现有市域社会治理现代化的实践案例中，已有网格化管理和服务，"天网工程""雪亮工程"等社会治理信息平台的建设。市域社会治理智治体系是一种顺应网络社会的发展，以数据驱动市域社会治理的新型模式，其实质是依据市域范围内社会治理工作布局的要求或所获取到的数据资源（包括信息、技术等），开展数据挖掘、汇集、整合、处理和应用的实践活动过程，有助于协同推动市域社会治理现代化。在市域社会治理现代化的实践中，各种先进技术将进一步发挥重要作用。

四　资源协同[①]

（一）资源整合

资源整合是指对不同渠道、不同层级、不同特征的资源进行鉴别与选取、配置与汇整，并将这些不同来源的资源塑造成为可以统一利用的新的

[①] 本部分内容源于本团队文章：杨小俊、陈成文、陈建平《论市域社会治理现代化的资源整合能力——基于合作治理理论的分析视角》，《城市发展研究》2020年第6期。

资源体系的过程。组织是资源整合的平台，以组织形态存在的多元治理主体，在参与市域社会协同治理之前就需要对组织内部的各种资源进行安排，因为这是组织设立的基础目标之一，只有实现资源的合理安排，才能更好地实现组织目标。[①] 社会治理的协同强调三个层面的整合：一是治理层级的整合，包括不同治理层级或同一层级的整合；二是治理功能的协调整合，使不同功能部门协同工作；三是公私部门的整合。正如现有研究所指出的，协同包括横向和纵向的协同，其强调对各种资源和优势进行整合，从而为公众提供联合的而非分散化的服务，协同是多元主体治理过程中解决治理分散化、碎片化问题的重要方式。[②]

市域社会治理现代化的资源协同要求协同行动中的不同行动主体相互联系、相互影响，克服个体主义治理行动的分散化缺陷，从而推进社会治理从碎片化、无序化走向系统化和高效化。市域社会治理现代化中的资源整合就是在市域范围内把社会治理体系中各个不同社会治理主体的各种类型的资源进行分类，而后根据需求进行统一调配，使其在最合适的地方产生作用，从而实现资源效益的最大化，并获得更好的治理效果。从理论渊源来看，资源整合主要建立在"失灵论"与"资源依赖论"的理论假设之上。在实践过程中，各个社会治理主体虽然都具有优势，但是在社会资源配置和公共服务供给上都存在着一定的"失灵"现象。市场组织由于利益导向在公共物品供给中容易出现谋取私利的现象；政府虽然相对更为公平，但是资源配置不灵活，对市场变动的反应较为缓慢，其在资源配置过程中可能出现公共资源的浪费和滥用导致公共支出规模过大等问题，或者由政府干预不足或干预过度导致经济效率和社会福利上的损失。[③] 社会组织也存在着"志愿失灵"现象。[④] 因此，在实践过程中，为了更好地推进

[①] 陶国根：《多元主体协同治理框架下的生态文明建设》，《中南林业科技大学学报》（社会科学版）2021年第5期，第7~16页。

[②] 汪锦军：《构建公共服务的协同机制：一个界定性框架》，《中国行政管理》2012年第1期，第18~22页。

[③] 熊光清：《多中心协同治理何以重要——回归治理的本义》，《党政研究》2018年第5期，第11~18页。

[④] 倪永贵：《社会治理创新中的政府与社会组织合作路径探析——以温州市为例》，《北京交通大学学报》（社会科学版）2016年第4期，第43~48页。

政府、市场和社会三者的融合，促使其优势互补，就需要确立一种新型制度安排，即"协同治理"。

（二）资源协同的具体路径

1. 注重组织搭建[①]

组织是一个群体实现行动目标的基石。群体的组织化程度越高，行动效率越高，越可能取得较好的结果。在市域社会治理现代化的实践中，各方资源的协同情况对于最终的治理效果有着重要影响。良好的资源配置与协同需要有一个合理的组织体系作为基础支撑。在实践中，良好的组织搭建往往首先需要有一个强有力的组织机构（或部门）作为协同的核心以协调其他参与主体的思考和行动，进而形成治理合力。这个作为核心的组织机构需要能够推进社会治理协同理念发展，提升社会治理资源配置水平，改善社会治理主体协同情况。根据资源依赖理论，政府机构的大部门式治理，有利于构建社会治理协同机制，能够较好地优化整合社会治理资源，改变社会治理过程中的资源分散情况，从而提升社会治理效能。市域社会治理现代化大部门制的建立，就是要打破现阶段实践中所存在的条块分割的行政体制，推进治理过程中治理部门整合，促进治理资源和治理信息有序流动，从而为专门的社会治理机构的形成奠定基础。

2. 注重信息共享

信息是一种区别于物质和能量的特殊产物，其是人类对外部环境做出的反应和与外部环境进行的各种交流的内容的总称。[②] 从一定程度上来说，市域社会治理就是政府等多元化治理主体通过使用人工智能、云计算等先进技术围绕市域范围内的关系到公共利益的问题进行信息的收集、分析、

[①] 杨小俊、陈成文、陈建平：《论市域社会治理现代化的资源整合能力——基于合作治理理论的分析视角》，《城市发展研究》2020年第6期，第98~103、112页。

[②] Norbert Wiener, *Cybernetics or Control and Communication in the Animal and the Machine* (2nd ed.), Cambridge: The MIT Press, 1985, p. 132.

第六章 市域社会治理现代化协同性的基本要求

利用,并做出决策且采取实际行动的过程。[①] 信息使协同成为可能,是因为其具有三个特性:使用的同时性、多重使用时的无磨损性以及合成性(把若干信息合成起来可以产生更多新信息)。[②] 首先,信息的使用是可以在同一时间的不同地区实现的,这使得信息可以同时在多个地方发挥效用;其次,信息的使用是可以重复的,信息使用并不会使得信息产生磨损进而影响其价值和功能;最后,信息可以通过叠加和融合产生更多的信息,从而产生更大的价值。这三个特性的存在,使得信息可以被协同使用,进而为协同治理提供支持。在实践中,要实现市域层面跨部门的协同治理,多元治理主体需要按照集体行动的原则规定,对其拥有的各类信息资源进行更合理的归纳、分析、整理、配置,使得其拥有的碎片化的治理信息能够得到整合从而为社会治理决策及其相关实践活动提供更多的支持和指导。这对协同治理提出了三个方面的要求。第一,要提高市域社会治理信息公开的自觉性,当治理各方自觉地分享信息时,才能更好地推进信息协同。在政府意识到社会对于信息共享的期待以及社会成员了解治理事件的前因后果的愿望时,政府才有机会实现信息共享,进而与其他社会治理主体协同治理。第二,要正视社交平台上与市域社会治理相关的信息互动。如上所述,得益于人数和相关经验,在一些情况下网民们搜索信息的效率及准确性甚至比正式部门高很多,这就说明,治理人员应辩证识别、充分借鉴、广泛吸纳社会公众提供的各种意见和反馈,关注网络社会对相关问题给出的"解题思路",从而完善治理思路和方法,例如,关注与社会治理主题相关的微博话题,从这一社会公众参与社会治理的方式和渠道中了解大众对该主题的看法,并从中收集可能的处置方案与可能的解决方法。第三,要重视对信息共享的激励。信息是具备实际价值的生产要素,信息的共享能为社会治理提供重要的支持。但是,不能要求信息所有者无偿地分享信息,这无法调动信息共享的积极性,因而

[①] 张春叶、严华勇、肖汉仕:《加快提升市域社会治理的信息处置能力》,《贵州社会科学》2019 年第 12 期,第 18~24 页。

[②] 安德鲁·坎贝尔、凯瑟琳·萨姆斯·卢克斯编著《战略协同》,任通海、龙大伟译,机械工业出版社,2000,第 68 页。

不利于信息的传递和交流。应当构建信息共享激励机制,对那些分享有益信息的组织或个体进行一定的物质奖励或者精神鼓励,以在社会营造出信息共享的良好氛围。

3. 注重文化环境

注重文化环境是从内在层次为市域社会治理现代化中的资源协同提供支持,即通过文化环境建设从精神层面引导参与主体就社会治理过程中涉及的资源协同配置问题形成共识并采取行动。随着中国与外国交流日益密切,集体主义逐步消退,个人主义与利己主义逐渐蔓延,使得社会进一步分散化,在这样的社会中,群体合作日益被忽视,社会成员的信任和互动日益消退。这些实际的问题要求我们在加快推进市域社会治理现代化资源协同能力建设时必须高度重视群体协作关系的构建,打造平等互信的社会环境。平等互信协作能够使社会治理主体在认识自己利益的基础上也进一步了解他人的利益需求,从而在利益关系方面形成对其他主体的理解并在整体利益的分配和彼此利益的处置方面形成共识,进而为社会协同治理的推进提供支持和保障。[①] 社会合作是依赖于社会成员之间的信任和认可的。这里的信任关系,有"基于文化认同的习俗型信任、基于科学理性的契约型信任,也有党委领导下的合作型信任"[②]。在市域社会治理现代化的过程中,要积极将传统的信任关系转变为合作型信任,从而强化信任基础,为社会治理共同体的构建提供必要的信任基石。[③] 这就需要在保证信息公开透明的基础上,从社会治理主体的主观认知及其行动思路着手,在市域社会治理现代化过程中突出互惠性、互动性、互促性。社会治理主体的行动都需要考虑其自身的需求,只有主体认为治理活动有利于实现其自身的目标或推进其自身发展与成长时,治理主体才会更加积极地投身到治理活动中,才会更愿意展开社会合作,因此互惠性、互动性、互促性是现代市域社会治理不可缺少的特征。

[①] 杨小俊、陈成文、陈建平:《论市域社会治理现代化的资源整合能力——基于合作治理理论的分析视角》,《城市发展研究》2020年第6期,第98~103、112页。

[②] 张康之:《走向合作的社会》,中国人民大学出版社,2015,第207~232页。

[③] 刘琼莲:《中国社会治理共同体建设的关键:信任与韧性》,《学习与实践》2020年第11期,第29~39页。

五　绩效评估

（一）协同增效

作为一种治理工具，绩效评估对于增强各治理主体，尤其是行政部门的责任意识，促使各部门提升组织绩效、改进资源配置和提升市域社会治理回应性与服务效率具有重要作用。在涉及政府与社会组织的公共事务中，公共事务的特殊属性致使参与者无法或很少获得经济回报。通常而言，社会组织的积极性相对较弱。如何提升社会组织的参与感，是各级政府在开展相关工作时必须考虑的问题。协同增效则为解决这一问题提供了新的思路。政府重点关注社会组织在参与社会治理之后获得的收益是否可以抵消其投入，进而为社会组织参与协同治理提供充足的支持。伴随着双碳目标的逐步实现，协同增效也可顺应新时代的特殊需求，引导和服务于政策系统调控。例如，在推进双碳目标实现的过程中，既要重视气候变化的影响，也要高度重视生态环境保护的需要，要将习近平生态文明思想贯穿政策设计全过程，以双碳目标为指引，积极构建气候变化与生态环境保护协同治理体系，实现政策系统调控协同增效。

需要注意的是，绩效评估难以覆盖不同类型的组织，在市域社会治理中，只能就公共服务的投入、产出，社会矛盾纠纷案例的调解以及社会治安等方面的结果可量化测评的绩效指标进行测量和评价。试图将市域社会所包含的所有活动都作为社会治理绩效测度的指标是不可能的。因为把所有活动纳入指标体系将使得原本具有可操作性的工具变得更为复杂，且需要付出更多的成本，这样不仅无法有效地进行绩效评定，还会极大地提升实施难度。因此，在多参与主体的协同治理中，对单个组织的绩效评估是个较大挑战。依据功能定位和目标期待的差异，社会治理实践中有内部控制和外部责任两种模式的绩效评估。其中，外部责任主要强调公众的反馈，即社会治理活动是否有效地改善了公众所处的境况，这体现了政府等治理主体的外部责任承担情况。在新语境下，协商民主强调要关注群众对治理成果的"可接受性"，要求连接国家意志和人民的现实需求。群众

"可接受性"本身并不能给治理主体带来直接的利益,在治理实践中,相关主体更倾向于开展招商、征税等能直接获取经济效益的活动。但是"群众可接受性"这一软性的因素对市域社会治理工作的开展有潜移默化的影响,较高的"可接受性"会对治理工作的开展产生深远的正向促进作用。从群众"可接受性"入手提升治理绩效是协同增效的体现,也是各级政府有所作为必然要遵循的原则。因此在治理实践中,要以绩效驱动多主体的目标协同,探索内部控制和外部责任模式之间的平衡。

(二)绩效评估的两种模式

1. 内部控制模式

内部控制模式是通过自上而下的途径,对行政部门及官员开展目标责任制考核。作为应用于协同推进市域社会治理现代化的绩效评估模式,可以认为,内部控制模式是基于各治理主体的绩效目标(包括中间结果和最终目标)承诺,在某一合作项目或协同治理过程中签署绩效合同,通过党委领导、政府负责和社会参与的自上而下的途径开展目标责任制考核,促使各组织在内部改进自身工作,提升社会治理效能。从各地的实践情况看,现有治理绩效评估以内部控制模式为主,即利用绩效评估调动各组织部门的积极性,以德治和人人共享的治理目标凸显外部责任。绩效评估的指标体系由上级政府或部门制定,经过层层加码,基层政府往往受困于提交或营造绩效证明材料,不堪重负。从实际治理效果来看,内部控制导向的绩效评估模式,强化了政府内部对上负责的责任意识,有效提升了行政执行力,但社会公众参与不足,外部责任缺失。

2. 外部责任模式

外部责任模式强调的是公众对于社会治理工作的评价,显示出政府对公众的责任。因此,绩效评估并不是由政府内部人员进行的,而是由政府服务的对象即社会一般民众对政府工作进行评价和考核。外部责任型评估主要通过公众意见调查、用户调查、居民投诉等途径进行运作,注重社会公众对市域社会治理效果的满意度评价。然而,公众主观评价模式的公正性和有效性也存在缺陷。一方面,政府所提供的公共服务情况有时并不能从公众的主观评价中反映出来。[1] 同时，在社会治理领域发生显著变化前，公众并不总是能够准确知晓政府运作的实际绩效。公众对社会治理效果的认识，由于信息不全和偏差，往往存在一定的滞后性。甚至，公众参与有可能导致本来成功的环境管制政策被放松。这将很容易使社会舆论绑架政府的决策，给部分政策的持续性带来一定影响。另一方面，公众主观评价对国民参与社会治理的素质要求相对较高，因为这一评价模式本身带有较强的个人色彩，公众如果无法有效收敛私心，则很容易致使评价结果不客观。同时，仅凭公众的主观判断，还无法取代涉及专业知识、特殊情境治理的技术分析和事实评价。此外，参与评价的公众并非全体公众，其有限性和聚焦性很可能使公众对政府工作做出的评价和政府部门实际做出的工作并不相符，从而无法正确评定政府部门的工作绩效。[2] 在实践中，依靠公众意见的外部责任模式可能因为公众的主观性或者信息不对称而无法准确地评价政府部门的工作绩效从而影响评价结果。

六　目标协同

（一）共同富裕

共同目标是各治理主体采取协同行为的基本动力。按照不同发展阶段，增强市域社会治理现代化协同性的目标可分为阶段性目标和最终目标。其中，"共同富裕"是增强市域社会治理现代化协同性的最终目标，获得良好绩效评价是阶段性目标。但是，一方面，由于组织和个人都有着自己的利益考量，在选择时都会更多考虑自身需求，因此整体目标的确定是困难的。[3] 另一方面，"共同富裕绝不是字面意义上的平均分配和财产共

---

[1] 杨宏山：《政府绩效评估的适用领域与目标模式》，《中国人民大学学报》2012 年第 4 期，第 100~106 页。

[2] 杨宏山：《政府绩效评估的适用领域与目标模式》，《中国人民大学学报》2012 年第 4 期，第 100~106 页。

[3] J. E. Field and E. Peck, "Concordat or Contract: Factors Facilitating or Impeding the Development of Public/Private Partnerships in Healthcare in England," *Public Management Review* 2004, 6 (2): 253-272.

有，更不是打土豪分田地、劫富济贫，而是在经济的快速发展和社会的长期稳定的基础上，实现公平公正的财富分配，解决贫富差距问题，实现共享发展。"① 目标协同，在实践逻辑上为服务群众和最大限度发挥协同效能提供了可能。

随着社会经济、人口、文化的深度融合，各政策主体间的界限逐渐模糊，依靠单一政策主体管理某一个具体领域的模式已经难以满足社会发展的需要。目标协同，就是在市域社会治理的实践环节凝聚多元主体的共识。多元主体协同的过程，一定程度上是规范政府行为、测评政策实施效果的试金石。在目标协同的过程中兼顾群众诉求，彰显了市域社会治理现代化的价值取向，走近群众、使工作为群众所接受也成为协同开展市域社会治理的重要行动指南。市域社会治理现代化多元主体、多重资源、多元客体的特征，决定了需要引入目标协同的视角。作为衔接公共服务供给与需求的纽带，目标协同不仅是评价多元主体协同效能的重要指标，更是衡量公共服务质量和市域社会治理能力现代化水平的有效准则。将目标协同作为重要工具融入市域社会治理现代化过程，主要是基于市域社会治理资源供给与公众需求间的双向互动关系。

具体到市域社会治理，城乡融合发展和实现基本公共服务均等化就是实现共同富裕过程中的重要目标。从城乡收入差距和城乡居民财产差距都能看出城乡发展差距一直处于不断缩小的过程中。在城乡融合发展层面，实现城乡融合发展需要破解当期农村进城务工人员的市民待遇问题，随着经济社会的发展，这部分人群数量不断增长，但是多数没有资格和市民一样平等地享受城市公共服务。② 他们为中国经济发展带来了积极效应，很多人也通过自己的努力在城镇中有了稳定的职业和收入，理应通过一定条件筛选出符合条件的人帮助他们实现市民化或采取适当措施解决他们的市民化问题。在推进基本公共服务均等化过程中，公共服务的供应情况会对城市居民的生活产生重要的影响，公共服务已经成为社会治理水平评价的

---

① 陈振明、郁建兴、姜晓萍、薛澜、丁煌、燕继荣、肖滨、杨开峰：《党的百年奋斗：治理经验与历史成就高端圆桌对话》，《公共管理与政策评论》2022年第1期，第3~18页。
② 李实：《共同富裕的目标和实现路径选择》，《经济研究》2021年第11期，第4~13页。

重要准则,高质量的公共服务对于提升人民生活水平、促进社会共同富裕是不可缺少的。就实际情况来看,当前我国公共服务供给仍然存在着不平等问题,仍然需要增加资源投入,尤其是要加大公共教育资源[1]和卫生医疗资源[2]的供给,从而更好地实现公共服务均等化目标。在分配过程中,要向落后的乡村地区和贫困人口倾斜,使其也有机会获得优质的教育和医疗,从而有效地减少贫困人口与其他群体进行社会竞争时的不平等因素。公共服务均等化实现重点在于合理地对公共资源进行统筹规划,使其可以科学合理地在各个地区进行分配,此外公共财政支出也应当根据现实情况的转变进行改革和调整,使其更多地向贫困地区和那些处于社会底层的困难群体倾斜。[3] 当然,在其他方面,如中国居民收入差距方面,缩小城乡差距、实现收入分配公平以及建立更加完善的"提低"制度和机制等,都是实现共同富裕过程中的主要目标。

(二)目标协同的具体路径

"社会治理要形成协同合力,就必须确保各行动主体的行动目标具有一致性。即在社会治理行动网络中,既要注重行动主体的多元化,同时又要确保多元主体行动目标的统一整合。要围绕市域社会治理的总目标,对不同主体的目标进行整合,防止各主体的目标冲突并影响总目标的实现。"[4] 从各治理主体的角度来看,要使目标协同中社会治理的各项任务落地更具可行性,应关注如下几点具体内容。

一是从思想层面上端正治理主体做群众工作的态度,从方法论层面引导和约束其具体行为,并由"一核多元"的治理主体协同解决实际问题。"一切为了群众,一切依靠群众"是我们党对待群众的根本立场和观点,

---

[1] 洪秀敏、朱文婷、钟秉林:《不同办园体制普惠性幼儿园教育质量的差异比较——兼论学前教育资源配置质量效益》,《中国教育学刊》2019年第8期,第39~44页。
[2] 王亚柯、王宾、韩冰洁、高云:《我国养老保障水平差异研究——基于替代率与相对水平的比较分析》,《管理世界》2013年第8期,第109~117页。
[3] 倪红日、张亮:《基本公共服务均等化与财政管理体制改革研究》,《管理世界》2012年第9期,第7~18、60页。
[4] 陈成文:《市域社会治理的行动逻辑与思维转向》,《甘肃社会科学》2020年第6期,第56~63页。

也是提升群众工作能力的价值遵循。从思想上统一树立为人民服务意识，是目标协同的前提。党的十九届六中全会强调，必须重视人民群众的地位，坚持以人民为中心，维护好最广大人民的根本利益。具体而言，要在实践中端正治理主体做群众工作的态度，建立起保护人民利益的思维模式。保护群众利益不仅要在宏观的社会生产体系中考虑群众的需要，更要在日常的生活中考虑群众的一般诉求，切实关注群众的日常困难，实实在在地为人民群众考虑，有效地处置人民群众生产和生活过程中遇到的各种麻烦和阻碍。在工作实践中贯彻好全心全意为人民服务的宗旨，与群众想到一起，并且根据群众的反馈不断改进工作作风、端正工作态度。市域社会治理主体如各职能部门，必须站在群众的立场上，研究和分析服务对象的思维模式、行为习惯和接受程度，及时回应群众的合理诉求。积极融入群众的生活圈里，多与群众就他们密切关心的医疗、养老、住房、休闲等现实问题展开交流，主动引导他们参与讨论社会热点话题，培育社区居民的主人翁意识。

二是要在开展群众工作过程中使用合适的方式方法。党之所以坚持走群众路线，是因为党代表最广大人民群众的根本利益，其本质是为社会中的绝大多数人考虑的政党，因此其在工作过程中必须重视人民群众的力量，尊重群众的主体地位，重视群众工作的意义，积极满足人民群众的需要，切实维护人民群众的利益和需求。为绝大多数人谋利益的政党，注定是一个为人民服务的政党，这是蕴含于党的群众路线之中的一个基本逻辑。"从群众中来，到群众中去"是我们党的基本领导方法，也是做好群众工作的有效遵循。群众的心理接受程度，集中体现了人民对市域社会治理主体各类行为的态度，也反映了各治理主体目标协同的实现程度。由于群众工作对象众多、内容繁杂、层次多样，需要准确把握不同组织的特征。面对不同的群众、工作环境和内容，必须灵活掌握各种群众工作方法，适时调整市域社会治理现代化成果的分配方式和方法。要坚持将人民群众利益作为社会治理活动开展的精神着力点，将群众路线落实在每一项实践活动中，广泛吸收人民群众在实践中积累的智慧和知识。在遵循群众工作规律的基础上，协同提高群众工作能力，让社会群体各得其所，从情感和利益两个方面增强群众的认同感。可通过赋予市域社会治理主体更多的自主权和主导权，让各组织在日常工作中以服务群众为目标，开展针对性、特色化的群众工作。通过"治理型联结"，增强民众的获得感来提升联结的紧密度，再以此形成各司其职又目标一致的群众工作阵营。

三是在治理实践中加强协商民主，在实践中建立起以党建为引领的协商民主机制。具体而言，要弘扬社会主基调，凝聚社会各方力量，增加差异化服务供给。市域社会是一个复杂的系统，具有主体多元化、利益多样化、联系复杂化等特点。在推进市域社会治理现代化过程中想要真正地团结各个治理主体以形成强大的治理合力，就必须充分尊重各主体的作用，包容各方意见，而后通过民主协商的方式推进社会治理，从而在达成共识的基础上进行治理。这一举措要求各治理主体在统一的目标指引下，能自发识别"责任范围"，并有效协助其他主体开展相关工作。从实践看，丰富治理方式必须要发挥基层党组织作用。作为基层社会覆盖最广、组织最严密、吸纳人数最多、掌握资源最丰富的官方组织，基层党组织和群众之间有着密切的联系，能够充分调动群众参与积极性并有效地为群众提供服务。通过组织和鼓励广大公务人员关注社会热点，深入基层踏实调研，切实了解群众多样化需求，提出针对性的问题解决方案。积极动员群众主动参与到市域社会治理的实践环节中，将国家意志、社会各阶层诉求有机融合起来。基层政府要充分发挥正式组织和非正式组织的功能，将各职能部门、自治组织、志愿组织等力量联合起来，形成市域社会治理的合力。通过协商民主的实践活动将多元主体联合成利益共同体，在治理实践中淡化部门间的利益界限，充分发挥各主体在治理过程中的主动性和创造性。推动形成人人有责的思想共识，激发出各参与主体"荣辱与共"的担当精神。

第七章　市域社会治理现代化的协同性现状：以 S 市为个案

我国社会治理体制以"垂直管理"和"属地管理"并行的"条块体制"为主，但随着经济发展和城市变迁，"大城市病"日益凸显，进而形成了"条块关系"模糊和"条块矛盾"。随着市域范围逐渐成为社会矛盾冲突的产生地、聚集地和爆发地，各部门在应对纷繁复杂的治理需求、多元价值观念的冲击和"人为诱发"的种种风险等问题时，也面临着协同治理的选择和协同治理的困境问题。市域社会治理机制是政府主导下的协同治理，即党政机关以各种各样的形式发起和干预非政府组织。许多基层的工作人员和机构职责并不清晰，它们既承担了部分政府的职责，又承担了部分市场化的业务，这些工作人员和机构一般情况下包括社区的调解委员会、居委会以及信息员，这些国家的衍生组织都是领导权的实施场所和代理人。

为进一步了解 S 市的市域社会治理现代化协同性的现状，本书选择以问卷调查的方式进行研究。问卷调查是指通过拟定的问卷（见附录1），以不记名的方式发放，对相关人员进行考察，通过考察，采集大量的数据进行分析统计，从而对某种社会现象进行全面客观的分析。本轮问卷共发放1000 份，有效问卷为 825 份。

一　"一核多元"：市域社会治理组织体系[①]

市域社会治理现代化协同性最为显著的特征是什么？早在 2015 年 6 月

[①] 陈成文、陈宇舟、陈静：《建设"一核多元"的新时代乡村治理组织体系》，《学海》2022 年第 1 期，第 127～138 页。

16日至18日，习近平同志在贵州调研时就强调："要重点加强基层党组织建设，全面提高基层党组织凝聚力和战斗力。要高度关注基层政权组织、经济组织、自治组织、群团组织、社会组织发展变化的特点，加强指导和管理，使各类基层组织按需设置、按职履责、有人办事、有章理事，既种好自留地、管好责任田，又唱好群英会、打好合力牌。"① 2020年10月21日，中央政法委召开全国市域社会治理现代化试点工作第一次交流会，会上强调，要在党的领导下，充分发挥社会各方主体积极性、主动性、创造性，横向构建起"共治同心圆"，纵向打造好"善治指挥链"，建设人人有责、人人尽责、人人享有的社会治理共同体。② 2021年8月20日，中央政法委召开第二次市域社会治理现代化试点工作交流会，会上强调，要进一步创新完善党委领导、政府负责、群团助推、社会协同、公众参与的治理体制，推进综治中心规范化建设全覆盖，深化网格化服务管理，加快建设"一站式"矛盾纠纷调处化解中心，构建市域"共治同心圆""善治指挥链"。③ 各主体协同，也意味着它们所代表的行动逻辑、治理方式的协同。总体而言，可以用"一核多元"概括市域社会治理组织体系，其中也内含了在党的领导下，充分发挥政治、法治、德治、自治、智治作用等内容。

所谓"一核"，是指基层党组织，其是市域社会治理的领导者。2018年7月3日，习近平同志在全国组织工作会议上的讲话中指出："党的力量来自组织。党的全面领导、党的全部工作要靠党的坚强组织体系去实现。进入新时代，开启新征程，我们必须更加注重党的组织体系建设，不断增强党的政治领导力、思想引领力、群众组织力、社会号召力，把党员组织起来，把人才凝聚起来，把群众动员起来，为实现党的十九大提出的宏伟目标团结奋斗。"④ 在谈到基层党组织建设时，习近平同志特别强调：

---

① 《习近平关于全面从严治党论述摘编》（2021年版），中央文献出版社，2021，第227~228页。
② 《中央政法委召开全国市域社会治理现代化试点工作第一次交流会》，常熟长安网，http://www.cszfw.gov.cn/detail.php?id=1889。
③ 《科学实施"五分法"，加强市域社会治理现代化试点分类指导》，中华人民共和国最高人民检察院，https://www.spp.gov.cn/zdgz/202108/t20210821_527266.shtml。
④ 《在全国组织工作会议上的讲话》，人民出版社，2018，第11~12页。

"党的基层组织是党的肌体的'神经末梢',要发挥好战斗堡垒作用。落地才能生根,根深才能叶茂""基层党组织是党执政大厦的地基,地基固则大厦坚,地基松则大厦倾。"[①]

所谓"多元",是指自治组织、群团组织、经济组织、社会组织。其中,自治组织是市域范围内社区、各类社会治理协会等,是市域社会治理的承载者(或实施者);群团组织、经济组织、社会组织是市域社会治理的参与者(或协同者)。其中,群团组织是指共青团、妇联、工会等群众团体组织;经济组织是指新型农业经营主体,或者是指农业专业合作社;社会组织是指广义的社会组织。党的十九届四中全会指出,要构建基层社会治理新格局,就必须"发挥群团组织、社会组织作用"。

上述分析表明,以党委为核心的"一核多元"治理模式是中国治理的特色,也是现实情景所需。在中国特色社会主义制度下,发挥党委的领导核心作用,是有效组织市域社会范围内党政机关、企事业单位、社会组织、群团组织等治理主体,形成以"党委为核心",其他多元化主体协同治理模式的重要途径。以"党委为核心"并非要党决定一切,而是发挥党"统揽全局、协调各方"的领导核心作用,建立起市域社会治理体系运行架构的"同心圆"。让多元主体因时而变、因势而变,在不同的治理背景下灵活调整角色定位,以共同的治理目标为指引力往一处使,互相配合而互不掣肘。在市域社会治理中,政府虽然仍然处于关键的位置,但其不再是一个全局的控制者而是协同治理过程的协调者。在协同治理过程中,当各个治理主体之间的利益产生冲突从而影响治理过程时,政府便需要成为一个协调者,推进各方对话以稳定治理过程。政府的号召可以更好地减少多元社会治理主体之间的冲突和矛盾,使其更好地形成治理合力以解决民众困难。只有政府发挥带头作用,做到知行合一,树立起良好的政府形象,才能在赢得社会各方信任的基础上实现长效引导。"一核多元"的协同治理既发挥了基层党组织的优势,又发挥了社会力量的作用。需要在实践中强化系统设计,构建联动高效的应对机制。从市域层面加强对突发事

---

① 《在全国组织工作会议上的讲话》,人民出版社,2018,第13页。

件应对机制、防控责任机制、风险评估机制、信息发布机制等的顶层设计，明确主管部门网络舆情的治理层级，实现舆情应对的科学性和系统性。同时，党政部门应当转变角色，将管控治理网络舆情转变为与其他主体互动联通共同治理，主动联合媒体、网络"意见领袖"、居民等多方力量，构建起党政部门正面主导、主流媒体主动响应、领域专家合理发声、居民积极参与的多元主体协同治理体系。

因此，市域社会治理现代化只有建设"一核多元"的组织体系，坚持党组织的领导核心地位和发挥党组织的引领作用，进而带动多元社会主体进行协同运作，以充分发挥多元主体所具备的治理资源优势，才能构建社会治理共同体，从而有效地缓和社会矛盾冲突，维护社会和谐稳定。

二 实践回应："一核多元"组织间的协同

（一）部门之间

众所周知，我国的行政审批制度变革是从21世纪元年开始的，强调做"减法"，其内容是政府以宏观规划与监管为主，对微观具体事务干预逐渐减少，即为市场主体"松绑"，减少经济发展面临的制度性障碍。受制于信息成本和制度交易成本，当前部门间的协同效率尚未得到释放。协同治理难以有效推进的关键原因在于不同部门之间的合作存在较多制约，这些制约包括跨部门合作下制度成本较高、信息交流和沟通较为困难、跨部门合作激励机制有待进一步完善。

计划经济下的行政审批事项繁杂、存在多头审批等问题，对市场主体的活力产生了较大的限制。这一现实因素极大制约了资源要素的合理流通，导致社会经济的整体运行效率偏低，也给权力寻租等危害社会公平的行为提供了操作空间。解决这些部门间协同的问题，需要从重塑价值机制、简化政府层级、建立信息共享机制等方面发力。20世纪90年代以来，地方政府之间在一定程度上也形成了竞争关系。为了简化行政审批，充分发挥市场配置资源基础性作用，各地尝试大幅减少审批项目、优化审批流程、加快推进各项行政审批工作向着统一的行政服务中心聚集，以减少企业和民众办事的时间成本，便于各个环节相互衔接。伴随着统一的政务系统逐步完善，政府人员的工作效率得到较快提升，企业和民众的需求也得到了更好的满足。然而，来到了新时代，仍有"行政审批制度"的影子，其只是披上了外衣，实质并没有发生改变。

（二）党政之间协同现状分析

党政之间的协同困境来源于政府嵌入的代理化。政府嵌入是为了更好地推动政策的实施，并将社会工作纳入整体的治理体系之中成为国家治理体系的组成部分。引入政府嵌入，是为了将政策有效落地，使社会各组织能纳入国家的治理体系当中。从实践环节看，其执行主体是地方各级政府，需要通过"委托－代理"的模式推进。在这个过程中，上级政府将事权下放，但是保留了对下级政府的管理职能。上级政府通过对管辖部门的考核、测评，形成对下级政府的人事任命权力，进而将上级政府的意志和决策向下传导。这种运行逻辑使得当前的治理出现了下述特点：首先，这一运行逻辑加大了政策落实的力度，提高了政策实施效率，从而构成了更为强大的行政体系；其次，标准化的考核虽然便利了相关绩效的统计和评价，但无法充分反映复杂的现实，使得那些不在考核指标内的事务被政府忽视，从而造成治理的空白。这种治理机制难以避免地方政府自身的利益化问题。

步入新发展阶段，市域社会治理中事关城乡发展的环境格局更加复杂。市域社会的人员流动加快、阶层利益不断优化和调整、社会事务日渐繁杂、价值观念更加多元化以及新型社会风险传导性增强，在异质性多元的社会形态下，市域社会治理需要同时应对纷繁复杂的治理需求、多元价值观念的冲击和"人为诱发"的种种风险等问题。市域社会的治理对象更多样、治理风险更大、涉及领域更多元，市域逐渐成为社会矛盾冲突的产生地、聚集地和爆发地。党政自上而下的思想教育，对于防范和化解社会矛盾，具有一定的预见性。站在新的历史高度，从市域社会治理的角度探讨党政之间的协同，具有较强的现实意义。

治理实践中由于思想不统一，受官本位、片面追求经济等错误观念的影响，不少地方党委站位不清晰、目标导向不合理，党政间难以形成治理合力。加之由于过分强调 GDP 指标，在地区之间的一些关乎生态安全和环境保护的问题上难以实现成体系的协作，比如一些政府为了获取更多的国外直接投资而相互竞争，不断降低环境规制要求，从而造成了环境的退化。合署办公，是近年来党政融合的新趋势。在市域社会治理中推进党和国家的机构改革，是促进社会发展和推动治理能力现代化的有效途径。但与此同时这也使党政间的关系变得更加复杂，原本属于不同管理序列的党纪问题和政务处分交织，相关责任认定工作的推动需要进一步结合各机构调整之后不同的行动规划和决策机制进行考虑，不这样的话，便可能难以有效地实现权责统一，这相比改革之前更可能会影响党政工作人员的积极性，从而造成行政效率的下降。

综合党政间的协同现状，可以发现以下两方面的问题。一是思想不统一导致党政之间的协同缺乏质量，二是在国家机构改革中党政关系更加复杂。解决以上问题的思路，需要关注党政内部的问题，同时也将外部力量引进来，需要衔接好党的内外部监督，将各类监督体制有机结合起来，增强监督的严肃性、协同性、有效性，以监督实效提升党的自我革命的水平和境界。

（三）党政与群团组织之间协同现状分析

群团组织在联系群众方面发挥着重要作用，在国家治理体系中具有基础性地位。健全群团组织的功能，首先是要完善党委的领导，具体包括党委领导下的群团各项工作制度的形成和优化。其次是要变革群团组织的管理模式，包括强化党组织领导在群体组织中的相关制度设计、完善群团组织分级管理和双重领导体制、优化干部培养机制等。最后是积极推动党政机构与群团组织进行有序合作和衔接的相关制度建设，包括党政主导的维护群众权益机制、群团组织参与立法和重大决策的调研和论证制度等。

党政与群团组织在市域社会治理体系中，扮演着重要的治理角色。各党政部门和群团组织之间要理顺各自的职责，与各个部门高效协同和配合，建立起"一核多元"的社会治理框架，通过政府管理和群众自治等形式,将群团组织与党政有效联结在一起。

自新中国成立以来,群团组织在业务组织方面保持着较强的独立性,但伴随着计划经济的实行,群团组织的独立性被不断压缩,进而与党组织形成了隶属关系。现阶段按照业务划分、分割化管理的群团思路仍然是主流。在实际的运行中,党政和群团组织在职能方向上存在显著的差异。党政和群团有其独特的专业领域,涉及需要协调沟通的事项,通常由于专业隔阂、交流不充分、分工不细致等问题,极易出现配合不力等情形。正确处理好群团组织与党政之间的关系,需要政府、人大、政协、社区等组织通力合作,要通过协商、合作的形式,将不同组织的工作有效衔接起来,发挥各自的优势,共同开展好基层治理的相关工作。

(四)党政与经济组织之间协同现状分析

党政与经济组织之间的协同,是一个需要不断磨合和沟通的过程。两者间的高效协同,对社会经济以及经济组织的合理发展具有直接的促进作用。这个过程需要不断融洽双方关系,将党政意识通过开展活动、促进相关组织主动参与的形式进行传播,形成相对高效的协同局面。银行、信托等经济组织是社会治理和建设的重要参与力量,如果建立党政与经济组织的互动机制,将使它们具备可以为人民服务的可能并能最大限度地降低隔阂,减少误会,进而在市域社会治理实践中得到更多的理解和认同,使各类问题在一个相对开放的环境中得到解决。在中国现代化进程中,城镇化建设、文化建设和政治建设等各项工作同步进行,极大地提高了现代化的进程和效率,同时也埋下了党政和经济组织间的协同隐患。

例如房地产大开发和大建设的过程中,地方党委及政府为了引入资本,出售了大量土地开展城镇化建设,这在客观上促进了地方的经济增长,也不可避免地使党政和经济组织产生了密切的往来,进而出现经济组织与群团、党政职责难以厘清的问题。在经济向好的阶段,这一问题得到一定程度的"掩盖"。但是在经济衰退阶段的市场环境中,则容易出现政府救市有心无力,经济组织出于风险考虑袖手旁观的情形。此外,党政和经济组织的协同,还体现在乡村振兴这盘历史大棋中。经济组织骗扶贫财政补贴且顺利通过验收的背后，也反映了党政与社会经济治理中可能存在腐败。比如部分扶贫主管干部与经济组织弄虚作假，骗取社会扶贫资金；部分工作人员吃拿卡要的问题也曾经上演。这些问题的出现，在一定程度上反映了经济组织在与党政、群团组织的往来中仍然有较大的监管漏洞。在实际工作过程中，党政组织的领导有时会进行缺乏科学依据的不合理决策，导致相关补贴项目脱离地区发展实际，造成财政资源的浪费。[①]

（五）党政与社会组织之间协同现状分析

社会组织在市域社会治理中有着重要的作用，它对行政管理体系形成了有益的补充，即社会机制可以在行政和市场机制无法作用的空间产生积极的影响以弥补它们的不足。[②] 党的十八大以来，我国高度重视社会组织的作用，加快完善社会组织建设，增强社会组织能力，提升社会组织参与社会治理的积极性，激发社会组织的创造力和活力，使其成为社会治理的重要参与力量。2016年，中共中央办公厅、国务院办公厅印发《关于改革社会组织管理制度促进社会组织健康有序发展的意见》（中办发〔2016〕46号），强调要遵循党的领导、改革创新、放管并重、稳步推进等原则，促进社会组织健康有序发展。国家层面的相关意见为地方社会组织的发展提供了政策的支持，各级地方政府在国家层面意见的基础上结合本地区实际情况设计了一系列符合地方实际的社会组织发展政策。在政策的支持和鼓励下，社会组织得以汇集更多资源，其数量也得到了较快的增长，至2021年3月已突破90万家。

要创建共建共治共享的社会治理模式，必须把社会治理的重点下移到基层，要善于发挥社会组织在社会治理工作中的独特作用，推进政府治理和社会治理协调发展。相较政府而言，社会组织具有自由、非营利、自愿、公益、互利等特点，在社会公共服务、公共福利和社会治理中展现出

[①]《"假把式"何以通过验收——重庆深挖社会经济组织骗补背后的腐败和作风问题》，警钟长鸣-辽宁纪检监察网，http://www.lnsjjjc.gov.cn/jzcm/1156056.jhtml。

[②] 张舜禹、郁建兴、朱心怡：《政府与社会组织合作治理的形成机制——一个组织间构建共识性认知的分析框架》，《浙江大学学报》（人文社会科学版）2022年第1期，第67~81页。

越来越重要的价值。在市域社会治理格局中，社会组织、自治组织与党和政府一样，是全方位、多角度参与市域范围内社会公共事务治理的主体。截至2018年底，全国已有超过81万个社会组织注册。① 这些组织在社会治理工作中有效地缓解了居民间的矛盾冲突，为群众提供了其需要的特殊服务，并较好地回应了居民的要求，成为政府与人民之间沟通的重要纽带和桥梁。随着经济社会的演化，个人主义和自利主义泛滥，城市社会治理面临的问题日益复杂化、多样化、系统化，为了有效地处置这些难题，需要加快培育社会组织，提升其能力，发挥其作用，使其在城市社会治理过程中提供支持和帮助。

虽然社会组织在社会治理中有着重要的价值，但是在当前的实际工作中，政府仍然掌握着治理的全局，将社会组织作为被治理对象，而没有认识到社会组织的积极作用，未将其作为治理主体纳入城市社会治理体系。甚至把社会治理片面理解为"对社会的管制"或"管理社会组织"。部分政府机构工作人员认为居民素质低、治理意识薄弱，不具有自治的能力，因而选择"替民做主"，而非"由民做主"。社会组织在社会治理过程中被忽视甚至成为简单的被治理对象，这使得"协同共治"缺乏主体支持，从而影响了市域社会治理现代化的实现。此外，社会组织过于强调独立，自治组织又遵循情理，看不到不同政府部门的历史经验，这就导致非政府部门难以嵌入现有的横向协同机制。

1. 社会组织自身治理能力不强

目前，社会组织融入社会治理还处于初级阶段，社会组织的治理能力还较弱。中国社会组织的特点是自我能力不足、自主性低、缺乏活力、效率低，一般表现为"依赖自主"。城乡社区是社会治理的重要空间，也是各类社会组织发挥作用提升治理效能的重要场所。然而，在实际工作中，社会组织有时难以得到社区居民的认可，从而在推进治理工作时遇到问题，因为社会组织的功能有时并不是其所服务的社区所需要的，因此二者间可能缺乏有效的合作渠道。在过去10年社会组织蓬勃发展的过程中，一

---

① 《报告：中国社会组织超81万个 监管从严成政策主基调》，"中国青年网"百家号，https://baijiahao.baidu.com/s? id = 1638840628808548213 & wfr = spider & for = pc。

批扎根于基层的有能力、有前途的社会组织应运而生，成为社会力量的动员者和社会的维护者，是维护秩序、激发社区积极性和满足地区群众需求的重要组织。但是，一些社会组织由于存在认识不到位、社会责任感不强、服务能力不足等问题，制约了其在推进市域社会治理现代化过程中的发展。具体而言，首先，由于认识不到位，把党建看成虚的东西。认知层面缺乏重视，容易将党建工作纳入日常正式工作，从而造成党组织开展活动困难、党建责任主体模糊等问题。其次，社会组织由于自身发展的不稳定性，在硬件设施、资金、人员、党建"两个覆盖"等方面相对薄弱。社会组织作为新的重要社会力量，缺乏足够的经验，且社会组织各成员水平素质存在差异，未必都知法守法，可能导致其在法律法规和政策要求范围内的规范运作出现偏差。要突破这种困境，仅仅依靠社会组织自身的努力是远远不够的，还需要国家政策层面的支持。通过多部门联动，构建党内外齐抓共管的工作局面，探索其在管理体制、工作机制、责任落实等方面的创新。同时，要加快形成社会组织资源整合机制，吸引社会投资，壮大社会组织可支配资源，提升其作用。最后，由于一些社会组织社会责任感不强，公信力较弱，在很大程度上限制和削弱了其动员社会资源的能力。具体来说，社会组织存在内部治理和管理制度不健全、资金使用不规范、信息披露不充分等问题，甚至出现资源导向的"全能"社会组织。此外，加强社会组织的党的建设，不仅要确保社会组织有正确的方向和明确的使命，而且要有严格的制度、正确的行动和良好的实效，这样的使命才能真正发挥作用，从而提升和维护社会组织的公信力。

2. 党政与社会组织没有形成可持续、有活力的资源协同机制

城市社会治理现代化中的资源协调主体是多样的，一般而言包括党政部门、市场组织、社会组织、自治组织、群众组织、公民个人和其他资源所有者。在所有这些行动主体中，党政部门在提高城市社会治理现代化的资源协同作用方面发挥着特别重要的作用。党和政府部门可以依靠自己的权力制定政策和制度，快速规划和安排治理资源。然而，虽然党和政府部门可以在一定条件下实现治理资源的合理分配，但是需要注意，在多数情况下，有效的资源协调还需要不同参与者的积极响应和合作。因为有些资

源掌握在特定的组织手中，或者说有些资源只有特定的主体才知道如何有效地使用、了解如何发挥其最大效用。因此，党政部门在社会资源的协同过程中要尊重其他治理主体的权力，要敢于放权，通过与其他主体之间的交流和沟通建立资源分配的规划，从而指导治理活动中的资源配置。党和政府对社会组织的接受、认可和互动的必然结果是社会组织的"信誉"或"权威"不断增强，这将给社会组织的成长带来更多的社会认可和社会资本，使其能够在社会治理活动中发挥出更大的作用。党政部门通过与其他资源所有者平等协商，可以调动它们参与治理的积极性，使资源协调从被动走向主动，且更好地凝聚多方主体的智慧，提升资源配置的合理性和科学性。党政部门应通过信息和资源的互惠互利，激发其他治理主体的参与积极性，使其他治理主体认识到参与社会治理过程可以为其带来收益，从而提升其参与治理的主动性。要加强各级服务信息平台建设，推进信息交流，构建一体化社会治理资源分享分配机制，从而使社会治理的资源协调机制具有可持续性和动态性。

3. 党政与社会组织尚未健全系统化、集成化的社会治理资源指挥调度机制

执政党应通过制定政策引导各类社会组织的运作，让其以正确的方式参与社会治理，并对社会治理过程中急需的社会组织采取"政策接近"的策略。要降低社会治理的准入门槛，打破治理过程中的部门界限和条块分割，结合社会治理实践过程统筹各类社会治理资源，建立激励机制，增强社会组织参与社会治理的积极性和主动性。在实践中，要重视社会治理资源的合理配置和系统协调，努力覆盖管理的盲区和真空。要杜绝交叉管理和推诿扯皮，减少治理过程中的权责分离，形成市域范围内社会治理的强大合力。

其中，资源共享是指挥调度机制的关键一环。政府组织和非政府组织是市域社会治理的两个主体，社会治理效能的实现需要充分调动这两个主体的积极性。既要发挥政府组织的权威及其行政力量，也要发挥非政府组织的灵活性等优势。在充分调动两者积极性之后，市域社会治理工作的落地才有人力和智力方面的保障。这个过程中，需要进一步巩固好市域社会

党组织的地位，充分发挥党组织在社会治理实践中的领导核心作用。要以构建和谐社会、维护社会稳定为目标，在公共政策制定、公共设施建设等方面，兼顾流动人口的利益和需求，为流动人口提供市民化待遇。在增加主体责任时，也要做好宣传工作，使市域社会治理相关工作能够得到社会组织的积极支持。

（六）党政与社区之间协同现状分析

社区是社会的基础组成部分，社区治理是社会治理不可忽视的部分，更是社会治理的根基。激活社区自治能力，提升社区自治动力以为社会治理贡献力量，对于社会基层治理体制完善与优化社会主义基层民主具有重要现实价值。[1]社区中的社会组织类型多样，既包括各种自发组建的社会团体，也包括一些政府设置的非行政体系内的团体，这些组织相比一般的社会组织而言存在特殊性，主要包括组织的活动一般局限在特定的社区之中，其服务对象仅仅包括本社区的居民而不包括外部人事，其发展的目的是满足本社区居民日益多样化的需求，社区组织的参与者一般情况下也是本社区的居民很少有外来人员。[2]

虽然现有研究尚未就城市社区治理概念达成共识，但大多数研究成果认为，社区治理是指与社区相关的各种力量在党的领导下，在法律和社会规范的指导下，通过民主协商的方式对本社区的公共问题进行讨论并做出相关安排的治理活动。随着经济的快速发展和城镇化进程的不断加快，党政与社区管理相结合的需求也在不断加大，但现实表明当下社区管理的方式已经越来越不能满足实际需要。如何有效管理新型城镇化进程中的社区，已经成为治理实践不得不面对的问题之一。不断扩大的社区规模背后，也产生了众多的社区管理需求，城市社区成为社会治理的重要阵地，其治理效果对于整体社会治理成果具有重要影响。社区党建发挥了"主体

---

[1] 卢学晖:《城市社区精英主导自治模式:历史逻辑与作用机制》,《中国行政管理》2015年第8期,第94~99页。

[2] 徐林、许鹿、薛圣凡:《殊途同归:异质资源禀赋下的社区社会组织发展路径》,《公共管理学报》2015年第4期,第122~130、159页。

补偿"和"社会建设"的功能，凸显了党"两次建设社会"的意志。社区已成为"二级社会建设"的制度单位。社区党建以填充主体维系秩序，以组织带动社会发展，是中国现代化进程的现实选择，也是中国共产党百年来理想的社会建设。

1. 政府推动社区组织的发展

政府作为"元治理者"，是社区社会组织蓬勃发展的动力来源。[1] 政府对社区社会组织发展的鼓励可以激励社区积极参与到治理活动中，政府的保障政策和激励措施也更能提升社区调动资源参与治理的意愿，从而促进社区社会组织的发展。即使在社会组织发展迅速且较为成熟的美国，州和地方政府与非营利组织也形成了一定程度的配合和默契，这也是非政府组织与政府关系的重要形式。[2] 社区社会组织的发展需要政府的支持和扶助，当社区社会组织面临资金、技术等困境时，政府可以进行资金支持、税收帮扶、技术协助，从而缓解社区社会组织面临的问题。在发达国家，政府为了促进社区社会组织的发展，往往会通过市场行为或者税收减免等途径引导社会各方支持社区社会组织的发展，从而更好地挖掘社区的潜力，促进社区发展。[3] 此外，政府可以通过给予社区社会组织正式的社会地位来提升社区社会组织的吸引力，从而增加社区社会组织的人员，提升其人力资本，提高社区社会组织工作人员的技能水平和服务意识。

2. 党政对社区的影响力愈加明显

党的十六大以来，社区治理对于社会和谐稳定的重要价值逐渐受到各方的关注，党和政府也将其放在了社会治理的重要位置。从国家的战略上可以看出，整个社会对于社区管理都抱有一定的期望。此外，由于互联网的快速发展，居民的思维观念也得到了很大的改变，越来越多的人重视并

---

[1] Brian D. Christens, "Targeting Empowerment in Community Development: A Community Psychology Approach to Enhancing Local Power and Well-being," *Community Development Journal* 2012, 47 (4): 538 – 554.

[2] D. M. Van Slyke, "The Mythology of Privatization in Contracting for Social Services," *Public Administration Review* 2003, 63 (3): 296 – 315.

[3] Pete Alcock, "New Policy Spaces: The Impact of Devolution on Third Sector Policy in the UK," *Social Policy & Administration* 2012, 46 (2): 219 – 238.

且期望有合理的社区管理服务。现阶段民众对于社区管理提出了越来越高的期待，整个社会也在不断重视社区管理。但是这并不意味着我国社区管理工作已经取得了喜人的成绩，事实上我国社区管理工作与党政结合仍然有很大的提升空间。相比西方发达国家，我国社区建设经验不足、时间不长，缺乏足够的实践经验积累，整体还在起始阶段，仍然有很多地方需要进一步分析和研究。结合实践而言，目前社区管理在一定程度上存在能力和不断扩大的市场需求匹配度不高的倾向。当前社区在资金、技术等方面都无法适应社区群众日益多元化的需求，也难以较好地处置网络时代的各种新的社会矛盾。作为社区的管理者需要高度重视这些事情，要积极主动地向上级机构寻求资金支持，也要推进社区资金自筹工作以及社会捐赠工作开展；此外，社区也要积极更新治理技术，学习先进的治理经验，以提升治理能力；在实践过程中还要不断进行分析和总结，以从实际工作中形成有效的治理方法。就当前而言，社区管理必须吸取多元主体，发挥多方面的力量，使得更多资源共同参与到社区的管理当中。只有这样，社区的管理才能够变得更有人力保障。探索在社区治理过程中如何有效处置政府与社会组织关系，讨论如何调动居委会的工作积极性，以促进社区自治，提升居民参与社区治理的主动性，有效促进社区与党政结合，是必要且具有重要意义的。

3. 党政与社区的融合更加深入

近年来，社会管理体制和社会经济结构发生了深刻变化，社区服务管理方式也在不断变化。原有的行政管理，已经转变为服务型管理，社区物业管理、自治管理、党建工作已成为社区服务管理发展的重要手段。基于社区中社会组织的公共性、公益性、专业性、中立性等特点，其能够在实践中有效地反映社区民众的诉求，并实现资源供给的多元化，同时协调各方利益需求，化解社区矛盾冲突，从而维持社区社会稳定。社区服务管理可以激活社区的发展活力，提升社区各方主体参与社会治理的积极性。针对这一变化，也已经有越来越多的注意力集中在了党建和社区管理方面。这意味着现行的社区管理和当地的建设理念是相互关联并且不断处于动态妥协当中的。理念的转变使居民与社区管理的融合有向好的趋势，但是这并不表明当前居民与社区管理已经足够融洽。只是从侧面可以表明，社区管理工作较之于以往，已经有了更多改进的可能。因为新时代物质和经济实力都在增强，这将有助于实现社区管理的升级。在国家的不断重视下，加上基层互联网建设进程的不断加快，社区管理的信息支撑得到进一步巩固。我国在社区管理方面，已经具备了管理层面升级换代的条件。从这个角度看，我国的社区管理，将有可能在基层党组织的领导下朝着更加成熟的方式演变。

三 协同困境："一核多元"组织间的协同[①]

自党的十八届三中全会以来，中国社会治理理念和实践有了明显的进步。其主要表现在公共服务类型多样化且覆盖领域更多、治理主体多元化且能力更强、技术手段多样化且效率更高等诸多方面。但总体而言，中国的社会治理水平仍有待提高。从现实困境来看，市域社会治理组织体系还存在内部关系"紊乱"、结构"碎片化"、功能"梗阻"等困境。因此，构建"一核多元"的城市社会治理组织体系是党结合中国城市社会治理现实做出的正确决策。

（一）"紊乱化"：市域社会治理组织体系的内部关系困境

市域社会治理组织体系内部关系的"紊乱化"一方面体现在乡村治理体系混乱，治理中纵向关系"紊乱化"（反映在党委部门与职能部门、职能部门与基层政权、基层政权与自治组织这三对主体之间存在协同堵点）；另一方面体现在前乡村治理体系内横向关系的"紊乱化"（体现在职能部门之间、基层党组织与基层政权组织之间、自治组织与社会组织之间缺乏协同基点）。

1. 纵向部门存在协同堵点

市域社会治理的纵向主体指的是市辖区、县、县级市，镇、乡等自上

[①] 陈成文、陈宇舟、陈静：《建设"一核多元"的新时代乡村治理组织体系》，《学海》2022年第1期，第127~138页。

而下的治理主体，其纵向协同短板集中反映在党委部门与职能部门、职能部门与基层政权、基层政权与自治组织这三对主体之间。

首先，党委部门与职能部门之间存在协同堵点。党委是各级党委的简称。在中国，它是指中国共产党的各级委员会，特别是中国共产党的地方委员会和基层委员会。不同基层党委在具体基层单位中的职能不同。街道、乡镇的基层党委和村、社区党组织需要领导本地区各方面的工作，为各类组织提供支持和保障，引导其在正确的方向上展开行动。职能部门按是否具有行政指挥权可分为职能制（多线制）和线性职能制两种。市级社会治理职能部门是第一类，即有权向下属单位下达工作任务或工作指令的部门。通常，它们是政府部门，例如各市的发改委和物价局。党的十九届四中全会的《决定》中已明确了党委部门与职能部门在社会治理体系中的功能定位：党委部门发挥的是领导核心和政治保障作用，这是其他主体无法代替也不能代替的。党对社会治理的领导既体现在各级党委对社会治理过程的直接决策和行动上，又体现在基层党组织在基层发挥的引领和制衡作用治理上。在政府职责方面，更加注重发挥其在社会管理和公共事务中的作用，负责具体的组织管理，包括制定和完善社会建设和管理的政策法规，强化安全保障体系建设，健全公共事务处置机制，推进公共事业体制改革。但在治理实践中，党委部门与职能部门之间存在薄弱环节。例如，由于标准化对象差异较大，党内法律与行政法规在党政联席办公问题上将面临标准化衔接不畅问题。而且，在行政机关内部，存在用党内法规规范非党员和公务员的问题。在党政工作开展中，职能部门往往受党委和上级政府的双重管理。除了职能范围内的行政性事务，通常还需要配合开展阶段性的党建工作、维稳治安工作等。在一定程度上存在职能分散、杂而不精的现象，有时候还存在顾此失彼的情况，给党委部门和职能部门协同治理、科学决策带来了一定的现实难度。

其次，职能部门与基层政权组织（街道或乡镇政府）之间存在协同堵点。就组织结构而言，中国的基层政权是指乡、镇、民族乡的人民代表大会和人民政府，以及市（不设区的市）、市辖区的人民代表大会和人民政府。基层政权组织主要是指街道办事处和乡镇政府。它是基层治理的组织者，发挥着行政服务作用。《中共中央 国务院关于加强基层治理体系和治理能力现代化建设的意见》指出，市、县党委和政府应规范乡镇（街道）、村（社区）的权利和责任，并对超出权利和责任范围的委托工作提供相应的支持。未经党委、政府统一部署，各职能部门不得将自己的权利和责任分配给乡镇（街道）、村（社区）。而在治理实践中，上一级的职能部门仍是将社会治理的烦琐事项交与下一级的基层政权组织。如在传达统一政策指令时，因各职能部门的职责不同，对基层政权组织的要求也会不同，故基层政权组织面对同一问题不同指令时就会无所适从，不确定该听哪一职能部门的指示，或只是同时应付各职能部门的要求。此外，职能部门和基层政权之间，不仅隔着行政层级也隔着基层的民声、民意。职能部门的政策如何更接地气、基层群众的诉求如何向上传导，都是摆在职能部门和基层政权组织协同治理间的重要命题。正如《人民日报》在聚焦加强基层政权治理能力建设中认为的：要让在基层、懂基层的干部发挥更大作用。职能部门与基层政权组织的协同短板，是基层民意、民情堵塞的重要原因，建立起衔接两者的协同机制，对于协同治理体系高效运转具有积极的推动作用。

最后，基层政权组织与自治组织（社区或村级组织）之间存在协同堵点。《中华人民共和国宪法》（1982年）第111条规定："城市和农村按居民居住地区设立的居民委员会或者村民委员会是基层群众性自治组织。"根据宪法和《中华人民共和国村民委员会组织法》和《中华人民共和国城市居民委员会组织法》的规定，以及我国城乡社会组织在社会治理过程中的现实经验，基层群众性自治组织指的是依照有关法律规定，以城乡居民（村民）一定的居住地为纽带和范围设立，并由居民（村民）选举产生的成员组成的，实行自我管理、自我教育、自我服务的社会组织。《中华人民共和国城市居民委员会组织法》第2条规定："不设区的市、市辖区的人民政府或者它的派出机关对居民委员会的工作给予指导、支持和帮助。居民委员会协助不设区的市、市辖区的人民政府或者它的派出机关开展工作。"《中华人民共和国村民委员会组织法》第5条规定："乡、民族乡、镇的人民政府对村民委员会的工作给予指导、支持和帮助，但是不得干预依法属于村民自治范围内的事项。村民委员会协助乡、民族乡、镇的人民政府开展工作。"这两个条文明确了宪法第111条关于"居民委员会、村民委员会同基层政权的相互关系"。但是，我国自治组织并非单纯的自发形成的，而是在国家的指导下，按照相关法律法规和社会发展现实情况，在基层政权的引导下逐步形成的。从产生开始，基层自治组织便与基层政府有着千丝万缕的关系，基层政府代表国家对基层自治组织的各项工作进行监督和干预，并对其进行指导和帮助。除了民族区域自治和单位管理制等国家治理制度外，包括村民委员会和居民委员会在内的所有基层自治组织，从产生之日起就得到了明确的管理，甚至一度按照"科层制"进行管理。基层政府对基层自治组织的活动进行干预，在一定程度上会加剧国家权力和社会权力之间的竞争，从而使得治理过程演变为权力与利益的博弈。换言之，基层政权组织和自治组织之间的关系带有浓厚的行政色彩，即"行政主导自治，村委会等自治组织沦为基层政权组织的派出机构"。因此，在基层治理的过程中，尤其在农村，基层政权组织比村民自治组织拥有更多的配置资源。各地关于基层政权与自治组织的权力运行逻辑，长期以来停留在放与收的阶段。如基层政权组织会通过行政命令的方式干预村庄选举、村民公共事务，自上而下地推动村干部职业化等。但是伴随着市域社会经济的不断发展、市域范围内群众参与政治的能力不断提高，治理行政化并不能很好满足市域社会治理的需要。随着自治力量的成长，基层群众将通过各种手段向国家表达自身的利益诉求，并要求得到更多的支持和帮助。经济、文化和政治相互交融的市域社会治理新环境，决定了单一的政府管理抑或是单一的群众自治，都无法有效应对层出不穷的新情况。在传统的治理思路下，基层政权和自治组织的协同治理，缺乏有效的运行机制。侧重于权力下沉，可能导致基层政权无法深入社区；侧重于权力收缩，则可能导致社区主动性不足。

2. 横向部门缺乏协同基点

作为城市社会治理现代化的基本特征之一，联结性源于城市社会治理所包含的治理要素。城市社会治理的构成要素包括治理主体、治理对象、治理手段和治理目标。由于不同主体之间的行动逻辑不同，集体行动的困境已成为城市社会治理实践中的一种客观社会现象。具体而言，横向部门间缺乏协同的基点，其主要问题表现在如下方面。

首先，职能部门之间缺乏协同基点。从治理的空间范围来看，市域社会治理是城市社会治理和农村社会治理的融合体，其所具有的空间关联性注定了市域社会治理的客体往往呈现复杂性、综合性和关联性的特征。在此情况下，治理主体间进行集体行动的难度系数进一步增加。理顺各部门的职能关系、打破各部门协调难的局面，是协同治理机制运行的基础。这一过程不仅牵涉到不同部门的权力重组，也容易遭受权力削弱部门的联合抵制。特别是在重大的市政工程项目中，信息共享不及时或不细致导致的"重复建设"给市域社会治理带来了更高的运行成本。同一施工标的内，可能涉及公交、水务、光缆、电力、林业等多个部门。但施工建设的主体通常只对上级部门负责，与平行部门间在具体业务方面的沟通不够细致，经常会出现前一个部门施工刚结束，另一个部门又接着开挖建设的情况。虽然两次施工的内容不同，但在客观上导致了多次建设的结果。

其次，基层党组织与基层政权组织之间缺乏协同基点。基层政府辖属区域较为集中，针对治理范围内的各项工作情况，具有从点到面、从平面到立体全方位了解的体制优势。推进基层治理现代化，是将"精准施策"落到实处的重要途径。数据协同采集、多方共享，是信息充分利用、减少采集成本的重要方式。但在基层政府数字协同治理体系尚未健全的背景下，基层党组织与基层政权组织间的数据资源共享、衔接还存在一定的滞后性，双方协同治理缺乏必要的技术支撑。

最后，自治组织与社会组织之间缺乏协同基点。社会组织是指广义的社会组织，包括在民政部门注册的各类社会组织和各类农民自组织。它也是新时期农村治理的参与者（或合作者）。希望以问题为导向、以传统治理文化为基础的乡镇组织，以地缘血缘关系为纽带的议事组织，以资本为纽带的内置金融组织、行业商会等行业领域的自治组织和社会组织在协同治理中构建多元化的实践机制，在城市基层形成"三社联动"。但实际中，由于治理主体和对象组织松散、治理方式和专业技能缺乏,自治组织与社会组织难以通过组织化的方式实现有效衔接,两大组织"各吹各的号,各唱各的调"。这主要表现为以下三点。一是群众参与组织化程度低,在实践中只有一部分较为积极的群众参与了相关组织,大部分群众并不关心公共事务。二是参与者分布不均,参与缺乏明确的组织规划,没有形成规范的参与机制。组织的主要参与者是具有较多闲暇时间的老人或者党员等积极分子。大量中青年和工薪阶层对基层公共事务并不上心,治理整体过程参与频率不高,且其参与一般也主要集中在一些重要时间节点,缺乏日常持续性参与。三是参与是高度利己的。大多数人参与公共事务治理活动是出于私利而非公共利益。在实践中,可能出现送礼拉选票的行为。实际上,基层自治组织离群众的生活最近,能直接接触和反馈群众诉求。发挥自治组织在市域社会治理中的作用,是与时俱进、推进群众自治组织在实践中发展的制度性安排。同时,许多无法注册和记录的社区社会组织既没有正式的制度化渠道参与政府购买社会组织服务,也没有获得社会捐赠的机会,这限制了这些社区社会组织的发展,其中大多数只能逐渐失去其原有的功能最终消失。基层志愿者服务、邻里互助活动等社会组织活动在村、街道等自治组织中的"结构性死亡",导致了其功能的结构性缺失,更无法形成有效的协同治理效能。

总而言之,部门间的协同困境由来已久,其解决之策需要通盘考虑。要从"回应时间""回应方式""表述方式""再回应方式"等方面挖掘公共部门辨别、供给需求的动态过程与不同方式,解释效果差异存在的原因并识别部门协同的困境。尽管地方政府在基础设施建设、招商引资、公共服务领域有了较大自主权,但上下级职责同构的制度安排并没有实质性变化。在职责同构体系中,无论是企业的部门设置,还是地方各级政府的职权、职责和机构设置,都呈现高度统一性。在这种上下对口、纵向贯通的治理结构下,中央部委和上级部门可通过自上而下的途径来直接指挥或指导地方政府各部门运作,这有助于快速落实上级部门的决策部署,但横向运作的壁垒较多。

（二）"碎片化"：市域社会治理组织体系的结构困境

1. 基层党组织

第一，系统内外不同条线基层党组织建设质量不平衡，是推进市级基层党组织构建过程中的共同难题。以《中国共产党章程》所列"党的基层组织"为基础，根据工作内容，市级推进基层党组织建设，面向企业、农村、机关、学校、科研院所、街道社区、社会组织、人民解放军连队等基层单位。从这些基层单位与党领导的政府机关制度的密切关系来看，"制度关系"最大的单位包括机关（乡镇和街道属于机关，而不是农村和社区）、国有企业、学校、研究所和人民解放军公司。"制度支持"单位包括城乡社区，"非事业单位"主要是非公有制经济组织或新型经济组织和新型社会组织。就现实而言，制度关联度越高，党的建设效果就越好，相关活动质量越高，反之，则呈现递减效应。

第二，党建工作材料化，工作材料造词化。由于领导干部的政绩愿景与党的建设现实存在矛盾，市级基层党组织建设容易陷入"造新词""造风景""造政绩"的陷阱。[①] 比如"智慧党建"和"传统党建"的平衡点就没有找到。"智慧党建"是"互联网＋党建"的别称。这是在信息技术迅速发展背景下产生的一种新的党建方式。这一方式强调现代信息技术的使用，主张通过现代信息技术发展党建业务，从而丰富党建活动类型、提升党建活动质量、提高党建工作效率，从而使得广大党员群众可以更好地参与到党建工作之中。[②] 习近平总书记指出："各级党委要高度重视信息化发展对党的建设的影响，做到网络发展到哪里党的工作就覆盖到哪里。"[③] 显然，智慧党建也是市级层面推动基层党组织建优建强不可缺少的重要方式。当前互联网党建工具虽然是追随时代发展的必然趋势，但也存在一些老党员和群众不会使用的问题，在多数情况下，他们只能在

[①] 王华华：《市域治理视角下的基层党组织建设——以无锡市为例》，《行政与法》2021年第7期，第23~34页。

[②] 肖新国、李晓艳：《以信息化促进基层党组织建设》，《党建研究》2017年第1期，第48~49页。

[③] 《十七大以来重要文献选编》（下），中央文献出版社，2013，第690页。

第七章　市域社会治理现代化的协同性现状：以 S 市为个案

志愿者或其他人的帮助下完成一些任务。由此带来的是老党员参与成就感下降、热情度降低，而与之相对应的有效解决方式还未跟上。与此同时，一些党务工作者需要记录"电子"和"纸质"党务台账，以应对党建评估甚至同一事项的检查。因此，"互联网党建"本身已成为一种美丽的"景观党建"形式。① 这些"用新词创新""用材料应对工作""以景观务实"的基层党建空想，都与自上而下的党组织体系有关，各级都在评估党建工作。② 在市级层面推动基层党组织建设中，若不断用"出文件""喊口号""发报表""办推进会""建党建景观"的方式推动基层党建工作，难免会"倒逼"基层党建以"填表格""造材料"的空对空、虚对虚的形式主义"回应"，以基层党建"空转"的形式"用脚投票"。笔者通过调研走访发现，尽管各级党建部门都悬挂或贴有"党建"相关的论述，但实际上，相关人员并未理解其所要表达的思想内核，且基层在面对众多琐事和任务的情况下，是难以有效学习和消化的。这使得虽然形式上党建工作开展得十分热烈，但是其效果却并不明显。

2. 群团组织

作为党联系群众的桥梁和纽带，同时又代表社会不同阶层的利益，群团组织如何正确定位自身角色，不断提高其参与市域社会治理的水平，是促进组织间协同的重要问题。党的十八大以来，习近平总书记多次强调："我们必须把群团组织建设得更加充满活力、更加坚强有力，使之成为推进国家治理体系和治理能力现代化的重要力量。"③ 2015 年 2 月印发的《中共中央关于加强和改进党的群团工作的意见》明确指出，工会、共青团、妇联等群团组织联系的广大人民群众是全面建成小康社会、坚持和发展中国特色社会主义的基本力量，是全面深化改革、全面推进依法治国、巩固党的执政地位、维护国家长治久安的基本依靠，"新形势下，党的群团工作只能加强，不能削弱；只能改进提高，不能停滞不前"。同年 7 月，

---

① 王华华：《市域治理视角下的基层党组织建设——以无锡市为例》，《行政与法》2021 年第 7 期，第 23~34 页。
② 许文：《防止基层党建工作虚化空转对策研究——以广西梧州市为例》，《桂海论丛》2018 年第 2 期，第 81~85 页。
③ 《习近平谈治国理政》（第二卷），外文出版社，2017，第 307 页。

221

中共中央召开党的群团工作会议，习近平总书记要求群团组织"一定要坚持解放思想、改革创新、锐意进取、扎实苦干，切实保持和增强党的群团工作和群团组织的政治性、先进性、群众性，组织动员广大人民群众更加紧密地团结在党的周围"[①]。群团组织是社会治理的重要力量，群团组织作用的发挥既能够弥补党和政府工作可能存在的不足以进一步满足人民群众的生活需要，从而提升人民群众的幸福感，又能够进一步巩固国家治理的社会基础，形成社会治理合力，提升社会治理效能，构建共建共治共享的社会治理共同体。[②] 2018 年，中共中央印发的《深化党和国家机构改革方案》提出，要以更大力度、更实举措推进群团改革，着力解决"机关化、行政化、贵族化、娱乐化"等问题。随后，党的十九届四中全会明确要求建立健全联系广泛、服务群众的群团工作体系。党的十九届五中全会将"发挥群团组织和社会组织在社会治理中的作用"纳入"加强和创新社会治理"部分，通过对群团社会属性的强调来推动群团组织扎根社会，扩大党的群众基础。

群团组织与国家政权间有着紧密的联系，是国家参与社会治理的代理人，能为党和政府的工作提供有效的支持，能在公共政策制定与执行等诸多方面发挥积极作用。[③] 此外，群团组织具有深刻的群众性和先进性，这使其能够较有效地联系群众以推进社会治理。[④] 然而，有学者认为：一些社团的发展不同程度地存在"官僚化"现象。在实际工作中，一些群团组织所在的高楼和庭院封闭，远离基层和群众，使群众的意见难以得到有效反馈，群众的需求难以得到充分满足。[⑤] 一方面，其群众工作的最终目的不是为群众服务，而是注重处理好上述考核和检查；另一方面，工作人员在一个越位和错位的行政组织中开展工作，导致工作效率低下。最为明显

[①]《习近平谈治国理政》（第二卷），外文出版社，2017，第 306 页。

[②] 倪虹：《新常态下老工业城市构建"大群团"工作格局研究——以自贡市群团工作为例》，硕士学位论文，新疆农业大学，2016。

[③] 康晓强：《群众团体与人民团体、社会团体》，《社会主义研究》2016 年第 1 期，第 55～60 页。

[④] 司学敏、葛道顺：《"赋权—增能"：群团组织的社会治理路径研究》，《学习论坛》2021 年第 5 期，第 96～102 页。

[⑤] 张李娟：《党建带群建工作机制研究》，《文化创新比较研究》2019 年第 30 期。

的是，在社会治理过程中，部分群团工作人员行政化色彩过于浓厚，极大地降低了工作效率，影响了最终的效果。① 机关化、行政化从本质上而言就是官僚化；而贵族化、娱乐化则是各种群团组织的官僚化运作方式与其行政权力缺失所造成的，这使得这些群团组织悬浮于社会之上，未能就社会发展做出实质性的贡献。因此，贵族化、娱乐化的根源其实在于官僚化。② 概言之，这些"化"的核心就是群团组织的官僚化，以及由此造成的一系列无作为等现象。对此，习近平总书记明确指出，群团组织中存在的问题，实质是脱离群众。③

3. 社会组织

目前，国内外对社会组织的定义没有统一的认识。有时，它相当于"非政府组织"、"非政府机构"、"第三部门"、"非营利性组织"和"民间社会"等术语。在政府监管和约束等的作用下，社会组织密切配合政府的需求以展开行动，并通过政府资助和补贴获取其生存和发展的主要资金。在此实践中，社会组织依赖基层政府：首先，它们依靠基层政府提供的人员、资金和物资开展活动，若是缺乏基层政府的支持，社会组织便失去了发展的动力；其次，它们依托基层政府的权威资源，增强其社会认同感；最后，社会组织的内部治理结构依赖基层政府的制度嵌入，社会组织缺乏自我发展能力。然而，当社会组织密切合作，努力贴近并积极响应政府时，它们往往忽视对社会需求的灵活及时响应，"在代表会员利益和充分发挥服务职能方面重视不足"④。

红十字会在参与公共卫生危机治理过程中可能成为舆论的中心，其行动和过程受到公众的怀疑。因此，本书以新冠疫情公共卫生危机为背景，选择以红十字会为代表的社会组织做进一步的解释。协同治理视野下社会

---

① 倪虹：《新常态下老工业城市构建"大群团"工作格局研究——以自贡市群团工作为例》，硕士学位论文，新疆农业大学，2016。
② 杨柯、唐文玉：《路径依赖、目标替代与群团改革内卷化——以 A 市妇联改革为例》，《华中师范大学学报》（人文社会科学版）2022 年第 3 期，第 80～88 页。
③ 《加强和改进新形势下党的群团工作》，旗帜网，http://www.qizhiwang.org.cn/n1/2020/0628/c433103-31761597.html。
④ 苏曦凌：《政府与社会组织关系演进的历史逻辑》，《政治学研究》2020 年第 2 期。

组织参与市域社会治理面临四重困境。[①] 具体而言，第一，制度缺陷。公共危机的爆发，要求以红十字会为代表的社会组织承担更庞大的工作任务和社会责任。理想情况下，红十字会管理体系能在各部门配合下高效运行，在资源供应上最大限度地配合防疫工作。然而，红十字会在应对公共卫生危机时暴露出其体制和管理模式上的问题。例如，由于缺乏透明的公示制度，红十字会收到的捐款去向不明，甚至涉及商业利益交换等违法行为，这加大了公众的不满，影响了公众对群团组织的信任，也损害了社会利益。而这些问题出现的根源主要是红十字会的内部管理制度存在重大缺陷，无法对资源供应进行合力规划。[②] 第二，缺乏自主权。在当前我国实践中，社会组织仍然与政府存在紧密的关系，其主体构成仍为政府主导下的官办协会，相关活动也多与政府行政工作相关。另外，目前我国部分政府部门仍然强调自己在各种事务中的全面主导作用，强调政府管理一切，未能为其他社会治理主体提供参与社会治理的良好平台，导致群众参与意识淡薄。社会治理主体在危机协同治理中发挥作用较少，存在感不足，治理主体的参与意愿也较低，这种特殊的金字塔型组织结构，将进一步降低社会组织自主性。社会组织自主性不足将影响其工作效率。[③] 第三，信任性危机。只有经过实事求是的工作反馈，才能获取公众、社会的认同和理解。[④] 根据民政部的规定，红十字会应当根据社会的需要，按照捐赠者的意愿，收集捐款收支数据并公开信息，积极接受公众的监督，将捐款的收受和分配过程进行公开。作为捐赠者，公众有权知道和参与。更重要的是，红十字会作为公益援助的领导者，没有准确、及时、高效地发布信息，导致其在公共危机中的作用有限，逐渐失去了一些人的信任。信任的缺失不仅会影响当前的工作，还会阻碍未来工作的开展。正是由于红十字

[①] 焦克源：《社会组织参与公共危机协同治理的困境与出路——以红十字会慈善捐赠工作为例》，《行政论坛》2020年第6期，第122~129页。
[②] 焦克源：《社会组织参与公共危机协同治理的困境与出路——以红十字会慈善捐赠工作为例》，《行政论坛》2020年第6期，第122~129页。
[③] 王法硕：《我国应急志愿服务协同治理的实践与对策》，《学习与实践》2014年第11期，第66~74页。
[④] 欧黎明、朱秦：《社会协同治理：信任关系与平台建设》，《中国行政管理》2009年第5期，第118~121页。

会缺乏公众的信任，一些人不愿意捐款给红十字会，这在一定程度上也影响了社会救助工作的开展。第四，可控性降低。在信息化时代，社交媒介成为焦点事件的重要推手，个人情感更加容易受到集体话语的引导和操控，具有明显的"群体极化"倾向。与传统媒体相比，网络媒体影响力更大、影响范围更广、反应速度更快，成为当前消息传播的重要渠道，作为公众观点表达的重要平台，其信息再造与二次输出极大地影响了公众的判断和认知。特别是部分网络媒体的一些无序报道，更加放大了危机效应，甚至超过危机本体，危机可控性相对降低。社会组织在面对一些焦点事件的时候，所存在的回应滞后、处理方式不完善等问题，激发和堆积了公众的负面情绪，进而导致危机的可控性降低。

4. 自治组织

自治包括公民自由层面的个人自治和社区意义上的自治。在我国宪法和法律中，共同体意义上的自治包括三个维度：民族区域自治、特别行政区自治和基层群众自治。我国宪法以基层群众性自治组织为实现基层群众性自治的基本制度载体，因此设计和构建了依托城乡社区的居民委员会和村民委员会制度。有学者认为，自治组织是指由一定范围的社会成员自愿组成的、实行自治和自律的社会组织，符合一定条件的社会自治组织，应当给予其独立的法律主体地位，使相关主体能在特定领域为其成员履行公共职能，并按照其章程开展活动。也有学者认为，在行政法和行政诉讼法上，符合一定条件的社会自治组织应当被赋予独立的法律主体地位。服务于该判断，拟将社会自治组织界定为："由社会成员自愿组成，在特定领域内向其成员履行公共职能，按照其章程展开活动的正式性组织。"[①]

在讨论自治组织与国家组织的关系时，有三种观点：国家退出理论、国家干预理论和有效国家干预理论。国家退出理论认为，国家干预对社会资本具有一定的挤出效应，因此国家应当退出其不应该干涉的领域；而国家干预理论则注重非西方社会和转型国家的独特经验，认为国家的干预对社会的发展具有重要的意义，可以弥补自治组织存在的不足；有效国家干

[①] 田志娟：《社会自治组织概念探析》，《湖北工程学院学报》2020年第2期，第107~113页。

预理论则从更微观、更具体的角度揭示了国家干预与自治组织之间的复杂关系。[1] 这与理解市域社会治理现代化协同过程中,如何平衡党委领导、政府负责与社区自治之间的关系具有一定的相似性。具体而言,第一,国家退出理论,即政府当局越是扩张权力、降低有些社会团体的地位和作用,个体之间便越是不愿联合起来结成社会团体而是更倾向于依靠政府当局的支持。[2] 福山和科尔曼等学者便指出国家过多地介入社会内部会影响社会个体的自组织及其合作。第二,国家干预理论,这一理论注意到社会组织的成长需要国家的主动扶持,认为国家的介入能为社会个体之间的联合提供支持。同时,社会的组织化将会产生节约国家治理成本的良性效应。许多学者认为,在中国独特的治理实践情境下,国家的退出并不会促进社会组织的发展,相反中国更需要国家以合适的身份介入社区自治并发挥作用。[3] 第三,有效国家干预理论,即社区自治并不必然排斥或相容国家的介入,其关键在于国家介入是否是适当且有效的。[4] Lonz 和 Wilson 的研究表明,地方政府的有效干预从四个维度有助于社会资本的扩散,包括与志愿组织的关系、公众参与的机会、产生决定性的影响以及民主领导的安排。有效国家干预理论为推进市域社会治理现代化提供了更加具体和有效的视野和解释路径。

但是,在实践中,国家干预与国家有效干预之间的"度"难以把控。虽然中国目前正在培育社区自治组织,将社区自治组织定义为一个整合性、动员性和选举性的组织,并试图从社区自治组织中转移部分服务。但社区自治组织的具体事务一旦真正分离,社区自治组织的动员和整合能力将被大大削弱,它们将成为一个边缘化的组织。在西方国家的社区治理实践中,政府是重要的服务提供者,市场和一些非营利组织也是社会服务的

---

[1] 叶敏:《社区自治能力培育中的国家介入——以上海嘉定区外冈镇"老大人"社区自治创新为例》,《南京农业大学学报》(社会科学版) 2015 年第 3 期,第 10~18、121 页。
[2] 托克维尔:《论美国的民主》(全两卷),董果良译,商务印书馆,1997。
[3] 叶敏:《社区自治能力培育中的国家介入——以上海嘉定区外冈镇"老大人"社区自治创新为例》,《南京农业大学学报》(社会科学版) 2015 年第 3 期,第 10~18、121 页。
[4] 叶敏:《社区自治能力培育中的国家介入——以上海嘉定区外冈镇"老大人"社区自治创新为例》,《南京农业大学学报》(社会科学版) 2015 年第 3 期,第 10~18、121 页。

供应者，社区各组织依靠共同的利益维持治理共同体，并不断地开展治理活动。从"空间"而非"组织"的角度来理解基层群众自治，其实践形式非常复杂。在一定的基层治理空间如社区中，公共利益是涉及诸多群体的，这些群体之间的利益诉求不一，而基层群众自治组织只是基层治理空间中的多元主体之一。因此，基层群众自治的实现需要更多力量的支持。然而，学术界部分学者提倡的是，社区自治是政府管理之外的社会自治，即政府管理行政事务，而社区居民通过自己选举产生的自治组织来管理社区公共事务。[①] 这种观点强调政府与社区组织之间的权利分离，主张社区组织的独立价值，这是其合理的一面；但是这种观点过度强化了社区组织的能力，认为社区组织可以承担政府工作之外的所有公共事务，且这一观点忽略了自治过程中的权利冲突以及协调权力关系等。这些问题表明这一观点有着明显的缺陷。[②]

（三）"梗阻化"：市域社会治理组织体系的功能困境[③]

社会治理注重加强预防和化解社会矛盾机制建设，并正确处理人民内部的矛盾。市域社会治理组织体系功能的"梗阻化"困境主要包括：基层党组织核心功能的"梗阻化"；基层政权组织行政功能的"梗阻化"；自治组织自治功能的"梗阻化"；群团组织、经济组织与社会组织参与功能的"梗阻化"。

1. 基层党组织核心功能的"梗阻化"

一是组织管理上的条块分割。当前在实践中，部分基层党组织按照其所处的行业进行划分，形成条状管理模式，还有部分党组织根据地域的不同实施块状管理。这种条块划分的管理方式使得组织边界过于分明，不利于基层党组织之间的沟通，也阻碍了组织与外部环境之间的交流，这种分

[①] 桑玉成、杨建荣、顾铮铮：《从五里桥经验看城市社区管理的体制建设》，《政治学研究》1999年第2期，第40~48页。

[②] 陈伟东、李雪萍：《"社区自治"概念的缺陷与修正》，《广东社会科学》2004年第2期，第127~130页。

[③] 该部分内容源于本团队文章：陈成文、陈宇舟、陈静《建设"一核多元"的新时代乡村治理组织体系》，《学海》2022年第1期，第127~138页。

散化的特性使得基层党组织之间的合作较为困难，难以实现有效的资源整合，不利于基层党组织发挥政治优势和组织优势。尤其在处置一些涉及部门较多的复杂问题时，这种条块分割的组织方式，容易造成部门之间的责任推诿，进而影响到实际问题的及时解决。二是组织运行与社会治理融合不足。当前基层治理面临的形势在不断变化，但是一些干部忽视了这种改变，仍然推行命令式、封闭式的传统管理模式，使得基层党组织与其他社会治理相关组织之间的协作难以实现，基层党组织的运作与社会治理之间时常产生错位、缺位、越位问题。这不利于基层党组织扩大其影响力，更不利于将党中央的思想和决策贯彻到基层社会治理的实践中。

2. 基层政权组织行政功能的"梗阻化"

基层政权组织行政功能的"梗阻化"主要体现在以下三个方面。一是群众诉求回应不畅。这表现在部分基层党组织忽视了群众的需要，缺乏对群众的关心，未能真正为人民群众着想，没能较好地将"人民至上"的理念贯彻落实到具体的工作之中。在处理日常问题时，态度消极，喜欢和稀泥，不主动化解矛盾，忽视现实冲突，更有甚者对爆发的问题进行隐瞒。当群众的需求无法得到有效的回应时，基层政权组织在群众中的影响力便会逐步消退，更将影响政府的整体形象。二是基层经济发展引领能力不足。伴随着电子商务等新兴经济业态的涌现，现代经济发展呈现虚拟化等新的特征。基层党组织由于知识或能力限制，缺乏对现代经济发展的正确认识，无法适应基层经济发展的需求，难以引导基层经济的正确发展。三是公共精神塑造能力有限。基层党组织定位不明确、工作不规范，且缺乏有效的技术支持与培育思路，难以有效调动群众参与公共事务的积极性，无法充分培育群众的公共精神。

3. 自治组织自治功能的"梗阻化"

自治组织自治功能的"梗阻化"主要表现在以下几个方面。一是组织体系承接能力不足。在实践中，基层自治组织需要管理的范围不断扩大，但是其自身的组织规模却无法顺势扩张，这使得基层社会治理工作无法有序推进。二是在基层自治活动中，各种社会组织之间难以形成合力，部分组织较强的封闭性和单一性影响了社会组织间的联合，影响了社会治理共同体的构建。三是组织关系不明确，参与机制受阻，民主决策效力差。由于社会治理经验不足，组织之间的关系仍然较为模糊，不同组织的角色和功能仍有待进一步划定，各组织参与社会治理的机制仍需要进一步完善，且民主决策通过的决定也难以实际落地。四是基层自治组织的治理资源有限，但却承担着繁重的治理工作，无法提供持续的高质量公共服务。自治组织是社区居民自我管理、自我教育、自我服务的组织，其资源现阶段更多是由政府机构进行支持，少部分是社区筹集，整体资源相对而言较为缺乏。虽然部分自治组织因为社区企业的存在而具备丰富的治理资源，但是多数自治组织仍然缺乏资源，依靠政府"输血"帮助。资源的缺乏极大地制约了自治组织在社会治理过程中作用的发挥。

4. 群团组织、经济组织与社会组织参与功能的"梗阻化"

群团组织参与功能的"梗阻化"主要表现在以下三个方面。一是部分群团组织带有行政化特点，其更多强调完成政治工作，而非满足群众需求。在中国的社会治理实践中，由于群团组织属于事业单位编制，因此其仍然参照政府管理的方式推行工作。这使得一些群团组织干部为了升迁而将组织精力放到政治任务的完成上，对于群众的需求与问题等事务则使用少量的资源和力量进行处置。二是群团组织的机构设置、管理模式过于僵硬，无法有效适应社会治理形势，进而影响其治理能力的提升。正如上文所述，群团组织具有较强的行政特点，其管理也多采用科层制模式，这种模式并不适合当前网络社会的管理，制约了群团组织作用的发挥。三是群团组织在社会治理体系中的具体功能不清，缺乏准确的服务定位，难以充分发挥作用。现阶段，群团组织在实践中更多是充当政府机构的外部延伸角色，缺乏自己的清晰定位，这使得其无法集中力量完成自己的主要工作。

从经济组织参与功能的"梗阻化"来看，其主要表现在以下三个方面。一是经济组织的法律地位尚不明确，缺乏对经济组织的政策保障。只有当经济组织在社会治理中的地位得到了法律的认可和支持，经济组织才能放心将其经济资源投入社会治理活动中。法律和政策的保障能为经济组织的参与降低风险，提升其参与的积极性。二是经济组织的影响范围较小，难以为其他领域提供支持。在治理过程中，经济组织更多是作为资金的提供者，其对其他领域的作用不够显著，且经济组织资金介入社会治理工作，其资金的支持范围也尚未明确，这进一步缩小了经济组织的影响范围。三是部分地方政府存在对经济组织的不合理影响。在实践中，地方政府可能对经济组织施加压力，影响经济组织在治理过程中的行动，如对经济组织的资金投入进行干预。

从社会组织参与功能的"梗阻化"来看，其主要表现在以下两个方面。一是角色定位不清晰、制度供给不充分、可用资源不足和自身动力不够。社会组织缺乏清晰的功能定位，也缺乏合理的制度保障，这使得其在社会治理过程中无法围绕核心任务集中力量；另外社会组织现阶段也缺乏足够的治理资源和治理积极性参与社会治理。二是社会组织本身建设存在问题，组织体系不完善，管理水平较差，成员素质有待提升，监管机制尚未成型，使得组织内违法违规事件屡有发生。社会组织类型多样，其中一些社会组织尚在发展的初期，整体组织体系不合理，且未构建有效的管理制度，导致整体运营不畅。此外，社会组织成员的整体水平也有待进一步提升。

第八章　市域社会治理现代化协同困境的原因分析

模糊性是引发市域社会治理现代化实践困境的关键原因。所谓"模糊性"，本书指的是治理主体和治理领域的模糊。具体而言，在治理主体方面，尽管社会治理共同体已明确了"多元主体"，但是，党领导多元主体的治理实践，各主体的职责其实是难以明确划分的。葛兰西贴切地捕捉到了中国当前的情况，他在分析中国社会时将中国的上层建筑划分为两个不同的社会，一个是由学校、协会等组成的非官方的"市民社会"，另一个则是由政党和政府控制的具有一定官方背景的协会组成的"政治社会"。这些市民社会和政治社会以及它们与国家之间的关系是模棱两可、有着不明确的边界的。这一系列制度的价值在于，这些非官方的组织并不是用来对抗国家的，它们是国家力量的进一步拓展，其目的在于为统治阶级提供支持，对那些从属于统治阶级的人进行培育，使它们按照统治阶级所设计的规则展开行动。[1] 同时，在中国这样一个面积广阔，充满复杂性和多元利益，且发展差距较大的社会，[2] 必须采取有效举措以处置协同治理过程中的各种内在问题，促进协同治理的顺利进行：面积广阔反映出中国不同地区间存在巨大的差异，因此中央所制定的治理策略有时可能无法充分考虑各个地区的不同特征，从而难以发挥效用；同时，由于面积广阔，中央的治理政策在向地方进行传递时难免出现信息偏误，地方政府在执行时无

---

[1] 张永宏、李静君：《制造同意：基层政府怎样吸纳民众的抗争》，《开放时代》2012年第7期，第5~25页。

[2] 周雪光：《权威体制与有效治理：当代中国国家治理的制度逻辑》，《开放时代》2011年第10期，第67~85页。

法贯彻中央政府的本意，监管也存在较多阻碍。①

现实中，企业被颠覆背后的根本原因是，当前随着经济社会的发展，经济价值创造和获取的方式已经和过去截然不同，商业发展的范式已经产生了翻天覆地的变化。市域社会治理未能实现协同或者说仍存在"协同短板"的原因在于社会治理的核心范式已经发生了根本性的改变，与之相应的是推进协同治理的价值理念、治理主体和治理过程中所需要实现的方式、资源等的滞后。正如德鲁克先生所言，在剧烈变化的时代最危险的并不是这种改变，而是人们无法适应这种改变并相应调整自己做事情的逻辑。正是由于环境的剧烈变化，战略逻辑也需要发生改变，从而适应当前经济的变化与发展。现今，推进市域社会治理现代化的方向大致正确，关键在于执行和效率。所以，在互联网技术背景下，因应动态的战略，也必然需要转变市域社会治理的逻辑，而这也是本书要解决的核心问题。

在实践中，如果只从多元化主体参与治理这个角度对协同治理进行解读是远远不够的，还需要进一步了解这些多元化社会治理主体之间在社会治理过程中所形成的相互依赖的关系。依据 Thmopson 的观点，相互依赖关系分为集成依赖（pooled interdependence）、序贯依赖（sequential interdependence）和互惠依赖（reciprocal interdependence）三类。具体而言，第一，集成依赖指系统在运作过程中各个部分都是十分重要的，每一个部分都是不可缺少的，只有各个部分都有序地发挥作用，整个系统才能有效地进行运作，从而实现系统功能，进而达成目标。存在集成依赖关系的各个部分通过系统内部所设计的程序和规则指导其具体的行动，以实现各部分统一行动，达到标准化协调。在这种依赖关系中，各个部分之间的交流是没有必要的，其只需要按照系统预先设置的行为规则展开行动即能实现目标。第二，序贯依赖指在动态系统中的各个部分的发展依赖于其他部分的运作情况，各部分之间有着紧密的联系。存在序贯依赖关系的单元是基于前期设定的计划表来逐步推行工作的，这一计划表中相邻参与者之间需要相互结合并产生联系，从而实现要素的流动，最终实现目标。第三，互惠

---

① 蔡禾：《国家治理的有效性与合法性——对周雪光、冯仕政二文的再思考》，《开放时代》2012年第2期，第135~143页。

依赖是指系统中各个部分的运作依赖于彼此的输出，这些部分之间存在要素的双向流动和反馈，最终实现调试协调。由于共同的治理目标，集成依赖的各治理主体形成一个整体，分别发挥自己的作用，按照整体设定的规划进行协调，且相互之间缺乏直接的交流。序贯依赖和互惠依赖的治理主体则需要其他主体的配合，因此其参与协同治理的积极性更高，在这一过程中不仅需要预先设计各主体的分工，还需要建设要素交流和传导机制，以推进各主体之间进行有效的沟通和合作。很显然，在当前的市域社会治理实践中，以上三种依赖关系因其所要处理的社会事务的复杂程度和紧急程度而共存。

一　治理理念相对滞后

治理体制是政治的重要组成部分，因此治理体制改革往往比其他改革受到的阻碍更多。"以人民为中心"的理念是市域社会治理的价值导向。理念协同是推进市域社会治理现代化的关键。有理念转变才能促进行动逻辑的彻底转变。不幸的是，尽管"以人民为中心"的理念历来都是我国国家发展和社会治理的价值准则，但实际上，不论是政策制定者还是政策执行者，都在意识层面上对为什么要"以人民为中心"存在认知的偏差，并在实际行动中，未根本转变其行动逻辑。

（一）理念协同受限于维稳思维

历史唯物主义高度强调人民群众的重要作用，强调人民群众是财富的创造者，同时对于社会变革也起着决定性的作用。习近平总书记指出："人民是真正的英雄，人民是历史创造者"[1]"江山就是人民、人民就是江山。"[2] 这是对历史唯物主义英雄观和马克思主义人民观做出的重大理论创新，彰显了中国共产党紧紧依靠人民创造历史，始终站稳人民立场，全心全意为人民服务的性质宗旨和鲜明的价值取向。然而，"以人民为中心"

---

[1] 《十七大以来重要文献选编》（下），中央文献出版社，2013，第618页。
[2] 《习近平著作选读》（第一卷），人民出版社，2023，第38页。

的价值高度在落地的过程中,时常是以"防御"的姿态,即其是以自上而下的维稳思维立足于社会治理实践中的。也就是说,"以人民为中心"的价值理念在落地的过程中,社会治理主体并未真正意识到人民在社会治理中的正向作用。在社会发展的过程中,社会治理主体往往无法充分地了解基层群众的发展情况,经常忽视底层人民的发展需求,即使其在危机意识的影响下认识到底层状况的恶化对整个社会有不利影响,其仍然可能无法有效地处置这些情况。可见,自上而下的维稳思维是对"危险"反应,这种思维主导下的"以人民为中心"是将"人民作为治理对象和防范对象而存在的,尚未离开统治的立场、精英的立场或者说是上层利益阶层的立场"[1]。在这种思维的指导下,社会治理过程将基层群众认为是问题的来源,应当是被治理的对象,而非治理的参与者、实践者。这不仅使得治理过程缺乏群众的支持,加大了群众与政府等机构间的矛盾,还无形地减少了原本可能在治理中使用的群众智慧与资源,制约了治理效能的进一步提升。

(二)理念协同受限于选人标准

市域社会治理实践中,"人"是核心要素。多主体协同,本质上是发挥多元主体参与市域社会治理的协同效应。人才合理培养和公平选用,成了决定市域社会治理效能的重要因素。由于选拔基层干部的标准是"只有财富(人才)才是关键",因此在贤人治理模式下,有以下两种典型的情况。一是一个好的秘书和主任,具备良好的素质和能力带领社区居民共同致富,形成人民满意、社区和谐的治理局面。反之,则可能给治理实践埋下较大的隐患,侵蚀市域社会治理的群众基础。二是实施"基层党委+乡贤+治理"模式,即在基层党委的引领下,有效发挥不同战线的乡贤在基层治理中的联络调解、宣传等作用,汇聚基层治理强大合力。在民主集中制体制下,我国选拔和任用干部的准则是在大方向上朝着特定的目标前进,部分领导干部的个人喜好显然无法左右民主大局。但是局部的不公也

---

[1] 于建嵘:《集体行动的原动力机制研究——基于 H 县农民维权抗争的考察》,《学海》2006 年第 2 期,第 26~32 页。

可能会产生连锁反应，产生一定的不良影响。现阶段市域社会治理虽然在一定程度上已经克服了传统科层制下的选人用人局限，囿于僵化制度下的干部潜力得以发挥。然而，由于多个行动者的本质属性和自我定位不同，它们参与城市社会治理的价值观、行为模式和利益目标也存在一定差异，在选人用人实践中，仍然容易产生"站队"现象。不同利益群体在市域社会治理实践中，间接地产生了信息壁垒、沟通障碍、认可度不高等问题，这使市域社会治理的人才选拔受到了极大的阻碍，影响了市域社会治理的深入推进。事实上，建立合理的民主选拔制度，既能有效地激活治理主体的参与积极性，也能更好地选出那些具有真才实学的治理人才，同时也能从源头上遏制社会治理过程中可能出现的贪腐问题，净化人才队伍，提升治理活力。合理选拔制度的关键在于选拔标准的制定，要考虑社会治理现实需求制定客观、合理、科学、公正的人才选拔标准，并在实践中严格按照选拔标准选择人才，将那些真正的治理人才选拔出来，使其在社会治理实践中发挥积极作用。

二 多元主体行动不一

在当前的治理过程中，治理过程碎片化、治理工作追求短期利益、多部门政策相互重叠、部门强调自我利益、地方追求本地发展等问题严格制约了市域社会治理主体的协同治理。在推进市域社会治理现代化的进程中，主体协同的短板指的是多元主体间因行动逻辑不同，在协同完成治理任务或目标的过程中难以形成合力。从行动者网络理论的角度来看，主体协同短板表现为市域社会治理行动网络的失衡，由于组织成员之间缺乏有效的沟通渠道和共同的利益联结，网络中的各个节点缺乏交流，进而产生冲突。在协作行为安排中，模糊性往往伴随着成员结构的复杂性。具体来说，组织直接参与协作行为，但这种协作行为与其他协作行为之间存在一定的相关性，从而间接导致同一组织在协作的过程中有多个角色。[①]

---

① 鹿斌、金太军：《协同惰性：集体行动困境分析的新视角》，《社会科学研究》2015年第4期，第72～78页。

（一）主体协同的模糊性

模糊性是指在协同过程中，参与协同的各个主体并不清楚如何有效地识别其他的参与者、无法了解自己应当如何与其他主体协同展开等基本问题。因此在协同的具体实践过程中，缺乏目的性和有效的规划。成员结构的模糊性是由诸多因素引起的，例如在实践过程中角色定位不清晰使得部分参与者认为自己只是辅助人员而非具体的参与者。在市域社会治理过程中，社会治理的职责由不同的部门承担，各部门之间的权责划分并不清晰，难以有效推进协同合作，无法形成市域社会治理的强大合力。在市域社会治理方面，当前大致上存在九类主要的治理实践，这些实践涉及城市安全、党建、城市文明建设、卫生城市建设等诸多内容，其主要负责部门也包括政法委、党委组织部、党委宣传部、爱国卫生运动委员会（卫健委）等诸多不同的党政机构，这使得相关工作开展难以统一协调，不仅无法合理调配城市有限的公共资源，有时也会造成任务的冲突，制约各项任务的完成，还会影响整体社会治理的效果。就社区治理而言，其治理内容十分丰富，相关工作涉及40个职能部门，但是这些部门受行政层级和部门边界等制约难以有效协调，无法对社区问题进行高效治理。当工作无法落实到具体的部门时，在实践中难免出现相互推诿、推卸责任的现象。且在治理实际工作中，基层部门往往需要负责多个上级部门交付的工作，承担着巨大的治理压力，这使得基层部门的工作人员必然无法集中力量深入地完成某一具体的社会治理工作，只能通过做台账等方式在形式上达成上级部门的要求。但是这一做法并不能真实地解决群众的困难，从而加剧了群众对社会治理的不满。

（二）主体协同受限于行动逻辑

把握市域社会治理主体的结构关系，离不开当代中国的基本政治背景。中国共产党是中国特色社会主义事业的领导核心。因此在市域社会治理过程中，必须坚持党的领导，党组织是市域社会治理的绝对核心。城市协同治理的实现需要构建符合实际的治理主体结构，只有如此才能更好地推进主体协同。然而，市域社会治理中的多元主体，既有作为国家党政机关的党委和政府，又有非政府性质的群团组织和社会组织，也有基层自治组织，还有经济组织和广大公民，整体上呈现多元化特征。多元化的社会治理主体不可避免地存在差异性，各治理主体所处的位置及其所形成的关系模式决定了它们不同的行动逻辑。如在对同一社会事务进行治理的过程中，有行使公权力的政府，也有无权但讲究"有钱能使鬼推磨"的市场力量，还有追求稳定不愿"惹事"的社会力量。在实践中，党政机构的行动逻辑更多的是追求政治效果和社会效益，而多元治理主体中的企业等经济组织则更强调其利润，一些社会组织和普通公民也都有自己的行动逻辑，这些不同的行动逻辑有时可能是冲突的，这也使得治理主体之间难以达成一致的意见，无法展开协同行动。

（三）主体协同受限于治理层级

按照治理层级的划分，市域社会治理的主体既包括自上而下的纵向治理主体，也包括群团组织、经济组织、社会组织、自治组织、公民等多元横向治理主体。这就意味着，要实现主体协同，就要在纵向行政服从与横向政社合作之间追寻平衡点。对此，党的十九届四中全会强调在社会治理过程中必须坚持党委的领导，政府则是主要的负责主体，在推进治理的过程中要推进民主协商，要加强社会力量建设，推进社会协同治理，并不断加大社会公众的参与力度。然而，在实践中，横纵向治理主体之间仍存在"协同短板"。

第一，纵向治理主体间的"协同短板"源于支配性的政府体制。在实践中，政府受到其上级政府和中央政府的领导，政府内部各部门之间也存在严格的从属和管理关系。在这种严格的管控体制下，各级政府的部门设置十分相似，上级政府有的部门下级政府往往也会有对应的机构，这就使得上下级政府之间产生一种"庇护-附庸"关系。具体来说，纵向主体间的"协同短板"集中反映在党委部门与职能部门、职能部门与基层政权、基层政权与自治组织这三对主体之间。如基层政权和自治组织之间的关系带有浓厚的行政色彩，即行政主导自治，村委会等自治组织沦为基层政权的派出机构。第二，横向治理主体间的"协同短板"源于应对评估的压力型体制。所谓压力型体制，其特征是上级机构制定了细致的考核标准以对下级工作情况进行评价，并将这种评价作为职员发展和工资调整的必要依据，从而使得下级必须严格按照上级的要求采取行动，以获得较好的评价。[①] 在压力型体制下，由于上级部门对经济发展绩效的高度重视，下级各类治理主体将工作重心放在促进经济发展方面而忽视了其他工作，且为了获取更好的经济成果，下级主体往往通过竞争而非合作的方式去争取更多的发展资源。

三　制度环境不够理想

所谓制度，宽泛而言，是指形塑人类行为的任何形式的约束，即行为者共享的"游戏规则"。这些约束的组成是多样的，既包括法律等正式约束，也包括日常习俗所构成的非正式约束。新制度主义认为：完整的制度体系是由正式制度和非正式制度构成的。

在市域社会治理实践中，多元行动主体在参与市域社会治理过程中容易受到诸多"非正式制度"的影响，如价值信念、行为模式、信息渠道、企业文化等，都会对各治理主体参与协同治理的程度产生深刻影响。如社会认知偏差会影响各个治理主体的行为选择，使得社会组织缺乏投身于社会治理过程的动力，进而对市域社会治理产生不良影响。正式制度和非正式制度在权威性上存在明显的差异，但从实践效果看，两者各有所长。一般而言，非正式制度往往比较深入地针对某一个具体的领域，具有一定的专业价值。而且非正式制度有时影响更为广泛，可借助日常生活中的各种非正式渠道来对治理主体产生影响。正式制度在战略层面较为清晰，具有一定的战略导向性。将两者有效衔接既面临意识层面的阻力，也会因两种制度在实践层面的不兼容而导致协同失效。以政府为主导的正式制度，其公益性和公共性较为明显，非正式制度倾向于实现特定的利益。在市域社会治理实践中，协调正式制度和非正式制度的体制机制尚不健全，两者协

[①] 汪锦军：《嵌入与自治：社会治理中的政社关系再平衡》，《中国行政管理》2016年第2期，第70~76页。

同还将继续面临兼容难的困境。在当代中国社会中，各种社会秩序相互交织，既存在以法律为准绳的法治秩序，又存在以道德为内涵的德治秩序，更存在凸显个人权威的人治秩序。所以，无论是正式制度还是非正式制度，均是市域社会治理运行机制的重要解释变量，其都在一定程度上具有稳定社会和经济结构的作用。制度协同有利于减少组织与组织之间的利益冲突和远期目标带来的不确定性。但与此同时，正式制度与非正式制度之间的"协同短板"就在于在具体实践中如何平衡两者的比重。尽管正式制度，如法治，对于社会稳定具有重要的作用，遵守法律也被看作当代社会的必然标准，而违背法律更是会受到惩罚。但在基层社会治理中，尤其是在具体的基层治理活动中，社会秩序的维护更多依赖于传统的道德束缚或者习俗引导，其更重视的是面子等熟人关系。

　　事实上，各地在试点市域社会治理的过程中，也坚持把法治作为最基础的治理形式。问题在于，在政府部门，由于人员冗杂，人际交往关系成为政府人员日常工作的重要组成，其在工作过程中不仅需要考虑制度设计还需要考虑更多的关系问题。其他治理主体在参与市域社会治理过程中，也容易受到诸多的"非正式制度"的影响，如价值信念、行为模式和企业文化等。这将对所有治理主体参与协作治理的积极性产生冲击。现有成果表明，社会认知偏差会影响各个主体参与治理的积极性。因此，制度环境的协同作用是促进多个主体之间横向和纵向互动系统的连接和匹配，并通过系统确保主体之间正式和非正式互动机制的互补性。然而，在实践中，不同层级政府、同级政府不同部门的制度执行困境和正式制度与非正式制度之间的难相容等都使制度环境协同存在短板。

四　信息资源难以共享

　　随着现代通信技术、数字技术和网络技术的发展，政府信息共享已成为城市社会治理现代化的重要组成部分。国内学者对狭义和广义政府信息共享的主要理解如下。狭义的政府信息共享指的是政府和其他主体之间进行实际的信息资料的交流和分享，以实现部分信息的公开。广义的政府信息共享是政府与其他主体之间在权利方面进行共享,并拥有平等的公平精神。我们可以将市域社会治理现代化的"信息协同"解释为多元治理主体按照集体行动的规定,将其拥有的信息资源进行更合理的配置,从而使得各治理主体所拥有的部分信息可以最大限度地满足市域社会治理现代化的信息需求。

从实践需求上来说,不同部门之间的信息交流边界制约了信息共享的实现,为此必须积极构建跨部门信息交流渠道,打破信息交流边界,例如组织不同部门间的"吹风会",在较为轻松的环境下进行意见的交流,提升政策制定的准确性。但是,在市域社会治理协同过程中,等级制和同级"各干各的"制约了信息的整合和共享。上下级部门之间存在明显的信息鸿沟,信息偏差下的决策存在落地难的现实困境。同级部门间因各自分管领域不同,在与其他单位辖属领域的细节性合作方面存有一定的专业隔阂,在协作过程中不可避免地存在沟通障碍。诸如资金、人力、物力、技术等有形资源和知识、能力、信息、经验等无形资源中,信息资源是资源协同的关键。因为,在实践过程中,没有任何一个部门可以拥有其执行工作所需要的所有知识,因此每一个部门都需要和其他部门合作以获取更多信息从而支撑工作的开展。然而,在市域社会治理协同过程中,无论是部门之间的同级别协作还是上下级的跨层级合作,其信息的整合和共享仍受制于"等级制和同级不合作状态"。因此,依赖于信息共享的市域社会治理业务在实际工作中较难实现。

(一)科层制组织的阻力

多元主体及其不同的治理目标和任务,对治理环节的信息共享需求比较高,这一诉求在实践中往往难以得到满足。信息难以协同的原因之一,是在实践中受到科层制组织的阻碍。在传统的层级制和"条块结构"下,对信息资源的收集、存储、传递、共享和反馈等是由不同的政府部门承担的,而不同部门对同一信息或是不同类信息的获取、传递和利用等都有着"过滤"阶段。一方面,各部门对信息的"过滤"未有统一的标准,容易造成纵向部门和横向部门之间信息"协同短板",进而导致信息"孤岛"、各自为战的治理现象。另一方面，相关信息沿着纵向指挥链自上而下或自下而上传递，纵向部门之间所接收到的信息容易存在明显的偏差。跨部门合作由于分工和机构专业化的需要，政府部门将因具体政策问题在不同政策领域之间形成互动，然而，根据层级部门设置，上下级部门之间是指挥与被指挥、领导与被领导的自上而下的单向关系。上级部门发布的信息可以直接传递给下级部门。但是，上级部门发布的信息通常具有一定的普遍性，针对性往往不足，下级部门还需自行"消化"这些信息。

同时，下级部门在"消化"上级部门发布的信息后，还需将其获取到的信息再次传达至下一级部门。信息偏差也就在一次次的信息传递中产生。信息偏差将使得下级部门的行动无法达成上级部门的初始目标。在此情形下，关于科层制的研究指出，当成员数量较多时，协调活动的开展所需成本较高从而难以进行，因此有效的组织应当采取措施减少不必要的层级、减少过度的协作，且为了提高工作效率，应当尽量将存在交织和重叠的工作交给同一个部门来完成。这种组织方式的前提是组织中的每一个部门都具有完成相应工作的足够技能和资源，只有如此这种组织方式才能实现较好的结果。但是，在现实中，由于经济社会环境日益复杂，这种条件现在已经很难满足。

（二）数据协同难以持续

随着信息传播速度越来越快、传播范围越来越广，大数据体系所搭建的高效数据传输渠道也使得多数社会治理事件得到网络群体的关注。为了防止事件被曲解或造成不良社会影响，相关处理部门需要保持高度的敏感性，协同配合，引导舆论的正确走向。然而，在全国竭力推进数字协同治理的实践中，仍存在以下问题。一是，基层社会治理人员并不能熟练操作现代化信息技术。尽管以数字化赋能市域社会治理已成为大趋势，但当大数据治理平台搭建起来后，其真正发挥了多少作用是不得而知的。部分基层单位，是为了"大数据"而"大数据"，在实际应用中可能只将其作为手机的替代品，即只为上传信息。其工作人员或因个人不了解大数据治理平台，或因只为应付考核，也未充分利用信息化的办公系统。而在信息不对称的时代，公众、社会组织及市场主体由于较早地接触各类信息，部分时候会比政府部门更快"捕捉"到相关信息，拥有较强的信息处理能力，甚至能提出更为合理的解决方案。二是，由于专业隔阂、交流不充分、分工不细致等问题，横向部门间存在沟通障碍。部门间按照业务划分职能、管理分割化的影响仍然存在，各职能部门技术型人才短缺的情况仍然存在，智能化和信息共享尚不充分，甚至形成了不同部门间的信息分离问题。在一些情况下，部分行政部门为了保障其专业化权力不被分散，会对技术信息的扩散采取限制措施，进而影响了信息的传播和共享。三是，治理组织的信息设备过于陈旧，难以适应大数据时代的庞大数据流，无法支撑数据协同。在实践中，诸多基层社会治理组织的信息设备仍然是数年乃至数十年前的陈旧设备，且系统也较为老旧，这些落后的设施无法有效地对大数据时代基层社会所产生的海量数据进行处置，更遑论进一步的协同。即使基层治理部门有时不需要进行数据的分析，但是其作为治理数据的基础收集点，仍然需要承担数据的收集和发布工作，老化的设施必然会影响治理工作的效率。

五　效益评估机制缺失

近年来，我国市域社会治理实践进行了不少探索和尝试，也取得了一定的治理效能，在协同推进市域社会治理方面也有诸多亮点。但是，现阶段市域社会治理在效益评估上缺乏一套较为健全的机制。这一现状不利于市域社会治理的效果检验和民、政互动，也不同程度地影响了市域社会治理的进程和效果。从具体的实践路径看，不管是纵向协同，还是横向协同，都没有完善的效益评估体系。从宏观的角度看，相关学者就如何协同开展市域社会治理、如何推进治理现代化都有所研究，但是在如何细化方面的研究则相对稀缺。具体而言，这种效益评估机制的缺失集中体现在如下方面。

（一）市域社会治理评估的主体模糊

协同治理主体的责任认定不够清晰，这使得相关问责活动难以具体到

第八章 市域社会治理现代化协同困境的原因分析

个体,进而使得应当被问责的主体存在脱离惩罚的可能。[1] 通过对市域社会治理相关研究的分析可以发现,当前市域社会治理主体不够清晰,责任划分不够明确。成伯清虽然强调市域主要不是行政层级,而是城市网络中相对自成一体的节点。在效益评估的环节,大多数情况下市域社会治理的绩效评估最终又回到了责任主体自查,较少引入专业的第三方评估。很显然,单一的治理主体抑或是单一的评估主体,都无法科学准确地将市域社会治理各主体有机结合起来。而市域社会治理协同将各方利益主体联结在一起,使其在共同利益基础上参与治理,并共享治理成果。

市域社会治理,是一个涉及诸多领域和主体的复杂系统工程。市域社会治理评估的主体模糊给治理工作带来了潜在的隐患。重大决策社会风险稳定评估和社会风险评估、科学决策间的关系不清晰,"维稳办"的定位不具体将制约社会治理工作的顺利开展。实现公共服务供给方式和内容与公众的特征相匹配,是满足群众多样化需求的必要条件,但在现阶段的实践中存在一定的障碍,如主体权责关系异化、等级制制约了信息的整合和共享等。杨翔在实践中发现:市域社会治理存在各主体参与度不均衡、协同性不充分、各领域发展不平衡、信息共享广度不充分等现实困境。评估主体的模糊性在一定程度上导致了社会公共服务与公众的实际需求脱轨,难以充分回应群众的现实需要。

同时,群众的诉求是一个动态的不断发展的过程,在不同时期,不同群众有着不同的期盼和利益需求。从市域社会治理基础设施完善到协同治理体系健全的过程,受地缘、经济、文化、人力资源等多因素影响,同一市域范围内地区间也存在细微差异。社会群体性格特征、教育背景、社会阶层、经济收入等方面的差异,使市域社会治理的对象具有人员构成复杂、利益诉求差异大等特点。在市域社会治理现代化背景下,人员流动日趋复杂、经济交易频繁多样、文化交融更加深入。构成社会挑战的因素,已经不局限于某个单一的方面,它通常表现出多因素杂糅、多主体参与的特征。而传统管理视角下,大包大揽的工作方式,难以立足于新时代发展

---

[1] 田玉麒:《协同治理的运作逻辑与实践路径研究——基于中美案例的比较》,博士学位论文,吉林大学,2017。

背景准确量化群众诉求,更无法主动对不同群体的需要进行丰富和全面的回应。因此,需要结合社会治理现实,推进社会治理评估体系不断完善,并清晰界定被评估对象和需要评估的内容。

(二) 缺乏明确的评估标准

社会管理、政社共治是社会治理的重要内容,同时也是合理评估社会治理成果的重要标准,这两个部分成效的实现需要政府通过各种方式方法不断完善其治理能力以实现社会稳定,积极调动社会力量参与社会治理以实现共治。市域社会治理绩效评估由于部分标准缺乏科学性,在实践中表现出无法为市域社会治理提供方向指导、效度和力度支撑的特征。缺乏明确的评估标准,最直接的后果就是在实践中各主体的责任心和治理效能发挥都受到了不同程度的制约。相应地,不同治理主体在实践的环节也可能陷入一定的迷茫,具体表现为对评估的进度把握不清,对如何考评也无法做到"心中有一盘棋"。

社会的不断变迁和发展,衍生了新的社会组织和经济形式。这些新指标的衡量,往往涉及大量的数据和信息,需要得到较多部门的支持和配合。如果在效益评估的阶段无法制定明确的标准,将无法完成这一系统工程。治理效果的评估,是有效促进治理主体发挥治理功能,激发其治理积极性的重要手段。由于社会治理改革的评价涉及诸多方面,现有评价体系仍然不健全,因此难以有效实现对社会治理改革情况的客观评估,也难以对相关工作进行合理监督。从评估标准的角度看,需要通过实践,不断优化相关主体的职责范围,明确不同环节的重点工作和任务。实现社会治理协同机制的方法是通过确定社会治理体系的目标、评价社会治理体系运行状态、分析社会治理体系实际水平与理想水平之间的差距,解决社会治理协同的动力问题,缩小和消除差距。也就是说,它解决了社会治理协同机制的形成问题。要进行问责评估,严格检查和评估各责任主体社会治理目标的完成情况以及各分项目的推进情况,确保市域社会治理效果到位,责任到位。

（三）评估过程缺乏精细化

以网格化治理为代表的新型区划，对市域社会治理的精细化提出了更高的要求，同时对市域社会治理的效益评估机制也有了更高的期待。简单的数据表格，已经难以满足市域社会治理的需求，它需要建立一套精细化的流程，使动态的数据信息相对静止。市域社会治理的评估过程缺乏精细化，治理主体与群众的信息差和互动不充分，往往导致监管盲区、滋生权力寻租的生存土壤，这必然会在一定程度上损伤治理主体的公信力。当前我国的城市基层治理体制是一种综合治理方式，既受到上级部门的垂直管理，又由本级政府机构进行直接管理，相关治理过程较为复杂。在实际工作中，群众与政府部门之间的沟通缺乏有效渠道，政府的工作有时无法得到民众的理解和认可，政群关系不够密切。

此外，市域社会的人口流动性加剧、阶层利益结构不断调整、社会事务日渐繁杂、价值观念更加多元化以及新型社会风险传导性增强，[1]在异质性明显、多元化显著的社会形态下，市域社会治理需要同时应对纷繁复杂的治理需求、多元价值观念的冲击和"人为诱发"的种种风险等问题。"市域社会治理对象更多样、治理风险更重大"[2]，涉及领域更多元，市域范围逐渐成为社会矛盾冲突的产生地、聚集地和爆发地。从其原因看，市域社会治理主体与群众的隔阂主要是评估过程缺乏精细化造成的。具体表现为程序上缺乏严谨科学的态度，由于社会组织形式的变迁，社会的构成也更加复杂，它不仅包含硬性指标，也包含很多人文、法治等软性指标。但是在实践的环节中，相关的软性指标受关注度不高，也没有得到很好地贯彻，进而产生了一些不和谐的因素。诸如政府缺位、官商勾结、股市操纵、傍富欺贫、监管不力等行为，都严重损害了群众的切身利益，也影响了群众对市域社会治理工作的认可度，更可能破坏市域社会的和谐稳定。

---

[1] 谢小芹：《加快推进市域社会治理现代化》，《中国社会科学报》2021年4月13日。
[2] 《陈一新：着眼把重大矛盾风险化解在市域 打造社会治理的"前线指挥部"》，海南政法网，http://www.hnzhengfa.gov.cn/news/guoneiredian/show-27264.html。

（四）效益评估结果应用局限

评估结果倘若无法应用于改进政府工作、对提升服务效率和质量作用不显著，那么开展效益评估的价值也值得商榷。社会治理效益的评估结果着眼于解决行政部门内部的协同不畅问题，而其外部性问题则未能体现出来。以当前的网格化管理为例，评估结果一般只会反馈到具体的工作机构，就算是在已有大数据治理平台共享信息的基础上，其绩效评估结果仍是经过层层传递，着眼于在部门内部改进资源配置和治理手段。如果绩效评估信息直接反馈给决策层，并利用看似费时实则有效的"开会"方式，言简意赅地向相关治理负责人共享绩效数据，则直接减少了社会治理的流通成本。此外，开展效益评估的环节通常参照以往的案例，执行环节比较呆板，对新方式新方法的包容性有待提高。还有，在实际操作中，效益评估的结果往往只是一种参考，人际关系等其他因素对于后期的奖惩同样产生影响，从而降低了效益评估的作用。在市域社会治理的效益评估方面，有必要开展新方式新方法的试点工作，在试点时必须将各种指标进行合理考察，要高度重视基层问题，既要按照要求完成考核指标，也必须切实处置基层群众面临的困难。要通过创新评估方法，有效推进市域社会治理环节的工作落到实处。此外，必须提升效益评估在后期升迁考核等奖惩活动中的作用，减少主观因素的影响，提升效益评估的权威性。

六　治理目标不太一致

由于多元行动主体的本质属性和自身定位不同，它们参与市域社会治理的价值理念、行为模式以及利益目标等存在一定的差异，治理主体与群众的信息差和互动不充分，很容易产生信息壁垒、沟通障碍、认可度不高等现象。以上现象的存在，给多主体的协同工作带来了难题，这些难题集中体现在治理目标的不一致上，进而导致了多主体在行动上难以形成有效的合力。市域社会范围内出现的人口流动性加剧、阶层利益结构不断调整、社会事务日渐繁杂、价值观念更加多元化以及新型社会风险传导性增强等问题，进一步异化了各参与主体的治理目标，给多主体协同带来了更大的难度。

（一）各主体利益难以平衡

由上可知，市域社会治理涉及市域范围内党和政府、经济组织、群团组织和自治组织等多元主体。不同组织的核心利益目标与其组织特性有关，如经济组织以"GDP"为目标，政府和群团组织以"公共服务"的供给为主，前者追求的是钱多事少，后者则是没钱会拨款，事办成就好。同时，在追求组织利益时，经济欠发达地区和处在某一项公共事务协同行动中的下级部门，往往是自主性和可选择性较弱的一方。这就导致，在分配协同治理成果的环节上，各主体所能享有的成果反馈与其付出是不成正比的。以市域层面的一项购房者与房地产商的利益矛盾为例，从省房管局到房产所在地的管委会，环环相扣，需要各级政府和利益相关者的沟通对接，而沟通过程，不仅时间跨度长，而且需要由下至上和自上而下的层层督促和协调。当然，要寻找类似事件的协调点，并使地方政府和当事人的利益达成平衡的方案并不容易。然而实际中一级政府一级事权，各级政府的轻重缓急也不一样，同时，政府与消费者和房地产商的关系也不同。因此实际中总能看到上级政府依据所谓的"合同规章"回应消费者诉求，房地产商拿合同说事，消费者提各种诉求等，"博弈"无处不在，但毫无疑问，被所谓"合同"压制在最底层的消费者必然是实际发展中诉求声最弱的一方。在同样的事例中，上下级政府间的"博弈"也是常见的现象。上级政府规划大方向，下级政府提各种诉求，最下一级政府的诉求声最弱，而要做的实事往往又是最多的，最终利益分配肯定是难以平衡，也容易导致治理目标的期望值层层递减、很难协同。在这种情况下，最基层部门的利益无法得到上级的重视，却又需要付出更多的努力，其就可能在工作中消极应对，进而影响治理效果。

（二）组织内部的利益固化

科层制组织内部容易出现固化的利益阶层，进而影响工作的内外协同，制约治理效能的提升。在部门主导下，中央政府各部门对地方政策制定具有很大话语权。出于部门利益考虑，各部门在政策导向、治理目标上难免存在矛盾，甚至存在利益冲突。在部门利益的指引下，各部门也倾向于通过"条条"的途径来影响地方政府运作，支持有利于本部门利益的政策倡议，捍卫自己的相关话语权，阻止有损于本部门利益的政策倡议。固然，在实际治理政策执行过程中，各个部门在整体协同布局层面做好衔接，专注各自领域的专项工作即可，避免管得过多、结果过乱的情况。但是，在协同治理过程中，必然面临"商量"这一环节，如果一个部门固执地以本部门利益不受损、责任限定为前提，实际操作起来也是有困难的。当一个组织或部门固执地维护自身的利益，将使得协商过程中的相互理解难以实现，社会治理共同体也难以形成。

第九章　补齐市域社会治理现代化"协同短板"的对策

在公共服务供给中，治理主体目标不一致导致的公共服务资源错配现象也非常普遍，由此导致了社会公共服务供需之间的匹配度比较低的问题，尤其是受到各种条件的影响，公共服务有时难以落实到基层，整个公共服务的实施成本较高，但群众的整体获得感较低，降低了群众对公共服务的评价。要提升公共服务的满意度，协商民主是重要的实践环节，它是增进群众与各治理主体"感情"的重要途径。然而，关于协商民主的实证研究却表明，协商民主在基层的实践状况与党中央的预期还有很大的差距。党的十九届五中全会强调基层治理必须坚持以人民利益为上，坚持依靠人民推动社会治理。现实表明，由于治理主体目标不统一、工作方法不接地气、利益分配不公等问题的存在，市域社会治理现代化中的群众满意度和认同感还有待进一步提升。诸如政府缺位、官商勾结、股市操纵、傍富欺贫、监管不力等行为，严重损害了群众的切身利益，进而影响了群众对市域社会治理工作的认可度。此外，治理决策过程中"以人民为中心"的意识淡漠、公众参与程序设计不合理等问题，也加剧了市域社会治理现代化成果"可接受性"不高的困境。

要补齐市域社会治理现代化"协同短板"，就要在理念协同层面，落实"人民至上"的理念，将传统的"管理"思维转换为"协同治理"思维；在主体协同层面，促进社会多元行为主体形成密切、平等的合作关系；在制度环境、信息资源、效益评估等层面奠定协同共治的基础。

一 坚持"人民至上"的社会治理理念

在推进市域社会治理现代化过程中,坚持协同治理,就必须树立"人民至上"治理理念。只有形成了共同的治理理念才能确立协同的共识,才能在制度、手段、途径等方面展开具体的实践。

(一)始终坚持"以民为本"的价值导向

"全心全意为人民服务"是中国共产党的宗旨。党的宗旨和中国国家治理的人民性决定了我国的市域社会治理必须坚持"以民为本"的价值导向,通过调动各种资源来满足人民群众的需求,切实维护好人民群众的利益。人民性是我国社会治理实践中贯彻始终的特性,我国坚持"一切为了人民、一切依靠人民",将改善人民群众生活作为社会治理的根本目的,坚持社会治理成果由人民群众共享。从"代表中国最广大人民群众的根本利益"的"三个代表"重要思想到坚持"权为民所用,情为民所系,利为民所谋"的"三为民"要求,都彰显了我国社会治理实践对"以民为本"价值导向的一脉相承和恒久坚持。[①] 2014年3月,习近平总书记在全国"两会"上明确指出:"加强和创新社会治理,关键在体制创新,核心是人,只有人与人和谐相处,社会才会安定有序。"[②] 目前我国正处于社会转型期,人民利益复杂多变,这给社会治理带来了一定挑战。例如,房地产"爆雷"、极端天气增加、环境质量下降、就业困难等现实问题,这些问题的存在,造成了社会矛盾与冲突,破坏了社会和谐稳定,使得社会治理面临问题。要有效地解决这些与人民群众密切相关的问题,必须坚持"以民为本",坚持在处置工作中将人民群众利益摆在第一位。例如,房地产"爆雷"问题是当前社会稳定的障碍。处理该问题必须坚持以人民群众利益为先,坚持保交楼,避免人民群众利益受损,只有如此才能得到群众的

[①] 陈振明、郁建兴、姜晓萍、薛澜、丁煌、燕继荣、肖滨、杨开峰:《党的百年奋斗:治理经验与历史成就高端圆桌对话》,《公共管理与政策评论》2022年第1期,第3~18页。

[②] 《习近平关于全面深化改革论述摘编》,中央文献出版社,2014,第101页。

支持，避免引发更多的冲突。

（二）适时确立"民生导向"的职能重心

市域社会治理现代化协同的定位是化解现存社会主要矛盾尤其是人民亟待解决的社会问题，以改善民生为治理目标。长期以来，我国社会治理的重心就是要切实维护好人民群众的利益，解决人民群众遇到的各种难题，提供人民群众所需要的各种服务。在具体领域上，可以从以下内容进行详细阐述：着力推进以保障和改善民生为重点的社会建设，坚持在维护民众切身利益的经济发展中保障和改善民生，通过解决人民群众在教育、工作、医疗、居住等方面遇到的现实困难，努力在人民群众所关注的教育、就业、医疗等领域提供高质量的公共服务以切实改善人民群众的生活水平，提升其获得感、幸福感。此外，随着"民主协商"这一治理体系写入政策中，政府层面也更加关注治理模式的转型。加之互联网媒介的便利和人民民主意识的提高，我国的市域社会治理领域也需逐步通过专家咨询和指导、社会公示、网络问政、外部评估等民众参与评价的新渠道，加快构建充分表现人民群众利益需要和服务需求并集聚民众智慧和经验的治理机制和治理平台。以此，确立"民生导向"的职能重心，从而满足人民群众日益增长的各种需求、制约公共权威的扩张和制止公共资源的浪费，进而使市域社会治理工作更加符合民意，并对人民更加负责。

（三）不断创新"便民高效"的治理方式

市域社会治理组织应该是一种以满足公民需求为导向，协同处理社会问题的组织形态，其治理方式创新不仅是有效解决社会问题的核心内容，也是市域社会治理现代化的必然要求。伴随外在治理环境的变化，尤其是爆炸式的信息时代的到来，现代信息技术成为社会治理的重要手段，以信息技术为基础构建的系列政务平台和系统逐渐成为社会治理的重要支撑，极大地降低了行政工作成本，提升了行政工作效能。从现有实践来看，我国市域社会治理的网络方阵由政府网站、政务微博、政务App、抖音、微信公众号和视频号等各类平台构成。正是由于网络治理方阵的线上配合，充分发挥了多渠道、多层次、跨部门、无缝隙、全方位的职能整合，政务大厅等创新治理方式涌现。同时，信息技术的法治促进了信息资源的整合，可以破解部门合作的信息屏障，促进跨部门交流与合作，从而为协同治理创造了条件，切实打通了公共服务流程阻隔，改善了公共服务过程，实现了便捷高效的"一体化""一站式"服务。

二 注重建立"一核多元"的治理组织体系

中国共产党的领导是中国特色社会主义最本质的特征，是中国特色社会主义制度的最大优势。"党的任务则是对所有国家机关的工作进行总的领导。"[①] 党的十九届六中全会通过的《中共中央关于党的百年奋斗重大成就和历史经验的决议》强调，"治理好我们这个世界上最大的政党和人口最多的国家，必须坚持党的全面领导特别是党中央集中统一领导，坚持民主集中制，确保党始终总揽全局、协调各方"。因此，在社会治理过程中必须始终坚持党的领导，只有如此才能将人民利益贯穿社会治理实践全流程，才能更好地为国家治理提供支持。要坚持党对社会治理的领导，就必须坚持重点论，加强党建领导，丰富党建形式，切实提升党的领导能力，发挥党组织在社会治理过程中的积极作用。党建引领社会治理的关键在于通过加强党组织建设，把党组织建设成领导社会治理的坚强战斗堡垒，以增强党组织政治功能和组织力，进而推动法治、德治和自治建设，实现政府治理同社会调节、居民自治良性互动。[②]

（一）重视与加强党的领导[③]

中国共产党是领导我们事业的核心力量。党的十九届六中全会以"十个坚持"系统总结了百年伟大奋斗所积累的宝贵历史经验，并把"坚持党

[①] 《列宁全集》（第四十三卷），人民出版社，1987，第64页。
[②] 陈成文、黄利平：《中国共产党百年社会治理的嬗变：历史、逻辑与启示》，《贵州师范大学学报》（社会科学版）2022年第1期，第31~40页。
[③] 该部分内容源于本团队文章：陈成文、黄利平《中国共产党百年社会治理的嬗变：历史、逻辑与启示》，《贵州师范大学学报》（社会科学版）2022年第1期，第31~40页。

的领导"放在首位。中国人民和中华民族之所以能够扭转近代以后的命运、取得今天的伟大成就，最根本的原因就是有中国共产党的坚强领导。从社会治理的百年嬗变历程可以看出，中国共产党社会治理是一个阶段性与连续性相统一的过程，是一个治理目标、治理主体和治理方式不断科学化的过程。从治理目标来看，中国共产党社会治理实现了从"革命动员"到"满足人民对美好生活的需要"的目标转向；从治理主体来看，中国共产党社会治理实现了从"一元化"到"一核多元"的主体结构拓展；从治理方式来看，中国共产党社会治理实现了从单一行政化到"六治融合"的方式结构拓展。在中国特色社会主义新时代，只有遵循"坚持党的领导"这一百年社会治理主线，才能牢牢扭住社会治理的"牛鼻子"。①党建引领社会治理关键在于通过加强党组织建设，把党组织建设成领导社会治理的坚强战斗堡垒，以增强党组织政治功能和组织力，进而推动法治、德治和自治建设，实现政府治理同社会调节、居民自治良性互动。因此，要搭建区域化党建平台，就要推进机关企事业单位、社会组织与党组织联建共建，构建"大党建"格局。一方面，要建立大党委会议制度。大党委是党组织联合辖区机关、企事业单位和社会组织等建立起来的区域化党建组织，主要职责是宣传和贯彻党的路线、方针、政策，加强基层党组织之间的相互联系，以协调党建和社会治理工作。大党委的组织形式为全体委员会议，负责落实议定的联建共建事项，协调辖区内各单位开展联建共建活动，提升党组织的组织和动员能力。另一方面，要建立联系群众制度。区域内各大党委成员建立党建工作联系点，定期召开党内外群众座谈会，广泛征求和听取群众意见、建议；设立党代表工作室，密切联系群众，深入群众，帮助群众解决实际困难。②

历史有力地证明，只有中国共产党才能领导中国。习近平总书记指出："坚持和加强党的全面领导，关系党和国家前途命运，我们的全部事

---

① 陈成文、黄利平：《中国共产党百年社会治理的嬗变：历史、逻辑与启示》，《贵州师范大学学报》（社会科学版）2022年第1期，第31~40页。
② 陈成文、黄利平：《中国共产党百年社会治理的嬗变：历史、逻辑与启示》，《贵州师范大学学报》（社会科学版）2022年第1期，第31~40页。

业都建立在这个基础之上，都根植于这个最本质特征和最大优势。"①办好中国的事情，关键在党。治理好我们这个世界上最大的政党和人口最多的国家，必须坚持党对社会治理工作的全面领导特别是党中央对社会治理工作的集中统一领导。党的十八大以来，以习近平同志为核心的党中央提出"党的领导必须是全面的、系统的、整体的"②，强调"坚持党的领导，首先是坚持党中央权威和集中统一领导，这是党的领导的最高原则"③，明确"加强和维护党中央集中统一领导是全党共同的政治责任"④，使党中央权威和集中统一领导得到有力保证，党的领导制度体系不断完善，党的领导方式更加科学，全党在思想上更加统一、政治上更加团结、行动上更加一致，党的政治领导力、思想引领力、群众组织力、社会号召力显著增强。

（二）推进基层党建与市域社会治理的融合

在党建引领下，多元主体协同参与市域社会治理是打造共建共治共享的社会治理新格局的根本。协同社会的多元力量有助于适应复杂的市域社会治理动态环境。2020年新冠疫情防控的实践证明：领导优于管理，以政府为主导的协同治理机制带来了社会治理过程的有序与高效。因此，要推进市域社会治理现代化，就必须在加强基层党建工作基础上进一步促进社会治理嵌入，充分发挥党组织在基层社会治理中的积极作用。具体而言，一是要切实加强党的领导，发挥党建引领作用。在推进市域社会治理现代化中，党组织需要充分发挥其在联系群众、组织群众、动员群众、服务群众等方面的优势，将基层社会各类组织和多元主体统合起来，从而形成以党组织为核心的社会治理共同体。二是要加强党的自身建设，常态化开展群众路线教育实践活动，加强党员教育。为发挥党员在政府、社会和公民三者之间的桥梁作用，党员应以身作则，在日常治理活动中积极带领身边人参与其中，并做好群众的思想政治工作。三是要加强顶层设计，结合基

---

① 《毫不动摇坚持和加强党的全面领导》，中国共产党新闻网，http://dangjian.people.com.cn/n1/2022/0530/c117092-32433468.html。
② 《十九大以来重要文献选编》（上），中央文献出版社，2019，第275~276页。
③ 《十九大以来重要文献选编》（上），中央文献出版社，2019，第554页。
④ 《新时代党员干部学习关键词》，党建读物出版社，2022，第27~28页。

层社会治理实践经验,构建符合本地发展实际的党组织与其他社会治理主体协同合作的制度环境。同时强化党群服务中心建设,使其成为基层党建引领社会治理的主阵地。

(三)引领社会组织有效参与市域社会治理

当前,在地方治理经验中,社会组织参与市域社会治理的途径包括自主式与他助式。其中,自主式是社会组织通过参加社区活动和辅助政府工作的方式参与市域社会治理。他助式主要是当地党委通过搭建供需对接平台和经费保障培育、支持和引导社区社会组织发展,即一方面,针对社会组织回应政策宣传、社会需要举办各类活动,当地行政组织依据其管辖范围内的各社区的实际情况,为社区的"需"与社会组织的"供"牵线搭桥;另一方面,通过社区已有的社区公益金、党建经费以及寻求其他自治金的方式,为社会组织提供经费保障。但是,还有一个关键的措施是,抓住党建工作。社会组织也必须重视党建工作,要将其党建工作融入大党建的发展规划之中。具体而言有以下几个方面。第一,推进社会组织党建"两个覆盖"。"两个覆盖"指的是当社会组织中有党员存在时便需要建立党组织机构,即有党员的要实现党组织覆盖;没有党员的社会组织虽然不建立党组织,但是也要接受党的领导,即没有党员的也要实现党的工作覆盖。这就需要清晰了解当前社会组织的人员构成,尤其是其中的党员人数,同时在社会组织相对集中的区域建立党建工作站。推进"两个覆盖"有利于进一步强化党组织在社会治理过程中的影响。第二,坚持党对社会组织的全面领导。已有经验多是通过多渠道筹措、多元化投入的方式为党建工作融入社会组织提供经费保障。但是,为确保社会组织参与市域社会治理的有效性和精准性,仍需从制度层面为其提供互信互助的保障,使党建与社会组织的活动、项目有机结合。第三,增强社会组织的公信力。首先,社会组织应增强自身的自主性,即能够按照既定目标,独立自主地开展相关活动。当代的社会治理改革是在政府嵌入背景下展开的,而且这个社会缺乏自治传统,自治资源也处于不足的状态。[1] 社会

---

[1] 汪锦军:《嵌入与自治:社会治理中的政社关系再平衡》,《中国行政管理》2016年第2期,第70~76页。

组织需要对自己在社会治理过程中的作用和义务有清晰的认知,从而更好地规划自己的行动。其次,社会组织日常活动应遵纪守法、高效透明,以此来增强自身的公信力。社会组织所开展的每次志愿服务活动,都会给大众留一个"印象"。这一"印象"就是社会组织公信力的来源。社会治理要坚持以党建为引领,要关注群众的公共需求,通过各种方式满足人民群众的需要,坚持"人民至上"的理念,将满足人民群众的社会需求作为志愿服务项目立足点,将"以人民为中心"的发展理念落实到实践中,推进志愿精神和基层社会治理需求相结合,根据人民群众的需求设计多样化的志愿项目。[1]

三 以民主协商促进多元主体协同

多元主体协同共治是市域社会现代化的重要目标和基本保障。推进多元主体协同共治,就需要在党组织领导下,坚持多元主体平等合作基本原则。党的十八届三中全会提出以"社会治理"取代"社会管理",意味着政府不再是单一的管理主体,市场主体、社会组织、公民等共同参与到社会管理之中。这改变了市场主体、社会组织与公民作为客体对象被动参与社会管理的局面,市场主体、社会组织与公民都是治理主体,以主体身份参与到公共事务之中。党的十九大提出"打造共建共治共享的社会治理格局"。共建共治共享的社会治理格局的提出,进一步明确了多元社会治理主体等在社会治理中的地位、职能作用,强调政社合作、多元主体协同共治。

政府部门在市域社会治理中扮演着重要的角色,需要政府部门当好领导者,调和构建各种积极因素。在实践中基于平等原则研究制定行之有效的实施措施,引导和激励多元治理主体,既要进一步规范市域范围内各项工作有序开展,加大对违法行为和政府失职行为的问责力度,也要加强和新闻媒体的沟通交流,打通信息互通渠道。以便在重大事件的处理上可以平等高效地进行相关部署,减小各方面损失,形成"一盘棋"整体合力。

---

[1] 路建英:《以党建引领社会组织参与基层社会治理》,《中国社会报》2020年6月29日,第2版。

第九章 补齐市域社会治理现代化"协同短板"的对策

时代性作为市域社会治理现代化的基本特征之一，源于新时代的城乡结构的变化。在地方社会治理实践中，我国虽然实施了统筹城乡发展、新农村建设和新型城镇化等宏观战略，但是，我国的"城乡二元分割的结构"并没有得到根本的转变。城乡发展的相互隔离，附着于城市与农村两种不同的治理形态——基层社会治理和城市社会治理之上。党的十九大明确提出"城乡融合发展"的概念。"城乡融合发展"概念的提出纠正了具有"城市偏向性"的片面的城乡发展观，体现了我国城乡关系发展思路的根本转变。要实现"城乡融合发展"，必然需要城乡之间的双向互动、互促互进，需要城乡作为一个区域整体共同发展。但是，由于历史文化、经济发展水平的不同，城市社会治理与基层社会治理本就存在很大的差异，生硬地将两者整合在一起未必有效。

很多宏观战略落实到具体实践中，呈现一种具有"城市偏向性"的片面的城乡发展观，城乡二元分割的结构没有得到根本改变。城乡二元分割的结构，导致了社会治理领域的"二元"结构，即基层社会治理和城市社会治理两种不同的社会治理形态。此时，市域成为推进城乡融合发展的重要阵地。协同治理不同于社会管理模式，其实行自上而下的单向度管控，亦与参与式治理有所区别。在参与式治理模式下，政府占据绝对的主导地位，它决定了社会组织在社会治理中的参与机会；而社会组织则处于被动服从地位，仅仅起着"助手"的作用。在政府与社会的关系问题上，参与式治理只是增加了治理主体的数量，但是政府仍然在社会治理过程中占据绝对的主导地位，政府与社会之间的地位仍然存在差异。从实践角度来看，这种治理主体之间的不平等关系势必影响其他主体参与社会治理的积极性，从而制约协同治理的开展，最终影响社会治理的效果。因此，要实现多元治理主体的功能融合，就必须转变政社合作模式，实现参与式治理向协同治理转型。协同治理实现了多元治理主体平等参与、协商共治的多中心的治理形态。这就意味着，在协同治理模式中，多元治理主体能够将彼此资源和价值的差异性视为合作行动的意义所在，从而有利于实现多元治理主体之间资源的一体化与功能的一体化，最终形成社会治理的强大合力，有效提升社会治理效果。

（一）加强培育党政干部与多元主体的民主意识[①]

1. 强化党政干部对协商民主的认识

受中国传统文化惯性的影响，一些党政干部往往将权力私有化，实施"一言堂"，在工作过程中往往以权威者的姿势存在而不多加考虑其他治理主体的意见，根据自己的意愿"拍脑袋"决策，缺少协商民主的理念。然而，在市域社会治理现代化主体协同的进程中，尽管坚持党的领导，但各类组织也是主体，是社会治理现代化过程中不可忽视的重要力量。在协同治理的过程中，党政干部的任务之一，就是增强人民群众的主人翁意识，引导群众通过民主协商的方式表达自己的意见并参与社会治理过程从而维护自己的利益。同时，党政干部需要调动社会组织、经济组织等主体的积极性，使其愿意调动所拥有的社会资源投入社会治理实践中，从而凝聚社会治理合力。但是，倘若"领头羊"这一群体自身有着不良思想，又将如何带领其他人。所以，首先就有必要对党政干部加强培训，让他们意识到协商民主在推进市域社会治理现代化主体协同中的重要性，使得党政干部尊重其他主体在社会治理过程中的重要作用。党政部门要破除"故步自封""等级特权"等旧观念，增强政社合作、开放共治、平等合作意识。政府应深刻认识到自身在公共服务供给、社会秩序维护、公共危机应对上能力和资源的不足，充分肯定经济组织、社会组织等多元化社会治理主体所具备的积极作用，从而以开放包容、合作共赢的心态，吸纳多元主体参与到治理之中。与此同时，政府应大力推动、引导和协调，为多元主体协同治理的发展提供政策的支持，并提供信息服务和沟通平台推动多元主体互动合作，为多元主体协同治理创造良好的环境。

2. 培育多元主体协商民主的意识

公众对体制的理解和认可需要以公众在体制中的参与行为为前提，使公众参与到政治过程之中是降低社会矛盾的重要方式。[②] 经济组织、社会

[①] 李旭臣：《基于中国特色视域的基层协商民主研究》，博士学位论文，中共中央党校，2014。

[②] 申恒胜：《政治沟通视角下的基层协商民主路径》，《西华师范大学学报》（哲学社会科学版）2013年第4期，第16~20页。

组织和公民需要摈弃旁观者身份，认识到自己在社会治理过程中的责任和主体身份，增强自身的治理能力，积极主动调动自己所拥有的治理资源参与到社会治理的实践之中以发挥作用。作为新兴的治理主体，经济组织、社会组织应当充分认识到其参与社会治理是自身所拥有的合法权利，也是自身应当履行的义务和承担的责任。这就需要多元主体积极主动、理性有序地参与到市域公共事务之中，并不断挖掘自身潜力，充分发挥自身优势，促进政社合作共治与政府良政善治。

3. 提升各主体参与民主协商的积极性[①]

意识的形成是人的主观表现，需要人主动地培育。但是，外部的环境也会对意识的形成产生重要的影响，即意识的形成过程是内外因共同作用的结果。想要强化党政干部和其他多元主体的民主意识和协商观念，在重视内部引导的基础上，必须高度重视外部环境。[②] 首先，民主协商活动的开展必须坚持"以人为本"，要将人民群众的利益作为协商的核心和立脚点。党的十八届三中全会指出创新社会治理，必须着眼于维护最广大人民根本利益。治理主体的行动往往是受到利益驱使的，想要社会各治理主体积极参与协商活动，就必须将协商议题拟定为与各治理主体等切身利益相关的问题。其次，要增强参与主体协商的收益。为了提升参与主体的积极性，党和政府可以适当让渡部分政治权益，比如出台优惠政策，以增加社会各方的协商收益，或对其中表现优秀的人员进行宣传，使其获得更好的社会声誉。最后，充分鼓励群众大胆探索，[③] 不断推动协商方式多样化发展。我国人多地广，基层情况复杂多变，各地之间差距较大，因此协商民主的推动不能"一刀切"，必须充分调动群众参与的积极性，发挥群众的创造性，使其自己选择合适的方式，以推动协商民主。在基层开展民主协商，需要充分地发挥人民群众的首创精神，要引导群众去探索适合他们的乐于接受的实践方式，不能由党政部门强行加给群众。党政部门的意见，也必

---

① 该部分内容源于本团队文章：陈成文、雷雨《民主协商：新时代社会治理的一条新路径》，《贵州社会科学》2020年第8期，第144~149页。
② 李旭臣：《基于中国特色视域的基层协商民主研究》，博士学位论文，中共中央党校，2014。
③ 李旭臣：《基于中国特色视域的基层协商民主研究》，博士学位论文，中共中央党校，2014。

须一切以人民群众的利益为出发点和落脚点。只有如此才能够更好地激发群众参与民主协商讨论的热情,进而激发其参与社会治理的积极性。

(二) 继续创新协商民主的实践形式

1. 吸取成功实践的经验

认识论指出,认识是从实践中来的,只有通过实践检验的认识,才是真理。中国是一个面积广阔、人口众多的国家,各个地区发展水平和文化习俗存在巨大差异,地区自然禀赋和历史传统也各有特色,因此在通过协商方式推进社会治理的过程中必须尊重各地区的实际,强调因地制宜。在坚持协商民主的基本原则基础上,结合地区前期实践,能够较好地总结出一些实践经验,从而完善我们对基层协商民主的认识,同时也可以将其进一步总结为范例,为其他地区的协商实践提供参考和指导。在长期的发展中,我国总结了一些颇有成效的案例。比如,浙江温岭的民主恳谈会以及浙江杭州议事会,这些都是结合地区实际形成的民主协商方式,也取得了良好的效果。

2. 更好地发挥基层政协的重要作用[①]

人民政治协商是协商民主的主要载体和重要平台,为此在推动社会治理的过程中要利用好基层政协这一平台,更好地凝聚各方智慧,集聚各方力量。在基层实践中,由于基层组织的认识不足,其难以有效回答如何协商、与谁协商等问题,从而制约了协商民主活动的开展,无法有效地推进协同治理,因此当前有必要加快基层政协建设,以推动基层协商民主发展。对于社会治理过程中的各种困难,基层政协应该积极利用其所拥有的沟通渠道,将这些基层问题反映给地区党委、政府,以协助党政机构了解社会发展实际。尽管《中共中央关于加强人民政协工作的意见》对于政治协商的范畴做出了规定,但是其整体规定不够详细,指导性和实践价值相对不足,因此对于政协工作应当进行更为细致的设计和规划,以更好地指导相关实践的开展。要重视政协委员责任意识、担当意识的培养,使其确实履行政协委员

---

① 李旭臣:《基于中国特色视域的基层协商民主研究》,博士学位论文,中共中央党校,2014。

的职能，切实成为联结政府和民众的桥梁，为社会治理做出实际贡献。

3. 积极开展新时代社会治理的网络协商[①]

党的十九届四中全会首次将"科技支撑"纳入新时代社会治理体系，并提出"建立健全网络综合治理体系""全面提高网络治理能力"的治理要求。可见，科技是社会治理的重要支撑，而推进网络协商是新时代社会治理的重要方式。首先，要加快构建网络协商交流平台，为网络治理实现提供平台支持。政府部门要充分发挥技术优势推进智慧平台建设，为社会治理各主体之间的协商和交流提供路径支持；要利用网络技术构建协商论坛，推进协商过程便捷化、公开化，推进主体对协商信息的了解，并为协商参与提供更高的便利性；同时要重视对群众意见的吸收，建立政府与群众的双向反馈平台，通过互动获取群众信息、了解群众需要，从而推进相关方案和决策的调整，使其更符合实际需要，进而提升治理效能。其次，要重视网络监督和管理，为网络协商营造良好的环境。在实践过程中，网络协商的参与者数量众多，且其来源不同，在协商过程中会出现一些不合适的声音，甚至是一些虚假的声音。这就需要党和政府做好舆论引导工作，通过党媒、官媒及时发布权威消息、辟除不实信息，及时对不正确的信息进行澄清，并对故意散布谣言者进行惩处，营造风清气正的网络协商氛围；要完善网络协商相关法律法规，确保网络治理有法可依，并加大宣传相关法律法规，提升协商参与者法律水平，增强其对法律法规的了解；要提升网络治理的执法水平，通过加快推进执法队伍培训和加大资金投入，提升执法队伍执法水平和素质，增强执法队伍的执法能力；要推进网络监管平台建设，构建网络反馈举报机制，对违法行为进行及时处置，借助网络平台及时将违法违规行为进行公开，以对潜在的不法行为进行威慑。

（三）优化协商主体结构

协商的过程必然需要协商主体的参与。当协商主体不存在时，协商民主便成为虚幻而无法开展。但是，这并非说只要有了协商主体就可以实现

[①] 陈成文、雷雨：《民主协商：新时代社会治理的一条新路径》，《贵州社会科学》2020年第8期，第144~149页。

协商民主，协商主体只是基础。事实上，当协商主体无法切实地履行其职能时，或者协商主体并非从公共利益出发时，协商民主就可能变质，从而造成不良结果，因此，为了保障协商民主的质量，就需要进一步优化协商主体的结构①。为此，有必要优化市域社会治理现代化协同中的协商主体结构。

1. 保证协商主体的平等性②

平等是协商的前提。协商民主本身的特点之一就是主体平等性。平等意味着人们可以将其遇到的、发现的问题表达出来；意味着个体能够就市域社会治理工作发表见解。能够提出社会问题，进而思考如何解决问题，就是市域社会治理工作的基本路线。在理想状况下，个体提出其在社会中遇到的实实在在的问题，可能的话，再与治理主体一同想办法提出解决思路以推动问题破解。然而，现实是，基层的一部分人想要充分地表达自己的看法但是因缺乏有效的沟通渠道无法实现，即在现实中存在机会不平等。③ 所以，在推进市域社会治理现代化主体协同层面，需要高度重视协商主体的机会平等问题，保障各个主体都是平等地参与协商，每个主体都能够将自己的意见清晰地表达出来，只有如此才能让社会治理过程中的问题暴露出来，同时，让这些有机会表达的人有意愿和积极性去真实地反映问题，才能够保障公民在社会治理过程中都享有公平的机会。

2. 提高协商主体的代表性④

"协商代表"代表的是一个群体的意见，需要维护的是他所代表的群体的利益。《关于加强城乡社区协商的意见》明确规定了可以作为社区协商的主体："基层政府及其派出机关、村（社区）党组织、村（居）民委员会、村（居）务监督委员会、村（居）民小组、驻村（社区）单位、

---

① 李旭臣：《基于中国特色视域的基层协商民主研究》，博士学位论文，中共中央党校，2014。
② 李旭臣：《基于中国特色视域的基层协商民主研究》，博士学位论文，中共中央党校，2014。
③ 李旭臣：《基于中国特色视域的基层协商民主研究》，博士学位论文，中共中央党校，2014。
④ 李旭臣：《基于中国特色视域的基层协商民主研究》，博士学位论文，中共中央党校，2014。

社区社会组织、业主委员会、农村集体经济组织、农民合作组织、物业服务企业和当地户籍居民、非户籍居民代表以及其他利益相关方。"那么，如何在这些协商主体之间选出一个代表呢？由谁来做这个代表以及协商主体代表需要具备怎样的特质则成为首要问题。在市域社会治理实践中，我们发现，协商主体代表主要产生于三类组织中：一是具有行政色彩的代表，即在党组织、村委会、村民小组长中选出协商主体代表；二是肩负公共利益的代表，即各组织中的人大代表、政协委员和相关部门工作人员等；三是具有正义感的自主参与代表，即对协商议题感兴趣、关心社区事务的村民、社区精英和专业社工等。① 在考虑协商主体代表应具备怎样的基本特质，即哪些因素会影响协商主体代表性时，李旭臣认为协商主体应当具备较好的人格，也要具备一定的文化水平和较好的分析能力，同时需要具备一定的沟通技巧以更好地与他人展开协商。②

3. 培育各主体参与民主协商的专业能力

市域社会治理现代化是一个动态发展的过程，这就意味着，民主协商的过程也是动态的，处于不断变化的情况中。因为，在治理过程中，各治理要素及其所处的环境不是一成不变的，那么，协商主体所应对的协商系统中的各要素也就是不断变化和发展的。这就需要协商主体能够对不同阶段的协商治理议题和目标，及时随制度执行环境变化做出相应的调整并制定应对措施。这里的应变能力，是以各协商主体的专业能力为基础的。因此，要优化协商主体结构，需要培育各主体参与民主协商的专业能力。首先，增加对专业人才的培育投入。这里的投入包括资金和政策扶持。一方面，组织开展专业能力线上培训课程，以扩大协商主体学习的途径，使其有机会学习到先进的理论知识和治理技能。另一方面，有针对性地给予那些缺乏人才的治理机构必要的人才发展经费和政策倾斜，保障落后地区的

---

① 唐鸣、黄敏璇：《新型城镇化背景下农村社区协商实践创新的规范化与制度化研究——基于全国16个农村社区协商典型案例的分析》，《中共中央党校学报》2017年第3期，第44~53页。
② 李旭臣：《基于中国特色视域的基层协商民主研究》，博士学位论文，中共中央党校，2014。

社会组织可以确实地吸引人才并留住人才，从而不断提升其人力资本。[①] 其次，有效整合人才资源。在实践中发现，一些地方的政务大厅多出了"综合治理"的窗口，该窗口由不同的专业人员轮流值班，有效应对人民群众的多样化问题，改善了人才资源分散的问题。另外，网络协商平台也是提升人才资源整合的有效主体，例如，"反诈App"的推广，正是先由一人带火了热度，接着多人接力，最终产品得到广泛推广。基于此，各治理主体在确立协商议题之后可以与网络平台进行合作。

（四）完善民主协商的制度建设[②]

1. 完善新时代民主协商的顶层设计

顶层设计是确保民主协商在新时代社会治理进程中"有位"的重要依托。优化顶层设计，必须加快促进新时代民主协商的法治化进程，要对社会治理主体参与社会治理的过程及其协商行为进行法律规则的设计。党的十九届四中全会再次强调："坚持社会主义协商民主的独特优势，统筹推进政党协商、人大协商、政府协商、政协协商、人民团体协商、基层协商以及社会组织协商，构建程序合理、环节完整的协商民主体系，完善协商于决策之前和决策实施之中的落实机制，丰富有事好商量、众人的事情由众人商量的制度化实践。"这就要求，推进新时代民主协商，首先，要加快推进规范社会治理主体相关行为的总括性法律制度设计，为协商过程的法治化提供确实的法律支持。正如习近平总书记所强调的，法律是治国之重器，法治是国家治理体系和治理能力的重要依托。[③] 只有通过法律明确各治理主体在民主协商过程中的作用及身份，并在程序上为治理主体开展协商提供有效的交流途径，且在规则设置上规范各治理主体参与民主协商的平等地位及协商范围，才能依法推动民主协商。其次，要优化民主协商在新时代社会治理过程中的保障性措施。宪法是国家的根本大法，落实民

---

① 李旭臣：《基于中国特色视域的基层协商民主研究》，博士学位论文，中共中央党校，2014。
② 陈成文、雷雨：《民主协商：新时代社会治理的一条新路径》，《贵州社会科学》2020年第8期，第144~149页。
③ 《中共中央关于全面推进依法治国若干重大问题的决定》，人民出版社，2014，第42页。

主协商的保障措施需要首先落实宪法保障机制,"可以考虑将协商民主明确载入我国宪法",这一举措将从根本上保障民主协商的权威性,从而确保新时代社会治理是基于民主协商的"有位"之治。

2. 强化新时代民主协商的制度执行

协商治理的作用体现在社会治理过程中协商制度的实际执行中。制度的实施离不开与其相互配套的环境,为此,国家必须推进民主协商的责任监督机制完善,为民主协商提供支持。首先,要对参与民主协商的主体的行为进行更为有效地多层次、全方位、高水平监督。严格的监督管理对于制度的执行有着重要的意义,全国人民代表大会及其常务委员会应当就民主协商过程所涉及的主体权力运行过程、民主协商制度规划、治理过程的实际操作等建立法律法规,确保民主协商的依法有序推进。其次,在协商过程中必须清晰划分主体责任。各治理主体参与民主协商时具体的执行责任、监督责任和领导责任必须明确,从而保障职责一致,减少制度执行过程中的职权不明、权责不一问题。具体而言,政权组织是责任主体,其既要将党组织的相关精神和决策落实到具体的社会治理行动中,也要就社会治理过程制定具体的实施规划;党组织处于领导地位,负责协商过程的政治领导、思想领导和组织领导;社会组织则负责调动社会、市场和个人参与社会治理的积极性,并对协商过程进行监督,且积极执行政府制定的治理规划,同时及时反馈治理效果给其他治理主体。最后,为充分调动治理主体遵守制度规范的积极性,还应构建绩效考核机制。民主协商过程包括:议程的设置、议题的确立、调研、评估、政策的执行与结果的反馈等。其中的每一个过程都可能对社会治理的最终结果产生冲击,为此需要将考核过程细分,保障每个环节都被纳入考核体系中,同时,在考核过程中必须高度重视人民群众的反馈,将人民的满意度作为考核指标之一,且将考核结果与奖惩挂钩,做到有责必问、有功必奖,确保制度执行的严肃性和权威性。

多元主体协同制度。一方面,完善民主协商制度,进一步建立健全协商程序设计、协商主体遴选、协商议题设置、协商约束和监督等机制,以规范协商流程、内容和过程,确保参与协商主体的地位平等,参与方能够充分表达其利益诉求,各方依据语言的论证而非权力力量的博弈获得共识。另一方面,创新社会力量参与制度。建立相关激励机制,进一步提高经济组织、社会组织、社会工作者、志愿者等社会力量参与市域社会治理的主动性和积极性。例如,进一步完善企业公益性捐赠支出税收优惠政策、政府购买社会工作服务项目制度、志愿者服务制度等,这都将有助于进一步激发社会力量参与市域社会治理的主动性和可持续性。

四 注重促进市域社会的资源整合机制

市域社会治理中的多元治理主体通过资源整合与共享,形成协同合力,实现治理效能最大化。首先,资源整合已成为市域社会治理现代化的重点。随着社会环境的改变和各种思潮的不断碰撞,市域社会治理现代化工作的压力逐步增大,社会治理日益复杂化,分散的治理方式和单一主体的治理行动已经难以解决当前日益积累的矛盾冲突,为此,社会治理需要政党、党委、政府、群团组织、经济组织、社会组织、自治组织、公民等主体进行紧密合作,实现政治资源、行政资源、市场资源与社会资源的优化配置,使之相互融合、形成合力。然而,从当前市域社会治理实践来看,缺乏资源配置能力已经严重阻碍了市域社会治理现代化,成为市域社会治理过程中不可忽视的问题。其次,资源共享是资源整合的必要条件。资源共享强调多元主体对资源的共同分享,资源的分享意味着利益的共享,进而有效保障各治理主体在市域社会治理过程中的利益均衡。无疑,治理主体资源共享观念的缺乏,将导致多元主体间的合作及资源整合面临巨大阻碍和挑战。相反,资源共享能够激励市场与社会主体进一步参与到市域社会公共事务治理之中,进而汇集更多的人力、财力、物力和信息资源,提升公共服务能力,有效化解公共危机。可以说,资源共享是多元行动主体进行资源整合的基础和动力。正如萨尔蒙所认为的,无论是政府,还是市场组织,抑或社会组织,在公共物品和资源配置中都存在功能缺陷,可能产生"失灵"现象。唯有多元化社会治理主体之间的合作才能有效地规避缺陷、弥补彼此的不足,优化配置各种资源,使之相互融合、形成合力。这就

第九章　补齐市域社会治理现代化"协同短板"的对策

需要摒弃单一化资源配置和公共物品供给方式，整合市域多方面资源，提升资源整合能力。

（一）发挥政府与市场的联动作用

一是通过完善政府资源的配置与畅通社会资源进入社会治理的渠道，推动市域资源"大联动"。这就要求，纠正政府在资源配置中不合理的干涉和控制，进一步拓宽社会资源进入社会治理体系的渠道，更好地发挥政府在资源配置中的作用。具体措施包括处理政府与市场、社会的关系，打破政府在资源配置中的行政垄断；简化行政审批手续，提高政府配置资源的效率；转变公共服务供给方式，由直接供给转向统筹协调。二是发挥市场在资源配置中的决定性作用。对于适宜由市场化配置的公共资源，要充分发挥市场机制作用，优化资源配置，提升资源配置效率与效益。三是发挥社会组织资源动员和资源整合优势。充分利用社会组织的"第三方"力量身份，联合政府、企业、社会等各类资源，并对各类资源进行有效的整合和利用，从而有效地避免资源分配不均、资源闲置与资源浪费，实现资源的优化配置。与此同时，进一步强化资源共享理念。政府秉持协作与开放的观念，与其他治理主体共享信息和资源，并为多元治理主体间的资源共享营造良好的制度环境，建立公平公正的资助规则，避免恶性竞争，支持良性共享；经济组织增强社会责任感和使命感，通过技术、数据、物质共享参与到市域社会治理之中；社会组织可建立完善的、多元的、能够共享的资源体系，实现互帮互助、资源共享。

（二）建立健全资源指挥调度机制[①]

在社会治理过程中，要建立健全资源指挥调度机制，破除部门障碍，推进政法、环保、民政、安监、金融、计生、土地、社保等各行政部门资源统筹配置，并积极调动社会资源参与，从而实现治理资源的优化整合，

---

① 该部分内容源于本团队文章：杨小俊、陈成文、陈建平《论市域社会治理现代化的资源整合能力——基于合作治理理论的分析视角》，《城市发展研究》2020年第6期，第98~103、112页。

构建体系化资源运营模式,加快社会治理过程中的治理盲区和真空覆盖,减少治理过程中的推诿,形成市域社会治理共同体,凝聚社会治理合力。例如,在实践中,环境污染案件治理是先行政立案处罚后移交公安机关,但是当前我国行政处罚和刑事处罚之间的联动机制尚未形成,在案件移交等过程中容易出现证据灭失、侦办被动、丧失有效时机、环境执法时遭遇"叫门不开、喊人不应"等情况,甚至有时会出现暴力抗法行为,影响到执法效果。为此,需要加快推进刑事司法与行政司法互相衔接的污染治理体系,以刑责治污为核心,推动各个部分形成联合执法办公室,建立联动执法联席会议和联络员制度、重大案件会商和督办制度、紧急案件联合调查制度、案件信息共享制度和案件及时移送办理制度。这种机制的实施,将进一步提升我国刑事司法与行政执法之间的联合,增强对环境违法犯罪案件的打击效能,从而减少环境污染行为。[①] 换言之,在实践过程中,通过推进体系化的社会治理资源指挥调度机制构建,可以较好地移除部门之间的障碍,推进治理资源的整合并提升其使用效率,进一步提升执法机关的工作效能。

(三)优化资源整合的文化环境

1. 营造平等互信的社会合作精神

组织搭建和机制建设更多的是为市域社会治理现代化中的资源整合提供正式制度环境支持,其虽然对于市域社会治理具有重要的意义,但却是外部层次的;而平等互信的合作精神营造则是在内部为市域社会治理现代化中的资源整合提供文化环境支持(非正式制度环境支持),其通过精神引导和思维指导激励社会治理主体参与社会治理过程并使其更好地达成合意从而展开治理行动。这一社会合作精神强调各主体之间的平等以及促进各治理主体间构建信任关系,从而推动治理主体更好地正确认识彼此的利益需求,正确处理自身利益、他人利益与整体利益之间的关系,从而进一

[①] 山东农村社区社会治理创新研究课题组、侯小伏:《以资源整合服务下沉推动社会治理创新——淄博市"四三二"工作格局推进社会治理创新的调查与思考》,《东岳论丛》2015年第7期,第12~18页。

步消除矛盾、形成共识,构建治理共同体。社会合作以社会成员之间的互信为基石,然而当前的社会信任由于利己主义等日益破碎,个体间更多地追求自我利益,集体利益日益被忽视,社会成员之间的信任逐渐瓦解,相互之间的怀疑逐步加深,使得社会合作推进困难。这些现实困境要求我们在提升市域社会治理现代化资源整合能力的过程中必须特别注意营造平等互信的社会合作精神。

2. 弘扬开放的文化和法治精神

伴随着经济全球化发展,世界各国之间的合作日益强化,虽然竞争也在加剧,但是任何国家都不可能仅仅存在竞争而没有合作,没有国家可以与世界割裂而实现自我发展。经济社会的发展一方面要充分发挥自身所拥有的资源优势并尊重传统,另一方面必须结合时代发展潮流学习其他地方的先进经验,并引入其他地方的优势资源以丰富自身。总之,世界逐步由封闭化、地区化走向开放化、全球化,各种资源的交流将越来越频繁。落实到社会治理领域,市域层面的社会治理资源多种多样,不同层次的治理资源必须开放共享,从分散化使用走向系统化统筹,以提升资源利用效率,进而增强社会治理效能。同时,必须重视法治保障。市域社会治理过程中的资源配置和分享必须在法律制度的指导下进行,避免资源的滥用和私用,要依靠法律规范各主体的行为,明确主体的责任和权利,以法治指导资源的优化分配,提升市域社会治理资源整合配置的规范性。

五 以"智慧治理"推进信息共享[①]

信息是促进多元主体参与协同行动的关键。只依靠政府部门单方面的力量开展市域社会治理工作,难以真正发挥最大效能,需要政府部门、公众等多方力量的共同参与。通过与其他人进行公开的讨论,人们可以得到更多的信息,从而更新其原本的观点,因为其最初的观点可能是建立在信

---

① 该部分内容源于本团队文章:陈静、陈成文、王勇《论市域社会治理现代化的"智慧治理"》,《城市发展研究》2021年第4期,第1~5页。

息不全情况下的偏见或误解了自己与他人之间的利益关系。① 信息共享是市域社会治理高效运作的"物质基础"。然而，当前在实践中，由于机制体制障碍以及各个部门之间的利益博弈，政府部门之间的信息沟通受到阻碍，信息交流水平不高，② 这使得各级部门只能了解一部分的治理信息，而无法获得其他地区的相关信息，至于其他社会治理主体所拥有的信息便更少，在协同治理过程中治理主体之间因为信息不对称而难以形成强大的治理合力，影响了协同治理效果。而市域社会治理现代化的根本目的，延续了党治国理政的大方向，锚定为人民服务的宗旨不动摇。其成果与人民共享，是贯彻党和国家性质宗旨的必然要求。要构建良好的信息共享系统，及时将信息传递给民众，并建立便捷的反馈机制，与民众形成良好的交流，在沟通中实现信息的传递以消减误解，建立信任。要重视市域社会治理背后民众的切身利益诉求，及时修正不合理的政策措施。因此，必须搭建环境信息多元主体共享平台，打通信息"壁垒"、破除信息"孤岛"，实现治理信息数据的互联互通和公开共享。

（一）打造"智慧治理"共同体③

伴随现代信息技术的快速发展，政府日益重视和强化信息技术对市域社会治理现代化的支撑，尝试推进"智慧治理"。然而，当下"智慧治理"实践暴露出一些问题和不足，如过度重视技术的运用，忽视"智慧治理"价值目标；"信息即权力"思维下的信息资源垄断，造成信息共享难以实现；政府对信息资源共享的安全风险和隐私保护不足；等等。而市域"智慧治理"的实现，既要强化现代信息技术的支持，又要多元社会治理主体共同努力。因此，要形成"党委领导、政府主导、多方参与"的社会治理体制，构建共建共治共享社会治理格局。共建共治共享社会治理格局的构

---

① 王炳权、岳林琳：《基层协商民主的制度优势转化为治理效能的现实路径》，《理论与改革》2020年第1期，第77~87页。
② 陶国根：《多元主体协同治理框架下的生态文明建设》，《中南林业科技大学学报》（社会科学版）2021年第5期，第7~16页。
③ 该部分内容源于本团队文章：陈静、陈成文、王勇《论市域社会治理现代化的"智慧治理"》，《城市发展研究》2021年第4期，第1~5页。

建，实现了"上下"和"左右"的高频互动，推进了科层制等级治理结构向扁平化网络结构的转变。

1. 坚持党委领导

多元主体合作共治格局的构建，离不开党的引领。党组织作为市域社会治理宏观层面的引领者和顶层设计者，建构多元主体合作框架，促进良性互动合作治理网络的形成；党组织作为市域社会治理微观层面的协调者和服务者，有效化解多元行动主体间的利益矛盾和冲突，引导形成凝聚公共利益的包容的价值共识，凝聚多元力量。在互联网平台上开展市域社会治理的相关工作，看似不受政策制度、上级领导等的管束。但实际上，"智慧治理"始终坚持党的领导地位。党总揽全局、协调各方的领导核心作用未因治理平台的改变而发生转移。这就要求，党及其治理方式也要顺应信息时代要求，推动信息资源整合与多元主体合作，增强市域社会治理的整体性和协同性。

2. 坚持政府主导[①]

政府是"智慧治理"的主导者，其主导作用表现在如下方面。一是强化信息基础设施建设。信息基础设施是"智慧治理"的重要前提，其投资大，涉及面广，直接影响公共安全和公共服务质量，必须由政府进行建设。政府要加强与完善市域范围信息基础设施建设，积极推进市域内公共设施与公共服务的智能化改造，提升公共服务水平。二是积极构建政府、市场、社会良性互动的沟通渠道。政府可依托技术优势等构建信息平台，为社会治理各方参与治理提供沟通渠道，并通过协商机制等维护参与各方的权益，并进一步提升协商过程中信息的公开水平，助力协商民主。三是加强信息安全管理。"智慧治理"在对数据进行监控、收集、分析以及运用过程中，涉及公民权利、个人自由与隐私保护等一系列法律问题。政府需要强化信息安全体系建设，加强信息保护，不断改善网络安全防御体系，提升网络安全水平，并加大网络犯罪打击力度，以构建良好的网络环境。

[①] 该部分内容源于本团队文章：陈静、陈成文、王勇《论市域社会治理现代化的"智慧治理"》，《城市发展研究》2021年第4期，第1~5页。

3. 坚持企业、社会组织、公民多方参与①

首先，作为市域"智慧治理"的主力军，企业可以为"智慧治理"提供必要的技术支持。在中国，一些大型互联网企业具备先进的信息技术。在市域社会治理中，这些企业可以依托其丰富的信息管理经验、海量的数据资源以及技术创新能力为社会治理提供经验、数据和技术支持，以促进治理智能化。企业应强化核心技术研发，提升数据分析与应用能力，以创新技术引领推进市域"智慧治理"。其次，推进"智慧治理"，离不开社会组织的参与。社会组织是联结各方的重要枢纽，是社会治理过程中不可忽视的桥梁，对于信息和资源的流动而言也具有重要的价值。因此，需要发挥社会组织在公民诉求表达、公民权益维护、公共决策参与、信息传递交换、资源配置优化等活动中的作用。最后，共建共治共享的社会治理格局的构建，有赖于公民的广泛参与。基于信息技术、依托虚拟网络空间形成的微博平台、贴吧论坛、QQ群、微信群等虚拟社区，为公民参与市域社会治理提供了新的渠道和空间。

（二）推进信息公开与数据共享

在信息社会，公众可以通过多元化的途径更便捷地获得信息数据。例如，公众不再像以前那样依托社区宣传去获得政治信息，而是通过手机、电脑等互联网媒介主动检索来获得需要的相关政治信息。因而政府职能部门需要遵循新媒体传播的客观规律，以更好地推进"智慧治理"。实现"智慧治理"，必须打通信息与数据共享的通道。在社会治理实践中，信息具有重要的价值，政府往往拥有丰富的信息数据。在过去的社会中，政府通过对信息资源的掌握而控制着社会的运转，并由此巩固与维护政治权力。而在信息社会，信息与权力相分离，政府的权威不再是对信息的控制，而是对信息的分享和传播。这就要求政府积极分享公共信息，推进信息共享与融合。

---

① 该部分内容源于本团队文章：陈静、陈成文、王勇《论市域社会治理现代化的"智慧治理"》，《城市发展研究》2021年第4期，第1~5页。

第九章 补齐市域社会治理现代化"协同短板"的对策

1. 推动政府信息公开

在信息时代，政府是各种公共信息的托管人，政府需要在合适的时候将这些公共信息向社会公开。一是，政府要扩大信息公开的内容。市域政府应依法把市域建设和管理的重大事项、社会公共预算与公共服务绩效、社会公益事业建设情况以及各项公共政策、法规、规章等公共信息向全社会公开。这一方面便于其他社会治理主体根据相关信息做出决策并采取行动；另一方面也方便公众对政府的行为进行监督，从而增进公众对政府工作的信任。二是，政府要优化信息公开平台。政府应当利用信息技术打造更为方便的公共信息展示与交流平台，在方便公众获取公共信息的同时使其可以更为方便地将意见和建议反馈给相关部门，以推进信息的生产与再生产，从而为市域社会治理过程中的各种问题解决提供更多信息支持。政府在信息公开与数据分享的同时，应当对信息进行分类，将公共信息、个人信息与国家安全等核心信息进行清晰界定，在满足社会数据开放需求与数据公开范围、公开时间和公开程度等方面寻求均衡点。

2. 促进数据共享与融合

由于顶层设计缺失与历史等原因，当前在实践过程中，市域各级政府、不同职能部门各自设计业务系统、App 等，使得数据接口难以统一连接，信息传递和共享受阻。"条块分割、烟囱林立、信息孤岛"的破碎化数据状态，严重制约市域"智慧治理"的纵深推进。为此，优化数据共享水平，提升信息共享能力，是推进市域"智慧治理"水平的核心任务。一方面，政府要加快推进整体信息化改造，构建统一技术标准，推进政府各部门数据格式、设备接口和数据资源兼容共享；另一方面，加强市域大数据信息平台建设，真正实现市域各级政府、各职能部门之间互联共通，推进政府部门数据的优化整合，建立统一数据库以保障各部门在符合规定条件下对信息数据的调用。同时，政府通过信息技术构建数据共享平台，可以有效整合社会多元服务主体，汇集社会组织、企业、志愿者等多元服务主体的资源，推动跨界跨部门合作。

3. 增加共享的制度保障

"智慧治理"并不意味着政府与其他部门之间可以实现完美的合作。

在"智慧治理"中，政府与企业的合作兴趣是技术投资，在技术上占据优势的企业往往要求在这一过程中占据更多话语权。政府则成为这一过程的边缘参与者，只是向企业提供资金和补贴，而企业出于营利的目的可能利用所投资的技术基础设施来获取更多效益，加剧市域的碎片化。在社会组织和公民与政府的合作中，社会组织和公民相比政府而言处于弱势地位，资源和权力更是无法与政府比较，在治理过程中多数是政府的配合者，难以充分发挥自身功能。因此，必须加强相关制度建设，推进市域社会治理共同体的形成。这就需要建构一个公平、明确、清晰的多元治理主体互动框架，明确各治理主体的角色功能定位以及由此衍生出的权力、责任与利益，努力构建权力均衡、利益优化、合作共享的制度环境。

（三）建设"人人共享"的智慧治理

在市域社会治理实践中，通常涉及突发公共卫生事件网络舆情应急管理相关工作。这种危机情境下的信息发布，留给政府的准备时间极短，而对群众而言，这些信息与其生命财产息息相关。因此在市域社会"智慧治理"实践中，要及时将政府的信息通过各种路径和方式在群众中进行广泛的宣传，从而使得群众正确地理解政府的情况，避免误解。要积极借助当前人民广泛使用的微信、快手等平台，推进信息交流和政府服务，利用新媒体实现对网络舆情的正确引导。同时提升政务公开时效，发生网络舆情事件后，必须及时对相关舆情进行回应，要主动引导舆论发展，并利用各网络平台对群众所关心的事实和相关工作情况进行公开，从而避免受制于人、被不理性的关注者占据先机。通过较充分的信息共享，有效缓解信息不对称现象和信息割据态势，降低参与主体间出现机会主义行为的概率，增加彼此的信任，减少治理成本。成果共享机制，是在治理成果上实现"人人共享"。

按照斯蒂芬所提出的"激励机制的四项指导性原则"，其第一条明确了"激励机制应该与结果挂钩而不是与活动挂钩"。从这一层意义上来看，成果共享就是一种激励机制，有效的激励是协同治理的驱动力，利于激发各治理主体的"协同欲望"。信息共享和成果共享是互为表里、不可分割的部分，具有显著的双向促进作用。

要实现治理过程中的信息共享，需要增强协同治理体系的信息化水平，在协同治理的组织结构中充分考虑信息技术型人才的重要性。建立统一的数据采集接口，在一个终端实现各类数据和信息的可视化。通过引入"懂理论、会实践"的复合型人才，打造协同治理平台的信息共享功能。同时，紧跟实践需求，根据主体对协同治理的信息需求，适时调整平台信息共享方式和增添新的功能模块。治理成果与人民共享，要合理分配社会资源，让社会群体各得其所，增强群众、社会组织的获得感。

在市域社会治理范围内，实现公共资源分配的相对公平，进一步深化各参与主体的共同体意识，从情感和利益两方面凝聚各主体的力量。在此基础上，不断总结各区域行之有效的治理经验，并利用信息交流机制和信息共享平台，将市域社会治理不同层面的潜在破坏因子和应对措施系统化和理论化。在信息充分共享的基础上，各地区结合实际，构建民众、社会组织协同治理的便捷渠道，畅通信息流共享机制、民意诉求的反馈机制，营造公平正义的公共资源分配机制，让广大参与者在阳光、透明的制度体系下博弈，以合法途径共享社会治理成果。

六 构建复合型治理绩效评估模式

绩效评估的初衷是提升公共服务供给效率、提高社会治安水平以降低犯罪率和行政成本。已有案例研究表明，绩效评估工作必须重视绩效承诺、问题监督、绩效评价等环节。市域社会治理绩效根本上对各治理主体的行为具有导向功能。伴随着改革开放之后国内外交流的增多，我国积极寻求发达国家绩效管理经验，结合我国治理实际情况和行政体制，探索符合本国国情和社会发展现实的社会治理评价体系。[1] 同时，由于市域社会治理是处于多元化环境之中的，治理绩效评估既要重视科学性和强调效率，也要综合考虑治理过程中各类参与群体的建议和意见，保障多元利益

---

[1] 陈振明、郁建兴、姜晓萍、薛澜、丁煌、燕继荣、肖滨、杨开峰：《党的百年奋斗：治理经验与历史成就高端圆桌对话》，《公共管理与政策评论》2022年第1期，第3~18页。

的均衡分布，维护社会公平正义。

（一）兼顾内部控制和外部责任的价值诉求

复合社会治理绩效的衡量指标，不应当单方面地追求经济发展，而应当综合考虑公共服务情况、生态环境状况、主体权益实现情况、社会秩序维护情况等多样化发展水平的评估，从而建立更全面的绩效评估机制。推进市域社会治理资源的有效供给，促进治理成果人人共享，是市域社会治理现代化的重要体现。高效适应社会治理环境深刻变革的前提，是发挥好党"统揽全局、协调各方"的领导核心作用。当然这并非让党决定一切，而是强调在党的领导下，尊重多元社会治理主体的能动性。进而在不同的治理背景下灵活调整角色定位，以共同的治理目标为指引力往一处使，共同致力于市域社会治理的公共服务和产品供给。同时，市域社会治理过程既要重视效率的提升，以节约行政成本，又要切实改进社会治理状况，满足人民群众的公共需求，提升公众满意度。在市域社会治理现代化实践中，部分地级市实施的是网格化管理，该系统的初心意在兼顾内部控制和外部责任的价值诉求，即在提升行政效率的同时，与人民群众的接触更加密切了，这样一来，也就更容易掌握群众的现实诉求和更有效率地解决切身相关的社会问题。

（二）设置便于公众参与的统一热线

继续深化数字化治理平台的建设，是提升公众参与度的重要路径。治理数字化，即利用现代信息技术构建公共服务平台，以为社会治理提供支持，推进社会治理体系优化，简化治理工作流程，降低治理工作成本，最终提升社会治理能力。[1] 从技术手段上，开展市域社会治理的数字化转型，发挥现代融媒体技术优势，全方位、多维度地提供公共资源和服务，破解公众获得资源的时空障碍。从服务内容上，综合应用大数据、人工智能就公众对市域社会治理现代化的需求进行整合和分析，有选择性地高效回应

---

[1] 杨佩卿：《数字经济的价值、发展重点及政策供给》，《西安交通大学学报》（社会科学版）2020年第2期，第57~65、144页。

群众最迫切的诉求，前瞻性地储备针对群众潜在需求的解决方案。从参与方式上，打造智慧型市域社会治理空间，通过智能化应用打通群众意见反馈途径，并为群众监督社会治理过程提供路径支持，提升市域社会治理成果的共建共享水平。此外，政府热线也应得到进一步的宣传和调整。一方面，部门热线电话的普及度不够；另一方面，我国城市普遍设有多个热线号码，基本上是一个部门一条热线，公众很难记住和区分这些热线号码。在这种情况下，热线电话这一动作完全是由公众推动的。那么，能否通过热线电话的另一头自动转接至公众所需的部门热线，避免公众陷入"如何找对部门"的纠结中。也就是说，先整合热线电话，在此分支上再转接具体部门的热线，方便公众参与。美国城市治理的一个有益经验是，每个城市仅设两条热线电话。在这种设定下，公众可以十分便利地对市政部门的治理表现进行绩效评价，建立常态化的绩效评估机制。

（三）改进绩效评估办法

绩效评估会直接影响治理主体的工作情况。在社会治理过程中，要积极推进信息收集与分析，从而客观且科学地对治理工作进行绩效评估，以帮助各个部门改进工作。在协同行动下，克服组织的文化差异、部门间的信息偏差，实现多部门组合的"最优解"，高效回应复杂的市域社会治理现代化需求。在实践中，我国市域社会的网格化管理绩效评估是以各部门立案监督的问题数量为评判标准的。但是不同地区的面积和人口存在区别，不同组织的功能也各不相同，这使得其案件情况必然存在巨大的差异，简单把案件数量作为评判标准，显然无法科学评价社会治理过程中各个部门的工作情况，从而使得绩效评估失真。推进市域社会治理必须建立科学合理的绩效评估机制，在体制构建时要坚持科学性，同时也要考虑人民群众的意见。因为市域社会治理既是践行群众路线的大舞台，也是提高群众工作能力的好载体。在市域社会治理现代化体系中，"人"是核心要素，群众的"可接受性"具有举足轻重的地位。市域社会治理现代化作为国家现代化发展进程中的重要阶段，必须注重人民群众的心理、态度和行为等方面。在市域社会治理情境下，提升群众工作能力不是一蹴而就的，而是通过在群众工作实践中不断总结和反思逐渐提高的。群众工作能力彰显了市域社会治理现代化的价值取向，是市域社会治理主体走近群众、为群众所接受的重要行动指南，也是改进绩效评估方法的重要方向。

（四）强化绩效结果应用

绩效评估的目的在于通过对系列指标进行测量和评价，促使市域社会各治理主体改进其行动，强化治理过程和结果控制。具体而言，要将绩效评估引导到干实事上，要完善市域社会范围内的基础设施规划，统筹城乡资源配置。因为乡村是国家治理的难点和重点，推进国家治理体系和治理能力现代化，必须坚持乡村振兴政策，提升乡村社会治理能力，增强乡村发展动力，促进乡村社会和谐稳定。基层是市域社会治理的"神经末梢"，也是协同治理的短板集中地，因此要更加关注市域社会治理中的突出问题，强化绩效结果的应用。虽然中国极力推动城乡的融合发展，但是，城乡关系中依然存在诸多问题，例如当前城乡二元经济结构矛盾尖锐、城乡要素流动受到阻碍较多、城乡基本公共服务不平等、乡村人口日益流出等。[1] 受城乡差异、主体部门性质、制度构建、信息偏差等因素的影响，各主体的协同存在资源协调困难、步调不一等现实难题。为实现市域社会治理资源配置的城乡均等化，必须完善城乡协同发展的机制，统筹推进城乡基础设施建设进程。依托市场化手段，高效率推进市域社会治理资源在城乡间的合理流动，通过开展城乡帮扶、人员跨部门借调、市域社会治理志愿服务等形式，以点带面促进城乡市域社会治理一体化。

七 建立明确的责任分担机制

责任是权力的孪生物，凡有权力行使的地方，就有责任。市域社会治理所有的参与主体，即"人人"，不只是期望，而是有责任让自己成为能够连续、自主地决定和控制我们的地方公共生活的主体。在建设社会共同

---

[1] 张海鹏：《中国城乡关系演变70年：从分割到融合》，《中国农村经济》2019年第3期，第2~18页。

体的过程中，市域社会治理的责任主体有多元化的特征。主体多元化，不仅体现在主体数量的多样化上，还体现在主体功能的全覆盖上。市域社会治理的协同性，是立足于治理目标的多主体联动参与，充分体现了治理过程的主动性和创造性。

协同治理让政府这个"首要主体"与其他主体并肩作战，并非要缩减政府职权和弱化政府权威。相反，它是基于新时代的新要求，通过营造政府与其他参与主体的良性互动氛围，在协商基础上借助社会组织的力量，高效实现社会治理目标的过程。在这个过程中，公众既要严格约束自身言行，提高辨别能力，面对市域社会治理中的矛盾和冲突不盲从、不跟风，始终保持清醒头脑，又要当好监督员，用好监督举报渠道，为政府言论和行为戴上"紧箍咒"，以此逐步构建共同承担社会责任的市域社会治理监督机制，实现多元主体的良性互动。

（一）形成人人有责的共识

要实现多元主体的协同治理，就需要通过民主协商的方式推进治理主体通过交流形成利益共识、价值共识，并确定共同的目标以指导治理主体的行动，进而形成社会治理的强大合力，即共识的形成是协同治理实现的前提。[①] 各主体在统一的目标指引下，能自发识别自身的"责任范围"，并有效协助其他主体主动开展相关工作。要在这个过程中充分形成人人有责的共识，激发出各参与主体"荣辱与共"的责任和担当意识。一方面，当个体无法独自解决自身问题的时候，他需要求助于其他人或团体。在这种必须依赖其他群体或组织的情况下，"协同"动机就会增强，即当"协同"成为唯一选择时，人们也就别无选择。正如 Wethus 所言：如果存在利益相关者可以单方面追求其目标的替代场所，那么协同治理只有在利益相关者认为自己高度相互依赖的情况下才会起作用。另一方面，当个体参与协同治理，尤其是集体决策时，在得到了肯定性回应或产生了一种"被需要"的心理活动的情况下，个体参与协同治理的意愿也会增强。也就是说，参

[①] 于江、魏崇辉：《多元主体协同治理：国家治理现代化之逻辑理路》，《求实》2015 年第 4 期，第 63~69 页。

与的激励在一定程度上取决于利益相关者对协同过程是否会产生有意义的结果的期望，特别是与其在参与过程所需要的时间和精力的平衡相比。当利益相关者看到他们的参与与具体、有形、有效的政策结果之间的直接关系时，激励就会增加。

（二）划清责任分担的界限

治理主体是差异化的个体，都具备独有的资源和能力，这使得它们在市域社会治理过程中能够发挥不同的积极作用。但是，合理划分治理主体的责任和角色，使得多元治理主体可以明晰自己在社会治理过程中应当承担的责任从而更好地规划自己的行动，是推进市域社会治理现代化进程的关键因素。各治理主体责任共担，是让各主体都具有参与市域社会治理的法定义务，这有利于推进市域社会治理现代化整体共担、协同行动。在此前提下，还需要划清责任界限，明确各主体推进市域社会治理现代化的任务。这是实现多主体协作、建立多元主体共同参与的责任分担机制的较为关键的底层设计因子。通过科学合理的责任划分体系，建立起"人人有责"的责任分担机制，明确各方责任和协同的契合点，是保障各方有序参与的基础。划分界限并非推诿和回避责任之举，相反，只有在各主体职责明确、责任分担机制运行顺畅的基础上，才能打造出"无责任盲区"、既不缺位也无越位的良性治理循环。具体而言，在部门内部，要进一步细化职责分工，强化责任追究机制，确保组织机构高效运转。

（三）建立相应的保障机制

为了保证责任分担机制的实施，针对市域社会治理现代化中关于协同治理的理论和典型案例，需要建立相应的机制予以保障。具体而言，首先，要建立以责任协调为核心的组织间谈判机制。如前文所述，中国各地市域社会治理实践情况不同，责任分担不能一概而论。这就需要构建以核心利益为中心的组织间的谈判机制，克服各参与主体的利益失衡。例如，在部门与部门之间，要建立起常态化的磋商和会谈机制，既有利于对责任划分的商谈，又能够及时发现市域社会治理中的异常情况，将潜在的各类风险控制在萌芽状态。并根据治理实践的反馈结果，合理调整不同部门的责任范围，确保部门与部门间的效能最大化。其次，赋予各参与主体法定的管理与监督权力。通过法律明确市域社会协同治理组织的责任与权力，让各组织有能力规划和设计"责任共担"机制，保证实施，实现对市域社会治理协同性的评价与监督。

（四）建立协作动力机制

"人人尽责"是将市域社会治理共同价值追求落到实处的过程，它需要建立在科学合理、平等参与的制度基础之上。协同不仅意味着利益相关者之间实现双向沟通，还意味着为利益相关者提供相互对话的机会以及利益相关者对其政策参与行为结果承担真正的责任。"人人尽责"的协作动力机制建立，一方面需要确保各参与主体有机会公平参与到协同治理体系中，另一方面要能够持续激发各主体积极参与的热情。平等的参与机会，是激发主体创造力的基础，也是多元主体协作动力的重要来源。当下，部分政府单位在处置负面舆论问题时仍然采取一些不合适的手段，例如回避、删帖、断网等强硬措施，这非但不能消弭市域社会治理的现实矛盾，反而更易错失舆情治理时机，使舆情治理陷于被动。所以在信息化社会中，强制性的控制方式不仅无法处置问题还会加大矛盾，因此在当前情况下，要采取更为柔性的处置措施，积极回应舆情，坚持公开透明，加强话语权建设，掌握舆论的发展方向。

（五）增进各主体间的功能耦合

增进各治理主体间的功能耦合和协同行动，能够强化其在社会治理实践过程中开展合作的积极性，从而为"人人有责"创造实际条件。在学习科学文化知识的同时，掌握科学的认知方法，增强科学精神，是有效参与市域社会治理的重要之举。在社会治理过程中，多元化的社会治理主体只有通过协商等方式形成共识，进而构建一个相互协作的共同体，才能降低内部的损耗，实现资源的整合，从而更好地优化社会治理的各种机制。将责任落实到具体的主体甚至个体，是促进责任落到实处的重要一环。它是各参与主体在复杂多变的市域社会治理环境下,快速识别职责范围、高效协助其他主体的重要基础。同时,市域社会治理环境的日趋复杂,决定了各主体的分工更加细化,同一个职能体系下需要的资源更加多样。常规的"思想动员""统一共识"工作,并不能跟上客观治理环境的变化速度,它需要更多职责的"自我识别"和治理的"协作默契"。

从持续激发各主体参与的积极性看,要构建政府与其他组织之间的新型关系,为社会组织有序参与市域社会治理打造协商、对话的制度基础。落到细节,即党委、政府在"把准大方向"的前提下,尽可能以包容、信任的姿态,通过政府采购、志愿服务等多种形式,引入专业力量,共同参与市域社会治理的方方面面。在协同治理的实践领域,向非政府组织释放更大的权限,为社会组织自我管理、自我成长提供广阔的实践平台。因而要结合市域社会治理实践需求,构建社会治理自律机制。要强化社会治理主体的责任意识培育,使其在社会治理过程中能够在各种诱惑下保持自身的正义感和使命感,明晰自身的职责。落到制度,党委和政府要牵头开展公共治理模式改革,充分满足普通民众、社会组织等主体的政治诉求,激发其主动参与协同治理的意愿,构建市域社会治理共同体。

附　录

关于市域社会治理现代化协同性的调查问卷

您认为当前市域社会治理实践中相关职能部门之间的协同配合情况如何？[单选题]

选项	小计	比例
A 非常好	353	42.79%
B 比较好	285	34.55%
C 一般	152	18.42%
D 比较差	20	2.42%
E 很差	15	1.82%
本题有效填写人次	825	

您认为当前市域社会治理实践中党政之间的协同情况如何？[单选题]

选项	小计	比例
A 非常好	360	43.64%
B 比较好	312	37.82%
C 一般	141	17.09%
D 比较差	3	0.36%
E 很差	9	1.09%
本题有效填写人次	825	

您认为当前市域社会治理实践中党政部门与群团组织（妇联、工会、团委、残联、文联等）之间的协同合作情况如何？[单选题]

选项	小计	比例
A 非常好	358	43.39%
B 比较好	302	36.61%
C 一般	147	17.82%
D 比较差	10	1.21%
E 很差	8	0.97%
本题有效填写人次	825	

您认为当前市域社会治理实践中党政部门与社会经济组织（各类经营性经济实体）之间的协同合作情况如何？［单选题］

选项	小计	比例
A 非常好	343	41.58%
B 比较好	292	35.39%
C 一般	166	20.12%
D 比较差	17	2.06%
E 很差	7	0.85%
本题有效填写人次	825	

您认为当前市域社会治理实践中党政部门与社会组织（主要指公益慈善类、城乡社区服务类社会组织）之间的协同合作情况如何？［单选题］

选项	小计	比例
A 非常好	353	42.79%
B 比较好	293	35.52%
C 一般	161	19.52%
D 比较差	14	1.7%
E 很差	4	0.48%
本题有效填写人次	825	

您认为当前市域社会治理实践中党政部门与城乡社区之间的协同合作情况如何？［单选题］

选项	小计	比例
A 非常好	360	43.64%
B 比较好	284	34.42%
C 一般	163	19.76%
D 比较差	10	1.21%
E 很差	8	0.97%
本题有效填写人次	825	

请您对当前市域社会治理实践中各参与主体的总体协同情况进行评价。[单选题]

选项	小计	比例
A 非常好	350	42.42%
B 比较好	295	35.76%
C 一般	162	19.64%
D 比较差	13	1.58%
E 很差	5	0.61%
本题有效填写人次	825	

您认为市域社会协同治理过程中，有关参与者招募、协作引导、共识促进等上游问题重要吗？[单选题]

选项	小计	比例
A 非常重要	464	56.24%
B 比较重要	233	28.24%
C 一般	110	13.33%
D 作用不大	16	1.94%
E 一点都不重要	2	0.24%
本题有效填写人次	825	

您认为在决策下游，与实施联合解决方案、评估结果和试图让参与者承担责任等事项相关重要吗？[单选题]

选项	小计	比例
A 非常重要	453	54.91%
B 比较重要	234	28.36%
C 一般	115	13.94%
D 作用不大	20	2.42%
E 一点都不重要	3	0.36%
本题有效填写人次	825	

在当前推进市域社会协同治理工作中,您认为由具有权力的代理者来集中指导(权威型指导)和由集体意识引导(关系型领导),哪种效率更高?[多选题]

选项	小计	比例
A 总是前者	362	43.88%
B 多为后者	191	23.15%
C 战略方面是前者	384	46.55%
D 落实层面是后者	341	41.33%
E 依实际问题而定	359	43.52%
G 其他（请您简要注明）	4	0.48%
本题有效填写人次	825	

协同治理往往是解决跨部门问题的唯一选择,您认为市域社会协同治理实现的关键在于什么?[多选题]

选项	小计	比例
A 跨部门合作交易成本通过社会技术的进步而得到降低,如网络、交通等	601	72.85%
B 目标承诺是关键,如完成一项工作后各部门增加了绩效加分、荣誉奖赏等成果	490	59.39%
C 领导力的作用,外部领导和内部领导在启动地方间合作方面发挥着重要作用	500	60.61%
D 共享行动流程,提供了共同阐明目标、交流绩效信息、检查进展和探索行动的例行程序	486	58.91%
E 跨部门指派的人员之间的沟通顺畅且行动理念相似	375	45.45%

续表

选项	小计	比例
F 相关部门曾有过合作	142	17.21%
G 其他（请您简要注明）	13	1.58%
本题有效填写人次	825	

在推进市域社会治理现代化实践中，您认为当前市域社会协同治理仍存在哪些问题？［多选题］

选项	小计	比例
A 治理理念难以协同	530	64.24%
B 多元主体难以协同	545	66.06%
C 信息共享难以协同	515	62.42%
D 治理效益难以协同	424	51.39%
E 制度环境难以协同	366	44.36%
F 其他（请您简要注明）	17	2.06%
本题有效填写人次	825	

在推进市域社会治理现代化实践中，您认为在主体协同层面主要存在的问题是什么？［多选题］

选项	小计	比例
A 多元主体之间的利益不一致	621	75.27%
B 纵向上下级治理层级不顺畅	520	63.03%
C 横向职能部门之间缺乏协同合作	558	67.64%
D 其他（请您简要注明）	24	2.91%
本题有效填写人次	825	

在推进市域社会治理现代化实践中，您认为在制度协同层面主要存在的问题是什么？［多选题］

选项	小计	比例
A 制度兼容性差	568	68.85%
B 制度衔接性差	575	69.7%

续表

选项	小计	比例
C 规章制度与当地风俗传统相冲突	432	52.36%
D 其他 （请您简要注明）	22	2.67%
本题有效填写人次	825	

在推进市域社会治理现代化实践中，您认为在信息协同层面主要存在的问题是什么？［多选题］

选项	小计	比例
A 专业隔阂导致信息沟通不畅	591	71.64%
B 治理层级过多带来的信息传递失真	585	70.91%
C 选择性传递和接收信息	476	57.7%
D 其他 （请您简要注明）	24	2.91%
本题有效填写人次	825	

在推进市域社会治理现代化的实践中，您认为协同治理困境的根源是什么？［多选题］

选项	小计	比例
A 缺乏社会需求驱动和政策引导而导致协同动力不足	557	67.52%
B 缺乏健全高效协调机制而导致行动过程中协同不畅	580	70.3%
C 社会力量参与程度不高	462	56%
D 缺乏上级部门与下级部门的反馈机制	323	39.15%
E 缺乏效益评估机制，如评估主体模糊或者单一，评估标准欠缺或者欠科学，评估流程粗放，缺乏科学严谨的评估程序，评估过程随意性很大	348	42.18%
F 其他 （请您简要注明）	12	1.45%
本题有效填写人次	825	

您认为要补齐市域社会治理现代化的"协同短板"需要注重哪些方面？［多选题］

选项	小计	比例
A "以人民为中心"的社会治理理念	628	76.12%
B "共建共治共享"的社会治理制度	598	72.48%
C 以政治引领、法治保障、德治教化、自治强基、智治支撑的"五治融合"的社会治理机制	527	63.88%
D "以党委领导为核心的多元共治"的社会治理体系	438	53.09%
E "自上而下"与"自下而上"双向互动的社会治理形态	416	50.42%
F 其他　　　　（请您简要注明）	9	1.09%
本题有效填写人次	825	

关于推进市域社会治理现代化，您还有哪些想法和建议？［填空题］

填空题数据请通过下载详细数据获取

后 记

"市域社会治理现代化"是中央政法委原秘书长、国家安全部部长陈一新同志2018年6月4日在延安干部学院举办的全国新任地市级政法委书记培训示范班开班仪式上首次提出的一个概念。2019年10月31日，党的十九届四中全会报告提出了"加快推进市域社会治理现代化"的战略目标。2020年10月29日，党的十九届五中全会通过的《中共中央关于制定国民经济和社会发展第十四个五年规划和二〇三五年远景目标的建议》指出："加强和创新市域社会治理，推进市域社会治理现代化。"2022年10月16日，党的二十大报告指出："加快推进市域社会治理现代化，提高市域社会治理能力。"加快推进市域社会治理现代化，既是推进国家治理体系和治理能力现代化的重要目标，又是推进社会治理现代化的战略抓手。它直接关系到国家治理体系和治理能力现代化顶层设计的落地落实，直接关系到市域社会的和谐稳定，直接关系到党和国家的长治久安。

协同性既是市域社会治理现代化的本质属性，也是衡量市域社会治理现代化成效的关键性指标。本书在科学界定协同性内涵的基础上，在理论层面从理念、主体、体系、资源、绩效、目标六个方面探讨了市域社会治理现代化协同性的基本理论、基本要求与运作逻辑，在实践层面以S市为个案，客观分析了市域社会治理现代化协同性的基本现状、"协同短板"及生成机理，并提出了提升市域社会治理现代化协同性的实践路径。可以说，本书对市域社会治理现代化的协同性进行了尝试性的系统研究，有助于推动学术界关于这一问题理论探索的逐渐深化。

后　记

本书亦有不少缺点和不足之处，请同行们批评指正，使之日臻完善。路漫漫其修远兮，吾将上下而求索！

刘　敏

2023 年 9 月 22 日

图书在版编目(CIP)数据

市域社会治理现代化的协同性研究 / 刘敏著. -- 北京：社会科学文献出版社，2023.10
ISBN 978-7-5228-2592-2

Ⅰ.①市… Ⅱ.①刘… Ⅲ.①城市管理-社会管理-现代化管理-研究-中国 Ⅳ.①D63

中国国家版本馆 CIP 数据核字（2023）第 188848 号

市域社会治理现代化的协同性研究

著　　者 /	刘　敏
出 版 人 /	冀祥德
组稿编辑 /	周　丽
责任编辑 /	张丽丽
文稿编辑 /	张真真
责任印制 /	王京美

出　　版 / 社会科学文献出版社·城市和绿色发展分社（010）59367143
　　　　　地址：北京市北三环中路甲 29 号院华龙大厦　邮编：100029
　　　　　网址：www.ssap.com.cn

发　　行 / 社会科学文献出版社（010）59367028
印　　装 / 三河市龙林印务有限公司

规　　格 / 开　本：787mm × 1092mm　1/16
　　　　　印　张：18.5　字　数：285 千字
版　　次 / 2023 年 10 月第 1 版　2023 年 10 月第 1 次印刷
书　　号 / ISBN 978-7-5228-2592-2
定　　价 / 88.00 元

读者服务电话：4008918866

版权所有 翻印必究